KB121113

논쟁으로 읽는 한국 현대사

논쟁으로 읽는

한국 현대사

김호기 — 박태균 지음

메디치

프롤로그

"과거를 기억하지 못하는 이들은 그 과거를 반복하기 마련이다." 스페인 태생의 미국 철학자 조지 산타야나가 남긴 말이다. 역사를 배우는 것은 그 역사에서 행한 잘못을 반복하지 않는 동시에 이룩한 성취를 더욱 발전시키기 위해서다. 개인이든 사회든 역사만큼 훌륭한 교사는 없다.

이 책은 1945년 광복 이후 우리 현대사에서 진행된 주요 논쟁들을 살펴보는 데 목적이 있다. 지난 70여 년 동안 아무런 논쟁이 없었다면, 우리 사회는 같은 자리에 머물러 있었을 것이다. 다행히 중요한 논쟁들이 많이 있었다. 이 논쟁들은 우리 사회가 지나온 길을 성찰하게 하고, 서 있는 자리를 확인하게 하며, 나아갈 방향을 숙고하게 했다. 이 가운데 40개의 논쟁을 골라 그 배경, 과정, 결과를 이 책에 담았다.

지난 70여 년 동안 진행된 숱한 논쟁들 중 40개의 논쟁들을 선정한 기준은 세 가지다. 첫째, 우리 사회발전에 결정적 영향을 미친 사건과 담론에 대한 논쟁들을 다뤘다. 둘째, 보수와 진보 사이에 이뤄진 논쟁들을 특히 주목했다. 셋째, 현재적 의미가 큰 논쟁들을 골랐다. 이 땅에서 살아가는 사람들이라면 그 의미를 돌아봐야 할 논쟁을 선택한 셈이다.

책의 구성은 네 부분으로 나누었다. 1부에선 광복, 정부 수립, 분단 체제의 형성과 연관된 논쟁들을 다뤘고, 2부에선 박정희 시대의 빛과 그림자를 담은 논쟁들을 골랐다. 3부에선 민주화시대의 개막과 진전을 알리는 논쟁들을 주목했고, 4부에선 1997년 외환위기 이후 한국사회를 보여주는 논쟁들을 살펴봤다. 논쟁을 통해 우리 현대사의 흐름을 읽어볼 수 있게 하자는 게 우리 두 사람의 의도다.

돌아보면 광복, 정부 수립, 한국전쟁, 분단 체제 형성, 4월혁명, 5·16군사정변, 유신 체제 성립, 광주항쟁, 6월항쟁, 외환위기 등은 우리 현대사의 물줄기를 바꾼 사건들이었다. 지금 우리가 살아가는 현재도 6월항쟁으로 열린 87년 체제와 외환위기로 등장한 97년 체제의 연장선상에 놓여 있다고 볼 수 있다. 지나간 역사는 그 사회의 구조적 강제를 이루고 이에 대한 주체적 대응이 새로운 역사를 열어간다고 볼 때, 우리 현대사에 대한 성찰은 누구나 한번쯤 돌아봐야 할 과제일 것이다.

사회는 본디 다양한 생각을 가진 개인과 집단으로 이뤄져 있다. 논쟁은 자신의 의견을 돌아보게 할 뿐 아니라 다른 이의 의견과 차이를 깨닫게 하고, 두 견해 간의 차이를 조정하게 한다. 민주주의와 사회발전은 그 사회구성원들이 당면한 사회문제를 합리적으로 논구하고 서로 승인할 수 있는 해법을 도출하기 위해 실질적 소통을 했을 때 비로소 성취할 수 있다. 이때 논쟁은 생산적 소통이라는 의미를 가진다.

이 책에서 다루지 못한 논쟁들도 있다. 독자의 입장에서 더 중요하다고 생각하는 논쟁도 있을 것이고, 우리의 능력 부족으로 더 깊이 다루지 못한 논쟁들도 있을 것이다. 재벌개혁, 금융실명제, 토지공개념, 황우석 사태 등과 같은 이슈와 내재적 발전론, 아시아적 가치, 포스트모더니즘, 젠더 문제 등과 같은 담론을 둘러싼 논쟁들을 다루지 못한 것을 우리는 안타깝게 생각한다. 나중에 기회가 주어진다면 이 논쟁들을 제대로 다뤄보고 싶다.

2019년 올해는 3·1운동과 대한민국 임시정부 수립 100주년이 된다. 대한민국 100년의 역사는 일제 식민지배, 민족해방운동, 광복, 정부 수립, 산업화, 민주화로 이어졌다. 고난의 시기도 있었고 영광의 시기도 있었다. 이러한 고난과 영광의 역사를 성찰하지 않는다면 더 나은 미래를 모색하기 어렵다. 이 책에서 다뤄지는 논쟁들은 광복 이후 우리 현대사에서 만날 수 있는 '뜨거운 대화'에 관한 이야기들이다. 우리가 논쟁이란 뜨거운 대화의 프리즘을 통해 우리 현대사를 살펴본 까닭이 여기에 있다.

우리의 바람은 소박하다. 다시 한번 강조하면, 논쟁이 중요한 것은 논쟁을 통해 쟁점을 분명히 하고 더 나은 해법을 찾을 수 있기 때문이다. 지난 70여 년 동안 진행된 논쟁들이 광복 이후 우리 사회를 이끌어왔듯, 생산적인 논쟁들을 통해 우리 사회의 미래를 열어갈 수 있다고 우리는 생각한다. 산업화와 민주화를 넘어서 새로운 국가, 새로운 사회를 향한 구체적인 청사진을 두고 앞으로 논쟁들이 더욱 활기차게 이뤄지길 간절히 소망한다.

이 책이 나오게 된 과정을 말씀드리고 싶다. 2015년에 경향신문으로부터 '논쟁으로 읽는 현대사'를 기획으로 다뤄보는 게 어떻겠느냐고 제안을 받았다. 이 책의 두 저자 가운데 박태균이 역사적 사건에 관한 논쟁을 쓰고, 김호기가 학술적 담론에 관한 논쟁을 쓰는 것으로 집필 작업을 분담했다. 역사학과 사회학의 협업을 통해 논쟁을 중심으로 광복 이후 현대사를 성찰해보고 싶었기 때문이다. 연재가 끝난 다음 곧 책을 내기로 했지만, 어느새 적잖은 시간이 흘렀다. 지난 겨울방학을 맞이해 원고를 수정·보완하고 간략한 참고문헌을 달았다. 그리고 일본 월간지 〈세카이(世界)〉에 김호기가 발표한 촛불시민혁명에 관한 글을 에필로그로 덧붙여 결론으로 삼았다.

이 책은 박래용 경향신문 논설위원과 박구재 문화사업국장의 관심과 배려가 없었다면 나올 수 없었다. 두 사람의 선의와 우정에 감사한다. 메디치미디어의 김현종 대표, 김장환 본부장, 한진우 편집자에게도 고마움을 전한다.

2019년 3월
김호기, 박태균

차례

제1부 광복, 정부 수립, 분단 체제의 형성 (1945~1960)

제2부 박정희 시대의 빛과 그림자 (1961~1979)

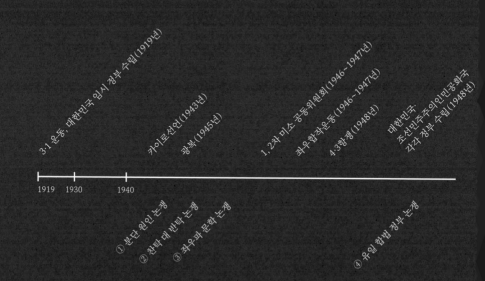

3.1 운동, 대한민국 임시 정부 수립(1919년)

카이로선언(1943년)

광복(1945년)

1, 2차 미소 공동위원회(1946~1947년)

좌우합작운동(1946~1947년)

4·3항쟁(1948년)

대한민국·
조선민주주의인민공화국
각각 정부 수립(1948년)

1919 1930   1940

① 분단 확인 논쟁

② 찬탁 대 반탁 논쟁

③ 좌우파 문화 논쟁

④ 유일합법 정부 논쟁

제1부

광복,
정부 수립,
분단 체제의 형성
(1945~1960)

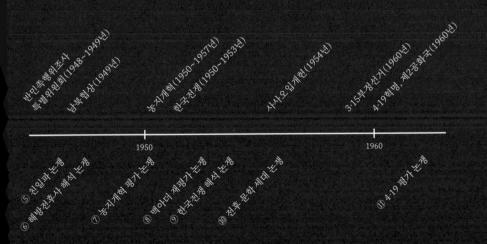

반민족행위조사
특별위원회(1948~1949년)

남북협상(1949년)

농지개혁(1950~1957년)

한국전쟁(1950~1953년)

사사오입개헌(1954년)

3·15부정선거(1960년)

4·19혁명, 제2공화국(1960년)

1950

1960

⑤ 친일파 논쟁

⑥ 해방전후사 해석 논쟁

⑦ 농지개혁 평가 논쟁

⑧ 백야더 재평가 논쟁

⑨ 한국전쟁 해석 논쟁

⑩ 전후 문학 세대 논쟁

⑪ 4·19 평가 논쟁

1945년 광복과 함께 그어진 38선. 분단의 상징을 이뤘다.

1.   분단 원인 논쟁

1945년 한국인들은 큰 희망을 얻었지만, 미군과 소련군의 분할 점령으로 불안 속에서 해방의 큰 걸음을 시작해야 했다. 왜 한국이 분할 점령됐어야 했는가? 해방은 그런 억울함 속에서 시작됐고, 그 억울함은 70여 년이라는 독립의 나이와 함께 또 다른 숙명이 됐다. 분단은 현재 진행되고 있는 모든 논쟁의 중심에 있다.

지난 70여 년간 인문학과 사회과학의 가장 중요한 질문은 '왜 분단되었는가'와 '어떻게 분단 문제를 해결할 것인가'였다. 그렇기에 1979년부터 출간되기 시작한 《해방전후사의 인식》 시리즈나, 그로부터 27년이 흐른 2006년 그에 대응해 출간된 《해방전후사의 재인식》은 큰 파문을 던졌다. 해방 전후의 많은 사건들을 분석하고 논의하는 것은 한반도 분단의 원인을 찾기 위한 작업이었다.

70여 년 동안 진행된 분단에 관한 연구는 크게 외인론(外因論)과 내인론(內因論)으로 나뉘었다. 분단의 원인이 미국과 소련의 정책과 세계적 차원에서의 냉전 체제 형성이었는가, 아니면 국내 정치세력 사이에서의 갈등과 분열이었는가가 핵심 논의사항이었다.

분단을 둘러싼 논쟁

분단을 둘러싼 논쟁은 브루스 커밍스의《한국전쟁의 기원》을 통해 심화됐다. 식민지 시기부터 존재하고 있었던 한반도에서의 지주와 소작인 간의 계급적 갈등은 해방 후의 갈등을 예고하는 것이었고, 미군과 소련군이 들어오기 전에도 이미 한반도는 '점화만 하면 폭발할 화약통'이었다는 것이다. 이후 분단에 대한 연구는 주로 내적 요인에 집중됐고, 김남식의《남로당 연구》나 서중석의《한국 현대 민족운동 연구》는 국내에서 나온 내인론의 역작이었다. 이를 전후해 찬반탁 논쟁, 좌우합작운동, 남북협상 등에 대한 연구성과가 쏟아져 나왔다. 또 금기시됐던 1946년 가을의 소위 9월 총파업과 추수폭동, 4·3항쟁이 활자화돼 나오기 시작했다.

역설적이게도《한국전쟁의 기원》이 분단 내인론을 위한 연구를 촉발시켰지만, 정작 커밍스는 외인론에 기반을 둔 연구자였다. 그는 세계체제론에 기반을 둬 연구를 진행했다. 세계 중심부의 냉전 상황이 한반도에 내재화됐다는 주장이다. 한반도 내부 상황은 가히 혁명적이라고 할 수 있지만, 미군정의 통치정책은 그 혁명적 힘을 주저앉혔다는 것이다. 그의 이러한 주장은 1945년 이후 동북아시아의 재편은 그 이전 일본 제국을 중심으로 형성된 중심부와 주변부의 관계가 미국을 중심으로 부활하는 과정이라는 판단에 근거한 것이었다.

분단 외인론은 한국의 모든 역사교과서에서 공통적으로 견지하고 있는 입장이다. 또한 정치적으로 정반대 입장에 서 있는 수정주의와 뉴라이트에서 모두 수용하고 있다. 그 본질적인 책임의 당사자가 미국인지 아니면 소련인지에 대한 차이만 있을 뿐 미·소 간의 냉전이 한반도에 내재화되면서 분단이 형성됐다는 점에 대해서는 이견이 없다. 물론 평가에서는 큰 차이가 있다. 수정주의는 분단국가 수립에 기여한 미국과 국내 보수 세력을 비판하는 반면, 뉴라이트는 냉전이 내재화되는 것은 '필연적' 과정이었기 때문에 분단을 극복하기 위한 좌우합작운동이나 남북협상과 같은 정치인들의 노력은 무의미하거나 좌익의 전술에 이용당했을 뿐이라고 주장하고 있다.

그러나 내인론과 외인론에 대한 논의는 1980년대 이후 지금까지 답보상태에 머물러 있다. 일부에서는 내인론과 외인론을 복합적으로 봐야 한다고 주장한다. 하지만 두 원인이 실제로 어떻게 복합적으로 연결돼 있고, 그중 어떠한 측면이 더 결정적으로 작동하고 있는가에 대한 분석은 결여돼 있다.

분단의 원인에 대한 연구는 먼저 비교사적 연구를 통해 그 문제의식을 바꾸어야 한다. 전범국이 분할 점령된 유럽과는 달리 왜 아시아에서는 일본의 식민지였던 한국이 분단됐는가? 일본의 패망 이후 아시아의 다른 식민지 국가들은 바로 독립을 얻지 못했던 반면 유독 왜 한국만 곧바로 독립이 됐는가?

한국의 독립은 1943년 12월의 카이로선언을 통해서 처음 제기됐다. '적절한 과정을 거쳐(in due course)'라는 조건이 있었지만, 미국은 일국을 분할 점령하는 유럽 방식과는 달리 제국을 분할함으로써 일본의 힘을 약화시키는 방식을 아시아에서 추구했다. 한국의 독립과 대만이 중국으로 복귀한 것은 그것을 의미했다. 소련이 일본과 불가침조약을 맺고 있는 상황에서 미국은 아시아에서 소련의 눈치를 볼 필요가 없었다.

아시아의 상황은 미국이 소련의 참전을 요구하면서 급변했다. 미국은 태평양에서의 전쟁을 빨리 끝내기 위해 스탈린에게 참전을 요구했다. 스탈린은 만주에 대한 이권을 노리면서 일본이 항복하기 일주일 전 참전을 결정했다. 참전하자마자 소련은 만주와 한반도의 북부로 진격했다. 일본의 관동군은 예상과 달리 급격하게 무너졌다. 미국으로서는 소련의 진격을 막아야 했고, 이것이 '일반명령 1호'로 합의됐다. 한반도보다는 만주와 홋카이도 점령에 더 관심이 있었던 소련은 38선에서 진군을 멈추는 데 합의했다. 한반도의 분할 점령은 전쟁을 빨리 끝내고자 했던 미국과 조금이라도 더 이권을 얻어내고자 했던 소련이 만들어낸 합작품이었던 것이다.

전범 처리 지역에는 극우세력이 없다

또 하나 중요한 점은 분단의 시점 문제이다. 1945년의 분할 점령을 곧 분단으로 보아야 하는가? 일반명령 1호에 따라 미·소에 의한 분할 점령이 이뤄졌다. 그러나 그것은 임시적인 조치였다. 일반명령에서는 다른 지역에서의 분할, 특히 중국·만주와 인도차이나 지역(16도선)의 분할을 규정하고 있지만, 그렇다고 해서 이 지역들이 모두 분단된 것은 아니다.

마지막으로 한국에서만 아직까지 분단 상태가 계속되고 있는 것에 대한 원인을 분석해야 한다. 이는 분단의 원인 해명과 그 해법을 동시에 줄 수 있기 때문이다. 분단을 극복한 다른 나라에서 외적 요인이 중요하게 작동했다면, 분단을 극복하지 못한 한국에서는 분명 외적 요인으로만 설명할 수 없는 또 다른 중요한 요소가 작동하고 있다고 볼 수 있을 것이다. 남북갈등뿐만 아니라 남남갈등조차도 그 끝이 보이지 않는 상황을 어떻게 설명할 수 있을까?

전쟁범죄자들이 제대로 처리됐던 지역과 그러지 못했던 지역 사이에는 큰 차이가 있다. 전범들이 처리된 지역에는 극우가 존재하지 않는다. 극우가 없으면 극좌도 공존이 불가능하다. 좌와 우, 중도만이 있다. 그러나 전범이 부활한 지역에서는 극우와 극좌가 적대적으로 공존하고 있다. 진정한 좌우나 중도가 힘을 얻기 어려운 구도다.

중국의 존재도 한국의 분단 문제를 고찰하는 데 있어서 또 다른 중요한 시사점들을 제공하고 있다. 한미 관계와는 달리 완벽한 공조 관계를 형성하지 못하고 있는 북중 관계 역시 분단 문제 고찰의 핵심적 내용이다.

지금도 한반도의 분단과 그를 둘러싸고 있는 국제적인 역학관계는 내부와 외부의 요인들이 서로 결합하고 있기에 70여 년 전과 마찬가지로 매우 복잡한 양상을 띠고 있다. 그러나 이는 반드시 해결해야 할 문제이기에 아직도, 그리고 앞으로도 연구와 논쟁은 계속돼야 한다.

■ **카이로회담에 대한 재평가**

한국의 해방 및 분단과 관련해 카이로회담에 대한 새로운 평가가 필요하다. 지금까지 카이로선언에 대해서는 '적절한 과정을 거쳐'에만 관심이 집중됐다. 그것이 신탁통치를 의미하는 것인지, 또 38선은 언제 확정됐는지가 논란의 중심에 있었다. 그러나 더 중요한 점은, 첫째로 다른 나라에 대한 구체적 언급이 없음에도 한국은 길지 않은 선언문 속에 직접 언급됐다는 점, 둘째로 일본이 '탐욕'으로 차지한 영토에 대해서는 본래의 위치로 회복시킨다는 점이었다.

한국에 대한 언급은 장제스가 한반도에서 자신과 가까운 임시정부가 주도하는 정부를 수립하고자 한 의도와 관련이 있다. 또 한국 독립운동가들이 식민지 시기에 계속해온 독립운동의 결과이기도 했다.

1945년의 시점에서 두 번째 내용은 한국뿐만 아니라 아시아 국가들의 미래를 규정했다. 원래의 위치로 복귀시킨다는 것은 독립이 아니라 과거의 제국주의 국가들이 복귀한다는 것을 의미했다. 인도차이나에서 프랑스, 인도네시아에서 네덜란드, 영국과 미국이 과거 식민지 지역으로 복귀했다. 제1차 세계대전의 승전국들이 그들의 식민지를 유지했던 것과 같은 논리였다. 이로 인해 1945년 이후 한국을 제외한 다른 아시아 국가에서는 옛 제국주의 국가들을 대상으로 하는 또 다른 독립전쟁이 계속됐다. 베트남전쟁도 그 연장선상에 있었다.

일본이 독일과 손을 잡지 않고 제1차 세계대전처럼 영국과 손을 잡았다면 한국은 일본과의 독립전쟁을 다시 치러야만 했다.

(박태균)

2.   찬탁 대 반탁 논쟁

마른하늘에 날벼락이었다. 한국에 신탁통치를 실시한다는 소식이 알려진 것이다. 일본으로부터 해방된 지 4개월 남짓밖에 되지 않았다. 새로운 국가를 스스로의 손으로 건설한다는 희망에 부풀었던 한국인들에게는 절망의 소식이었다. 1945년 12월 27일자 동아일보의 1면 톱기사였다. '소련은 신탁통치 주장, 미국은 즉시 독립 주장'이 기사의 제목이었다. 모스크바에서 만난 미국, 소련, 영국의 외상들이 한국에 대한 신탁통치에 합의했는데, 특히 소련이 신탁통치를 주장했다는 내용이었다.

이튿날부터 정당, 사회단체의 반탁성명이 잇따랐다. 이후 10일간 한반도는 소용돌이에 휩싸였다. 동아일보의 보도가 나간 지 3일후 동아일보 사장이자 한국민주당의 수석총무였던 송진우가 자택에서 암살당했다. 그가 신탁통치안을 지지한다는 소문이 난 직후 과거 자신의 경호원이었던 사람들에게 암살된 것이다. 배후는 밝혀지

미 국무부에서 파견된 월버 장군이 1947년 3월 13일 김구 반탁독립투쟁위원장(오른쪽)을 만나 대화하고 있다.

지 않았다.

해방 후 중경에서 귀국한 임시정부 세력들은 동아일보 보도 4일 후인 12월 31일 포고령을 발표했다. 신탁통치안을 반대하기 위한 총파업을 통해 정권을 접수하겠다고 나선 것이다. 나라 전체가 마비됐다. 미군정이 인정하지 않았음에도 불구하고 임시정부는 정부로서의 역할을 자임하고 있었던 것이다. 화가 난 미군정 사령관은 1946년 1월 1일 김구를 소환했고, 김구 경호원들의 총기소유를 금지했다. 그리고 총파업은 하루 만에 끝났다. 1월 3일 또 하나의 소동이 벌어졌다. 조선공산당을 중심으로 한 좌익은 동대문운동장에서 '3상 회의의 결정에 대한 총체적 지지' 결정을 내렸다. 신탁통치 반대 모임으로 알고 나갔던 사람들은 어안이 벙벙했다.

이틀 후 조선공산당의 책임비서 박헌영은 이 결정에 대해 해명하기 위해 기자회견을 가졌다. 기자회견은 좌익세력에게 독(毒)이 됐다. 박헌영이 소련의 일국 신탁통치를 찬성하고, 한국이 소비에트 연방의 하나로 편입되기를 원한다고 말했다고 보도된 것이다. 박헌영 본인과 소련 타스 통신이 반박했음에도, 보수 언론들은 보도 내용을 사실로 밀어붙였다. 이제 공산주의자들은 소련에 나라를 팔아 넘기려는 매판 세력이 됐다.

'찬탁'과 '반탁'의 진실

신탁통치가 보도된 지 열흘이 지나면서 정치권은 잠시 이성을 되찾았다. 1946년 1월 8일 4개 주요 정당 지도자들이 시내 모처에서 회합을 가졌다. 우파의 한국민주당과 국민당, 좌파의 조선공산당과 조선인민당의 대표가 모였다. 이들은 합의문을 발표했다. 첫째로 모스크바 3상 회의의 조선 문제에 대한 결정을 지지한다는 것이다. 신탁통치안은 추후에 다시 논의하기로 했다. 둘째로 정치적 테러에 반대한다는 것이다. 송진우의 암살은 그만큼 충격적이었다.

합의는 이틀도 지나지 않아 무효가 됐다. 정치인들에게 합리적 선택을 기대할 수 없다는 것은 지금이나 그때나 마찬가지였던 것 같다. 반탁운동을 주도하던 우파에서 합의를 깼다. 신탁통치 내용을 포함하고 있는 3상 회의의 결정을 받아들일 수 없다는 것이었다. 이후 반탁운동은 곧 소련을 반대하는 운동이며, 이는 곧 반공운동이 됐다. 3상 회의의 결정을 지지하는 좌파는 신탁통치를 원하는 소련의 비밀 지령을 받았다고 알려졌다.

반탁운동 진영은 3상 회의의 결정을 찬성하는 좌파를 찬탁(신탁통치 찬성) 진영이라고 불렀다. 반탁운동은 민족주의 애국운동의 상징이 됐다. 찬반탁 논쟁이라는 용어가 만들어졌고 누구도 반박할 수 없는 명제가 됐다. 왜냐하면 반탁운동 세력이 대한민국의 수립을 주도했기 때문이다. 우익 정치인 중에서도 3상 회의의 결정을 지지한 인사들은 남한에서 활동할 수 없었다. 대한민국에서 야당을 이끌었던 유진산이나 이철승도 모두 반탁 청년단체 출신이었으며, 사회 원로들도 마찬가지였다. 남북 분단은 좌우익 분단이면서 동시에 찬반탁 분단이었다.

1980년대까지 30년이 넘도록 찬반탁 논쟁에 대한 반탁운동 세력의 해석은 그대로 유지됐다. 그러나 진실이 영원히 묻히는 법은 없다. 1980년대 이후 찬반탁 논쟁은 그 진실에 접근하기 시작했다. 신탁통치안의 성격에 대한 분석이 시작된 이래 《역사비평》은 기존의 찬반탁 논쟁의 해석을 뒤집었다. 그 시작은 동아일보의 오보를 밝히는 것이었다. 특히 역사학자 정용욱은 〈신탁통치 파동과 미군정〉이라는 글을 통해 동아일보가 3상 회의의 결정이 나오기도 전에 왜곡 보도를 했고, 미군정은 이러한 오보를 정치적으로 이용했다는 점을 밝혔다.

또한 3상 회의의 결정 내용이 자세하게 소개되기 시작했다. 결정안이 곧 신탁통치안은 아니라는 점이 밝혀진 것이다. 전체 4항 중 3항에 신탁통치와 관련된 내용이 있지만, 1항과 2항은 한국인들의 대표를 구성원으로 하는 단체를 만들기 위한 목적으로 미군과 소련군이 공동위원회를 설립한다는 것을 주요 내용으로 하고 있었다. 신탁통치안도 미소공동위원회와 한국인들이 구성한 단체 사이의 협의를 통해 구체적인 사항을 정하도록 규정했다. 전체 4항 중 미국이 주장한 신탁통치안은 3항에만 포함돼 있었고, 1항과 2항은 신탁통치를 반대하는 소련의 주장이 수용된 것이었다. 말하자면 미국이 찬탁이고, 소련이 반탁이었던 것이다.

3상 회의 결정안의 실체

좌익은 물론 우익의 민족주의자들 중 일부도 3상 회의의 결정을 지지했는데, 이들이 신탁통치를 찬성한 적이 없었다는 사실도 밝혀졌다. 따라서 '찬탁'이라는 용어 자체가 잘못된 것이고, 그렇다면 찬반탁 논쟁이라고 부르는 것 자체가 성립될 수 없었다. 신탁통치를 주장한 것은 소련이 아니라 미국이었으며, 찬탁이라고 부를 수 있는 세력은 국내에 존재하지 않았다. 이러한 내용은 역사 교과서에도 반영됐다.

오히려 반탁운동이 분단국가를 수립하기 위한 정치운동이었다는 주장이 제기됐다. 만약 3상 회의의 결정에 대해 국내 정치세력들이 모두 동의했다면 분단에 이르지 않았을 것이라는 주장이다. 반탁운동은 일본의 식민지 정책과 전쟁 정책에 협력한 사람들이 스스로를 정치적으로 민족주의자로 포장하기 위한 것이었으며, 결과적으로 친일을 하지 않았던 좌익이 갖고 있던 해방정국의 주도권을 우익쪽으로 돌려놓고자 한 정치적 시도였다고 분석한 것이다.

이에 대해 정치학자 이완범은 좌익의 3상 회의 결정 지지가 소련의 비밀 지령에 의한 것이기 때문에 좌익의 음모 또한 무시할 수 없다고 반박했고, 경제학자 이영훈은 1945년 10월부터 5도행정국을 만들고, 1946년 2월에는 임시인민위원회를 만들고 소위 민주개혁을 한 북한이 남한보다 먼저 분단 정부 수립을 위한 준비를 시작했다고 주장했다. 그러나 3상 회의의 결정 내용을 곧 신탁통치안으로 볼 수 없다는 역사적 사실에 대해서는 누구도 반박하지 못하고 있다.

이렇게 1945년 12월 28일의 모스크바 3상 회의 결정안은 한국사회에 큰 파장을 몰고 왔다. 무엇보다 중요한 문제는 한국사회의 정치적 대립구도를 재편했다는 사실이다. 해방이 된 한국사회에서 민족운동을 한 세력과 일본 제국주의와 그들의 전쟁을 지지한 세력 사이의 대립구도가 3상 회의의 결정으로 인해 좌우익 간의 대립으로 재편된 것이다. 1946년 2월, 38선 이남에서의 민주의원(우익)과 민전(좌익)의 수립은 그 출발점이었다. 3상 회의의 결정을 둘러싼 논쟁, 즉 소위 찬반탁 논쟁은 1980년대 이후의 연구를 통해 그 실체와 성격이 어느 정도 밝혀졌다. 수정주의 역사학의 가장 큰 성과 중 하나였다. 그러나 논쟁을 통해 만들어진 좌우 대립의 정치구도는 분단으로 이어져 지금까지도 계속되고 있다.

■ 8.15 직후 미국과 소련의 의도

미국은 왜 한국에 신탁통치를 실시하려고 했는가? 소련은 왜 신탁통치를 반대하고 이른 시간 내에 한국에 독립정부를 세우고자 했는가? 방식은 다르지만, 미국과 소련은 한국에서 가능한 한 빨리 손을 빼고 싶었다. 제2차 세계대전 직후 미국과 소련의 우선적 관심은 한반도가 아니었다.

제2차 세계대전이 끝난 직후 미국과 소련은 고민에 빠졌다. 과거 유럽과 일본에 의해 분할돼 있었던 세계를 미국과 소련이 책임져야 했기 때문이었다. 미국은 유일하게 세계대전을 통해 본토가 피해를 보지 않은 국가였고, 소련은 많은 피해를 입었지만 냉전 체제 아래에서 공산권의 큰 형님 역할을 해야 했다. 그런데 문제는 미국과 소련이 자유세계와 공산세계의 컨트롤타워였다고 하더라도 그 힘이 제한돼 있었다는 점이다. 게다가 양국은 제국을 이끌어본 경험도 없었다. 식민지가 없었던 소련은 차치하더라도 미국은 1945년 이전 유일한 식민지인 필리핀마저도 직접 통치할 힘이 없어 신탁통치를 실시했다.

대외정책에서는 우선순위를 정해야 했다. 냉전정책의 창

시자인 케난은 미국이 세계대전을 일으킬 능력을 갖추고 있는 영국과 독일, 그리고 일본에 집중해야 한다고 주장했다. 미국의 자원이 한정돼 있기 때문에 이들 지역에 집중한 뒤 이들과 함께 세계를 경영해야 한다는 것이다.

1947년 제출된 미 군부의 문서에서 미국이 원조해야 하는 16개 국가 중 한국의 순위는 13위였다. 그렇기 때문에 가능한 한 빨리 주한미군을 철수시켜 미국 정부의 재정을 아껴야 했다. 소련의 우선순위는 동유럽이었다. 소련은 두 차례에 걸친 세계대전을 통해 독일에 의해 치명적인 타격을 입었다. 모두 서부전선이었다. 영화《에너미 앳 더 게이트》의 스탈린그라드는 제2차 세계대전 최고의 격전지였다. 소련으로서는 동유럽이라는 완충지대가 필요했다. 게다가 한반도는 공산주의자들이 대중적 지지를 받고 있었기 때문에 한국인들이 하는 대로 두어도 된다고 생각했던 것이다.

한국의 정치인들은 미국과 소련의 이러한 핵심적인 정책 목표를 읽지 못해 자기들끼리 이전투구에 빠졌다. 그 피해는 고스란히 한국인들의 몫이 됐다. 숲은 보지 못하고 나무만 보았던 당시 정치인들의 실수를 지금도 되풀이하고 있는 것은 아닐까?

(박태균)

3.   좌우파 문학 논쟁

1945년 광복은 우리 사회 많은 것들의 원점을 이룬다. 광복에 담긴 의미가 새로운 국가, 새로운 사회의 건설에 있었기 때문이다. 이 건설 과정이 순탄하지 않았던 것은 널리 알려진 사실이다. 1945년에서 1948년까지의 이른바 '해방 공간' 3년 동안 진행된 미군정, 대한민국 수립, 조선민주주의인민공화국 성립, 분단 시대의 개막은 현대사의 구조적인 조건을 형성했다.

광복에서 한국전쟁 발발에 이르는 5년이 결코 긴 시간은 아니다. 하지만 이 기간에 현대 국가가 등장했고, 시민사회는 분출하고 폭발했다. 이 열정과 폭풍의 시대 한가운데 놓인 것은 이념 논쟁이었다. 새로운 국가와 사회 건설에서 우파와 좌파는 서로 다른 기획을 제시했고, 공론장에서 치열하게 격돌했다. 이러한 이념 논쟁에서 먼저 주목할 수 있는 것은 문학 논쟁이다. 이유는 두 가지다.

첫째, 당시 문학은 시민사회와 문화를 주도했다. 둘째, 문학 논쟁

광복 직후, 해방 공간에서 어떤 국가와 사회를 건설할 것인지를 두고 우파와 좌파가 치열하게 대결했다. 가장 팽팽히 맞섰던 영역 가운데 하나는 문학이었다. 당시 문학은 시민 사회와 문화를 주도했다. 민족문학론을 두고 좌파와 우파가 격돌했다. 문학 논쟁은 우리 사회의 현대성 이해에서 중요한 출발점을 제공했다. 광복을 이뤘는데, 그렇다면 이제 어디로 가야 하는 것일까?

은 우리 사회 현대성 이해의 중요한 출발점을 제공한다.

예를 들어 1949년 스물여덟 살을 맞이한 시인 김수영은 "돌아가신 아버지의 사진에는 / 안경이 걸려 있고 / 내가 떳떳이 내다볼 수 없는 현실처럼 / 그의 눈은 깊이 파지어서 (…) 나는 모든 사람을 피하여 / 그의 얼굴을 숨어 보는 버릇이 있소"(시 〈아버지의 사진〉)라고 고백했다. 이 진술에는 아버지로 상징되는 전통에의 애착과 그 전통으로부터 결별하려는 의지라는 애증병존의 자의식이 담겨 있다. 꿈에도 그리던 광복을 이뤘는데, 그렇다면 이제 어디로 가야 하냐는 질문을 던지지 않을 수 없었다.

임화 대 김동리의 문학 논쟁

논쟁은 본디 두 차원에서 진행된다. 하나는 서로의 견해와 주장을 비판하고 반비판하는 직접적인 논쟁이라면, 다른 하나는 서로 다른 논리와 세계관이 충돌하고 경쟁하는 포괄적인 논쟁이다. 광복 직후 좌우파 문학 논쟁은 기본적으로 후자의 의미에서 진행됐다. 이 논쟁을 주도한 이들은 임화, 이원조, 한효, 김동리, 조연현, 조지훈이었다.

먼저 포문을 연 이들은 좌파 쪽 이론가들이었다. 일제강점기에 '카프(KAPF, 조선프롤레타리아예술가동맹)'를 주도했던 임화는 계급성·당파성보다 대중성·민족성을 중시했다. 그가 겨냥한 것은 광범위한 대중적 참여를 통한 민족문학의 수립이었다. 시인 이육사의 동생인 이원조는 이런 좌파적 민족문학론을 인민민주주의 민족문학론으로 개념화했다. 인민민주주의 민족문학론은 무산계급을 중심으로 지식인·농민·소시민이 결합해 민족의 해방, 국가의 완전독립, 토지 문제의 평민적 해결을 추구하는 온건좌파 문학론이었다.

반면 한효는 민족성보다는 계급성을 중시했다. 그는 예술을 이데올로기로 이해하고, 이데올로기는 당파성을 가질 수밖에 없다고 주장했다. 광범위한 계급연합을 추구한 인민민주주의 민족문학론에 맞서 무산계급 단일독재를 주장한 한효의 견해는 급진좌파 문학론이었다. 좌파 문학계 안에서 이러한 이론적 차이는 문학과 사회의 관계에 대한 인식의 차이를 보여주는 것이었지만, 동시에 당시 남로당 노선과 북로당 노선의 차이를 반영하는 것이기도 했다.

좌파에 대응해 우파 쪽 문학이론의 선봉에 섰던 이는 소설가 김동리였다. 김동리는 인간성 옹호의 휴머니즘에 바탕을 둔 순수문학이 민족문학이라고 주장했다. 그에게 민족문학이란 자신에게 부여된 운명을 발견하고 그것을 극복하기 위해 노력하는 '생(生)의 구경적 형식' 탐구였다. 문학평론가 조연현과 청록파 시인 조지훈은 문학이 정치에 예속되는 것을 비판하고, 문학과 정치의 분리를 강조했다. 특히 조지훈은 본래의 가치와 사명에 주력하는 문학의 역할을 주목했다.

우파 문학이론이 순수문학을 부각시켰다고 해서 정치성이 완전히 배제된 것은 아니었다. 새로운 나라 만들기가 치열하게 모색됐던 당시에 문학은 처음부터 정치와 분리되기 어려웠다. 문학이론은 다양한 문학운동 조직들과 긴밀히 결합됐고, 이 조직들은 미국과 소련이라는 두 강대국을 의식하고 있었다. 좌파의 대표 조직인 조선문학가동맹 창립대회에 소련 총영사가, 우파의 대표 조직인 조선문필가

협회 창립대회에 미군정관이 참석한 사실은 당시 문학의 정치성을
상징적으로 보여주는 사건이었다.

문학 논쟁의 현재적 의미

1948년 대한민국 건국을 고비로 문학계 헤게모니는 점차 우파
에게로 기울어지기 시작했다. 좌파 문학이론을 주도했던 임화·이
원조·이태준은 이미 월북한 상태였다. 정부 수립을 전후한 시기
부터 한국전쟁이 발발할 때까지 주목할 것은 두 가지다. 하나는
1947~1948년에 진행된 김동리와 김동석의 논쟁이었고, 다른 하나
는 문학평론가 백철로 대표되는 중간파의 활동이었다.

문학평론가 김동석은 김동리의 순수문학론을 광복이 이뤄진 상
황에선 존재할 근거가 부재하다는 점에서 비판하고, 인민의 생활 묘
사에 주력하는 리얼리즘 문학론을 제시했다. 이에 김동리는 생활을
넘어서 삶의 본질적 의미를 추구하는 고전으로서의 민족문학론으로
맞섰다. 평론과 대담으로 이어진 두 사람의 논쟁은 당시 좌파와 우
파의 논리를 반복한 채 감정적 대응으로 진행되는 아쉬움을 남겼다.

중도적인 백철은 좌파의 조급함과 우파의 완고함을 모두 비판했
다. 그는 중간파적 문학이론을 작가가 놓인 현실을 주목하는 '신현
실주의파'라 명명하고, 좌우파와 구별되는 새로운 리얼리즘과 윤리
를 부각시켰다. 정부 수립 이후 우파가 문단 헤게모니를 장악한 상
황에서 이러한 백철의 논리는 영향력이 크지 않았지만, 당시 중간파
작가들인 염상섭·계용묵·황순원 등의 작품 세계를 이해하는 데는
유용한 문제틀이었던 것으로 보인다.

1945년부터 1950년까지 이뤄진 문학 논쟁의 핵심은 민족문학을 무엇으로 볼 것인가에 있었다. 문학이 문화를 주도하던 당시 이 과제는 결국 어떤 나라를 세울 것인가의 문제와 분리되기 어려웠다. 이런 측면에서 계급문학을 주장하든 순수문학을 표방하든 문학 논쟁은 새로운 국가와 사회의 건설이라는 정치 과정과 긴밀히 결합될 수밖에 없었다. 광복 직후 문학 논쟁에 대한 뛰어난 연구 업적을 남긴 국문학자 김윤식이 날카롭게 지적했듯 해방 공간은 '역사를 선택할 수 있는 참으로 희귀한 공간'이었고, 이러한 시대적 특징은 문학의 이념적 대결을 격화시킨 셈이었다.

70여 년이 지난 현재의 시점에서 볼 때 광복 시기에 이뤄진 문학 논쟁에는 낡음과 새로움이 공존한다. 먼저 그 낡음은 광복 이후 그동안 누적된 역사의 무게로부터 비롯된다. 민족문학에서의 '민족'은 이제 세계화의 진전과 다문화사회의 도래를 맞이해 새롭게 재구성돼야 할 과제를 안고 있었다. 한편 그 새로움은 문학으로 대표되는 예술의 본래적 의미에서 비롯된다. 민족문학에서의 '문학'이란 과연 무엇인가? 그것은 현실의 재현인가, 아니면 이상의 추구인가? 문학으로 대표되는 문화가 가져야 할 궁극적인 의미는 개인 및 사회의 존재 이유에 대한 질문과 해명에 있다. 새로운 역사를 쓰기 위한 유토피아적 기획들이 치열하게 경쟁했던 광복 직후 문학 논쟁은 우리 문화가 가야 할 방향에 대해 여전히 작지 않은 메시지를 안겨준다.

▪ 이태준과 황순원의 문학 세계

광복 직후 가장 주목받은 작가는 이태준과 황순원이다. 이태준은 일제강점기에 9인회를 이끌던 순수문학의 대표 소설가이자 문장론의 고전인《문장강화》의 저자였다. 광복이 되자 그는 좌파로 변신해 많은 이들을 놀라게 했다.

《해방 전후》(1946)는 이태준의 자전적 중편소설이다. 주인공 현의 행적은 순수문학을 지향했던 소시민적 소설가에서 이념문학을 추구하는 좌파 소설가로 변모해가는 작가 내면의식의 변화를 담고 있다. 일제강점기 말기와 해방 직후 지식사회의 현실과 풍경을 생생하게 돌아볼 수 있는 작품이다. 1946년 월북한 그는 불행한 말년을 보낸 것으로 알려지고 있다.

광복 당시 고향인 평안남도에 머물러 있던 황순원은 1946년 월남했다. 광복 직후 황순원은 중도적 입장을 견지했다. 좌파 문학조직인 조선문학가동맹 기관지《문학》에 작품을 발표하기도 했지만, 그가 평생 추구한 것은 존재의 의미에 대한 근본적 탐구였다.

〈목넘이 마을의 개〉(1948)는 한 산골 마을을 배경으로 한 황순원의 단편소설이다. 버려진 개 신둥이의 강인한 생명력과 그 새끼들을 돌보는 간난이 할아버지의 배려는 생명의 고귀함에 대한 작가의 시선을 잘 보여준다. 오랫동안 전승된 겨레의 이야기를 소설화해 이념 논쟁으로 뜨거웠던 광복 직후 현실을 우회적으로 성찰하려는 황순원의 문제의식을 엿볼 수 있는 작품이다.

(김호기)

유엔이 대한민국 정부를 합법 정부로 승인했다는 소식을 보도한 《경향신문》 1948년 12월 14일자 기사.

4. 유일 합법 정부 논쟁

1948년 12월 12일 유엔 총회는 195호 결의안을 통해 대한민국 정부를 합법 정부로 승인했다. 2000년 이전까지 모든 교과서는 유엔의 승인을 근거로 '대한민국은 한반도에서 유일한 합법 정부'라고 정의했다. 이것이 곧 한반도에서 대한민국 정부의 정통성을 뒷받침하는 근거였다. 1991년 문제가 발생했다. 9월 17일 오후 3시 30분 46차 유엔총회에서 조선민주주의인민공화국이 159개 회원국의 만장일치로 유엔에 가입한 것이다. 한반도에서 유일한 합법 정부라고 했던 대한민국 정부의 주장에 금이 갔다.

남북한은 원래 유엔에 개별적으로 가입하는 것에 반대하는 입장이었다. '우리의 소원은 통일'이고 '꿈에도 소원은 통일'이었기 때문에 남한과 북한이 각각 다른 국가로서 가입할 경우 통일의 원칙에서 어긋난다는 것이 그 이유였다. 암묵적 원칙을 먼저 깬 것은 남한 정부였다. 1973년 6·23선언을 통해서였다. 박정희 대통령은 6·23선

언에서 '북한이 우리와 함께 국제기구에 참여하는 것을 반대하지
않'으며(제4조), '북한과 함께 유엔에 가입하는 것을 반대하지 않는
다'(제5조)라고 북한에 제안했다. 6·23선언이 그로부터 20여 년이
지나 현실화된 것이다. 1991년 12월 31일 남과 북은 '서로 상대방의
체제를 인정하고 존중한다'(제1조)고 전제한 남북기본합의서에 합
의했다.

1991년 일본과 북한의 수교 협상에서 대한민국 정부의 국제법적
지위에 대한 논쟁이 다시 재현됐다. 일본이 북한 정부를 법적으로
어떻게 인정할 것인가의 문제였다. 일본은 이미 1965년 한일협정을
통해 대한민국 정부를 한반도에서 유일한 합법 정부로 인정한 바 있
다. 그러나 거기에는 '국제연합 총회에서 채택된 결의 제195호(III)
을 상기'한다는 조건이 있었다.

유엔 승인안과 대한민국 정부 관할권

도대체 유엔의 결의안 제195호(III)을 다시 상기한다는 것은 무
엇을 의미하는가? 대한민국 정부에 대한 유엔 총회의 승인안은 크
게 세 가지 부분으로 나뉘어 있다. 첫째로 대한민국 정부는 '유엔임
시위원단이 관찰하고 협의할 수 있었고, 한국인의 대다수가 살고 있
는 한국의 그 지역'에서 통제와 관할권을 갖는 합법적 정부라는 것
이다. 둘째로 이 정부는 '한국의 그 지역에서 유권자들의 자유의지
가 표현됐다고 일컬어지고 임시위원단이 관찰한 지역에 기반을 두
고 있다.' 그리고 마지막으로 대한민국 정부는 한국에서 오직 그러
한 정부라고 끝을 맺고 있다.

유엔임시위원단의 감시 아래에서 선거가 이뤄졌고 그 정부를 유엔이 승인했는데, 왜 이렇게 다양한 조건이 붙었을까? 유엔은 대한민국 정부를 한반도에서 선거를 통해 수립된 유일한 정부라고 승인했다. 그러나 승인된 대한민국의 범위는 오직 유엔임시위원단의 감시 아래에 선거가 실시됐던 지역에만 국한된다는 것을 의미했다. '그 지역(that part)'이라는 표현은 바로 그 점을 의미했고, 한일협정에서 일본은 대한민국 정부를 '그 지역'에서만 관할권을 갖는 정부로 규정했다. 그렇기 때문에 일본은 북한 정부와도 수교협상을 진행한 것이다.

만약 1965년 한일협정에서 대한민국 정부를 한반도 전체에서 유일 합법 정부로 규정했다면, 일본은 북한 정부와 수교를 할 수 없다. 북한의 유엔 가입도 마찬가지다. 유엔의 승인이 한반도 전체를 대상으로 한 것이었다면 북한 정부는 불법단체가 되며, 이는 북한 정부가 유엔의 성원이 될 수 없음을 의미한다.

민주화 이후 역사학자들은 유엔의 승인안에 기초해서 대한민국 정부의 국제법적 지위에 대한 규정을 수정했다. 그 결과는 2003년부터 근현대사 검정교과서에 반영됐다. '대한민국은 1948년 총선거가 실시된 38선 이남에서 유일한 합법 정부'라는 것이었다. 이는 대한민국 헌법 3조('대한민국의 영토는 한반도와 그 부속 도서로 한다')와 충돌하는 것이었지만, 이후 10여 년간 모든 역사 교과서들은 정부의 검인정을 거쳐 대한민국 정부가 '1948년 5월 10일 선거가 이뤄진 지역(또는 38선 이남)에서 수립된 유일한 합법 정부'라고 서술했다.

이러한 상황에서 2013년 갑자기 교육부가 검정을 통과한 한국사 교과서에 대해 수정권고안을 냈다. 교육부는 '당시 유엔 결의문은 합법적인 정부로 한반도에서는 유일하게 대한민국뿐임을 명기'하고 있기 때문에 '38도선 이남'이란 표현을 삭제하라고 권고했다. 교육부의 수정권고안이 나오자마자 뉴라이트 학자들 사이에서 교육부의 입장을 옹호하는 주장이 나오기 시작했다. 대한민국의 국제법적 관할권을 선거가 이뤄진 지역, 곧 38선 이남으로 한정한 것은 유엔 결의안을 '의도적으로' 왜곡한 것이며, 원문에는 '한국에서(in Korea)'라고 표기돼 있다고 주장한 것이다.

유엔의 대한민국 정부 승인안을 둘러싼 논쟁은 이후 다시 재개되지 않았다. 승인안의 영문 표현을 보면 대한민국의 관할권이 선거가 이뤄진 지역에 한정돼 있는 것이 명백하기 때문이다. 그런데 승인안의 내용을 왜곡하면서까지 논쟁을 하고자 했던 이유는 무엇이었을까?

무엇보다도 우리 사회가 암묵적으로 대한민국 정부의 정통성을 유엔 승인안에서 찾고 있기 때문이다. 한국은 유독 유엔과 많은 관계를 맺고 있다. 한국전쟁 시기 창설된 유엔군은 지금까지도 존재하고 있으며, 유엔은 유엔한국재건단(UNKRA)과 유엔한국통일부흥위원단(UNCURK)을 조직, 전후 한국의 재건을 도왔다. 1980년대까지 유엔의 생일인 10월 24일이 공식 휴일(유엔데이)이었다.

정통성과 합법성의 근거

한국이 이렇게 유엔과 깊은 인연을 맺게 된 것은 미국의 정책과 관련이 있다. 미국은 필리핀이나 일본과는 달리 유엔을 통해 대한민국 정부를 수립하고자 했다. 북한이 남침하도록 빌미를 제공한 것으로 알려진 1950년 1월 미국 국무장관 애치슨의 연설에서 한국은 미국의 방위선에서 제외됐지만, '국제기구를 통해 수립된 국가는 국제기구를 통해 지키겠다'는 원칙이 천명됐다. 미국으로서는 소련과의 합의를 통해 정부를 수립하지 못하게 된 상황에서 유엔을 통해 그 절차적 합법성을 인정받고자 한 것이었다.

대한민국 정부의 정통성과 합법성은 유엔의 승인에서만 찾아야 하는가? 1948년 상황에서 유엔은 세계를 대표할 수 있는 기구가 아니었다. 1960년대 이후 개발도상국들이 대거 가입하면서 유엔은 명실상부한 유일한 세계정부가 됐다. 현대 국가의 정통성은 신화나 외부로부터의 인정만으로 얻어지는 것이 아니다. 하늘에서 내려오고 알에서 태어나고 두꺼비의 아들이었기 때문에 왕이 될 수 있었던 것은 먼 옛날의 일이다. 외부의 인정만으로도 정통성을 얻고자 했던 것은 만주사변 이후 일본이 만주국의 정통성을 확보하고자 했을 때에나 있을 법한 일이었다.

정통성과 합법성은 구성원들의 자발적인 동의에 의해 나와야 한다. 선거를 하는 것이 바로 그 때문이다. 또한 구성원들이 그 국가 아래에서의 삶에 만족해야만 한다. 그래서 민주주의와 경제 번영이 중요한 것이다. 현대 사회에서 국가의 정통성은 확정돼 있지 않다. 국가가 구성원들의 행복을 책임질 수 있는가에 따라 정통성이 있다가도 없을 수 있고, 없다가도 있을 수 있다.

■ 관할권 문제의 역사적 의미

유엔 승인안은 1948년 이후 대한민국의 영토 관할권을 직접 규정 및 제한했다. 먼저 문제가 된 것은 제주도였다. 제주도는 1948년 5월 10일에 선거가 실시되지 않았다. 4·3항쟁 때문이었다. 1949년 유엔한국위원단의 감시 아래 선거가 실시된 이후에야 정식으로 대한민국 영토가 됐다.

1950년 인천 상륙작전 이후 한국군과 유엔군이 북진했을 때 누가 38선 이북 지역을 관할하는가가 문제가 됐다. 이승만 대통령은 이북 5도에 도지사를 임명하려고 했다. 그러나 유엔군과 유엔한국통일부흥위원단은 한국 정부가 임명한 도지사들을 인정하지 않았다. 국제법적으로 대한민국은 그 지역에 관할권을 갖고 있지 않았기 때문이었다.

전후 수복지구도 문제가 됐다. 서해 5도와 강원도의 일부 지역이었다. 한국 정부는 이 지역에 대한 관할권이 없었기 때문에 1954년 총선거에서 이 지역의 주민들에게는 투표권이 부여되지 않았다. 유엔군과 한국 정부와의 협약에 의해 정전협정 후 1년이 지나서야 관할권이 한국 정부로 이양됐다.

만약 북한에서 급변사태가 발생하면 어떻게 될까? 한국 정부는 당분간 관할권을 갖지 못한다. 유엔 승인안의 국제법적 효력이 계속되는 한 유엔의 권위 아래에 다국적 국가로 구성된 기구가 수립될 가능성이 크다. 급변사태가 발생하면 북한에 가서 부동산 투자를 해야겠다는 것은 꿈에 불과하다.

(박태균)

5. 친일파 논쟁

　　해방 70여 년 동안 한국사회의 가장 뜨거운 이슈 중 하나는 '친일파' 문제이다. 1945년부터 시작돼 70여 년이 지난 지금까지도 논쟁이 계속되고 있으니 말이다. 식민지 잔재를 청산하고 제국주의의 통치와 전쟁에 협력한 사람들을 정치무대에 다시 서지 못하도록 해야 한다는 사실을 설명하는 것은 국민들에게 화사첨족(畵蛇添足)일 것이다.

　　대한민국 정부가 수립되기 이전인 1947년 우익과 중도파 정치인들로 구성됐던 남조선과도입법의원은 '민족반역자, 부일협력자, 전범, 간상배에 대한 특별법'을 제정했고, 대한민국은 헌법에 근거해 1948년 반민족행위특별조사위원회(반민특위)를 조직했다. 미군정도 1946년 소위 '추수폭동'이 일본 제국주의에 협력했던 경력을 가진 경찰의 쌀 수집으로 인해 일어났다는 점을 인정할 정도로 친일 잔재 척결은 광복 후 한국사회가 해결해야 할 가장 중요한 과제

반민특위와 친일파 청산은 광복 이후 70여 년이 흐른 지금에도 여전히 뜨거운 논쟁의 대상이 되고 있다. 현재까지도 한국사회에서 과거사 문제는 계속해서 정치문제로 변질되곤 했다. 정치적 타협을 시도한 2015년 한일 과거사 합의는 안팎에서 역풍을 맞았다.

그렇다면 현대 한국사회는 친일 문제에 어떤 시각으로 접근해야 할까? 이 문제는 정녕 해결될 수 없는 문제인가? 아니면 해결할 필요가 없는 문제인가?

였다.

하지만 모든 노력은 수포로 돌아갔다. 이승만정부의 경찰은 '빨갱이' 잡는 데 큰 역할을 했던 일부 경찰을 친일 혐의로 체포했다고 반민특위를 습격했고, 친일 잔재 척결을 주장했던 김구는 '빨갱이'라는 소리를 들으며 안두희의 총탄에 쓰러졌다. 김구가 이끌었던 한국독립당 지지자들이 여순사건에 가담해서 반란 군인들을 지지했다는 것이다.

한국전쟁이 발발하면서 반민특위에 체포됐던 친일 인사들은 모두 어떠한 처벌도 없이 출소했다. 이후 일본 제국주의에 협력했던 인사들이 다시 정부의 요직에 올랐다. 천황에게 충성했던 경찰과 군인들이 다시 한국사회를 지배하고 있다는 것을 누구나 알고 있었지만, 역설적이게도 역사학이나 정치학이 아닌 문학 전공자인 임종국이 1966년 《친일문학론: 일제암흑기의 작가와 작품》을 출간할 때까지 '친일'이라는 용어의 사용은 금기시됐다.

민주화 이후의 친일 논쟁

1980년 서울의 봄이 오자 《해방전후사의 인식》(1980)을 통해 친일파 문제가 다시 수면 위로 떠올랐다. 자연스럽게 1989년 《해방전후사의 인식》이 6권으로 마무리될 때까지 친일파 문제는 핵심적인 논의의 하나가 됐다. 너무나 늦었음에도 불구하고, 민주화와 함께 '친일 잔재의 척결'이 사회 전반에 걸쳐 사회적 담론으로 자리 잡았다. 《실록 친일파》(임종국 저, 1991)에서부터 《친일파 죄상기》(정운현 편, 1993), 《친일파 99인》(반민족문제연구소 편, 1993), 《(인물로 보는) 친일파 역사》(역사문제연구소 편, 1998) 등 저작들이 쏟아져 나왔다. 영원한 금기는 없었다.

물론 부작용도 없지 않았다. 친일단체에 이름을 올렸다는 이유만으로 친일파 명단에 오르는 경우가 있다는 비판이 제기됐다. 자발적인 것이 아니라 본인의 동의 없이 총독부에 의해 친일단체에 이름이 올라가는 경우도 있었기 때문이다. 반민특위에서 규정한 바와 같이 친일파로 규정할 수 있는 철저한 기준이 마련될 필요성도 제기됐다. 그러나 친일 잔재 척결문제는 누구도 반대할 수 없는 명제였다. 어떤 사회보다도 식민지 시기에 대한 부정적 평가가 강한 한국사회에서 일본 제국주의에 협력했던 '범죄행위'를 처벌하지 않았다는 것은 아이러니였다. 2012년 선거에서 대통령 후보 개인의 문제보다 박정희의 친일 문제가 더 많이 회자됐다는 것을 보더라도 친일 문제가 갖고 있는 사회적 폭발력을 알 수 있다.

이런 의미에서 2002년 발간된 《친일파를 위한 변명》(김완섭 저, 2002)은 사회적으로 큰 충격이었다. '친일'을 옹호한 것이다. 법원이 이 책을 '청소년 유해도서'로 판시하면서 책은 더 유명세를 탔다. 마치《제국의 위안부》(박유하 저, 2015)를 언론과 법원이 베스트셀러로 만들어준 것과 유사한 상황이 이미 10여 년 전에 발생했던 것이다.

《친일파를 위한 변명》이 해프닝으로 잊혀졌지만, 학계에서의 논쟁은 더욱 심각해졌다. 2002년 서양사학자 안병직은 한 학회에서 과거사 문제에 대한 한국사회의 '집착'을 비판했다. 발단은 2001년 민족문제연구소의 《친일파 인명사전》 출간 선언과 김대중정부와 노무현정부의 과거사 해결을 위한 위원회 설치였다. 안병직은 이후

〈과거사 규명, 무엇이 문제인가〉(2004)라는 제하의 글을 발표하면서 한국사회의 친일파에 대한 '강박관념'을 비판했다. 그는 한국사회의 강박관념이 식민지시대를 객관적으로 볼 수 있는 눈을 가리고 있으며, 과거사 법은 다른 나라에서는 찾아볼 수 없는 과거사 청산 방식이라고 주장했다. 또 친일 잔재 청산을 진보 세력들이 정치적으로 이용하고 있다고 비판했다.

《식민지의 회색지대》(2003)를 출간한 역사학자 윤해동은 '과연 친일파라는 모호하고 임의적인 대상을 깨끗이 청산해버릴 수 있는가'라는 문제를 제기하면서 친일파 청산이란 '정신적 위안을 얻기 위한 도덕적 정언명령'이라고 정의했다. 그는 친일과 반일이라는 두 가지 대립된 틀로는 식민지 조선인들을 이해할 수 없으며, 다수의 회색지대가 존재했던 현실을 이해해야 한다고 주장했다. 대부분의 사람들은 끊임없이 동요하면서 협력하고 저항하는 양면적인 모습을 보였다는 것이다.

사실 규명과 정의 세우기

안병직과 윤해동의 주장은 한국사 연구자들과 민족문제연구소로부터 강력한 비판을 받았다. 이들의 주장은 소위 '식민지근대화론'이라고 하는 일본 제국주의의 팽창 이데올로기의 연장선상에 서 있다는 것이었다. 또한 《친일파 인명사전》을 주도한 민족문제연구소는 친일의 기준을 '자발성'과 '고위직'에 한정했기 때문에 '지원제'를 가장해 강제로 동원된 대학생들과 강제로 이뤄진 창씨개명의 경우 친일로 규정하지 않았다는 점을 밝혔다.

친일파에 대한 논쟁이 중요한 것은 '식민지근대화론'과 연결돼 있다는 점이다. 친일 잔재 척결에 대한 비판은 식민지시대를 반일과 친일의 이분법적으로 해석할 경우 당시의 시대상을 객관적으로 분석하지 못하게 된다는 주장을 제기함으로써 이후 식민지 시기에 대한 연구가 풍부해지도록 하는 데 공헌을 하기도 했다.

그러나 친일 잔재 척결에 대한 비판은 몇 가지 문제를 노정하고 있다. 첫째로 식민지시대의 '개발'과 '근대'만을 강조한다면, 제국주의의 식민지에 대한 수탈과 함께 '카이로선언'에서 규정한 제국주의적 침략과 팽창은 잊힐 수밖에 없다. 이는 곧 아시아의 후진국을 근대화시켜야 하고 서양 제국주의자들로부터 보호해야 한다는 제국일본의 식민지 정당화를 위한 논리와 다를 것이 없다.

둘째로 이 논쟁이 정치적으로 해석됐다는 점이다. 노무현정부의 '친일반민족행위 진상규명특별법'이 친일파 논쟁의 한 축이 되면서 이른바 주류 세력의 반격이 시작됐다. 친일 세력의 맥을 잇고 있는 한국사회의 주류는 비주류에 의한 청산작업을 지켜보고만 있지 않았다. 친일파 척결을 주장하는 그룹은 보수 언론과 정치인들에 의해 '좌익 빨갱이'로 규정됐고, 친일 문제를 비롯한 과거사 청산을 위한 조직들은 이명박 정부에 들어와 모두 해산됐다. 친일 잔재 척결을 요구한 학자들이 의도한 것은 아니었지만, 한국사회의 보수 세력들은 이들의 주장을 정치적으로 이용했다.

과거사 문제는 이데올로기적 문제가 아니라 민족적·국가적으로 해결해야 할 과제이다. 그러나 해결해야 할 문제가 제때 해결되지 못함으로 인해서 과거사 문제가 정치적 문제가 되어 버린 것이다.

그리고 남남갈등의 가장 중요한 이슈 중 하나가 됐다.

당사자 대부분이 사망한 상황에서 친일파 문제는 더 이상 처벌의 문제가 아니다. 학자들에게는 사실 규명의 문제이며, 사회적으로는 정의를 세우는 문제이다. '일본과 친한 것'이 문제가 아니라 민족과 국가를 일본에 넘기는 데 협조하고 은사금을 받은 사람들, 탐욕과 폭력에 근거한 '제국주의 전쟁'에 협력한 사람들의 죄상을 밝히는 것이 더 중요한 임무라는 사실을 인식해야 한다. 또한 그렇게 할 때 인류 보편적인 공감대를 얻어냄으로써 국제사회로부터 지지를 받을 수 있다. 위안부 문제에 대한 국제사회의 관심이 이 점을 잘 보여준다.

친일 문제를 감정적으로 접근한다면 이는 한국과 일본 사이의 감정적 문제로 비추어질 것이며, 국제사회뿐만 아니라 일본의 양심적 지식인과 시민들로부터 지지를 얻어낼 수 없다. 또한 정치적으로 접근해서도 안 된다. 위안부 문제를 정치적으로 해결하고자 한 2015년 한국 정부와 일본 정부 사이의 합의는 역풍을 맞고 있다. 아울러 한국사회가 '매국'과 '전쟁범죄'의 진상을 밝히지 못할 때, 또 다른 매국과 전쟁범죄는 아무런 죄의식 없이 계속될 것이다.

■ **조선일보와 동아일보의 '친일' 비방전**

조선일보와 동아일보의 친일파 논쟁은 1985년 4월 1일 동아일보 창간 65주년 기념호가 발단이 됐다. 동아일보는 3면에 실린 〈동아일보, 민족혼 일깨운 탄생〉이란 조용만 칼럼을 통해 "총독부 당국은 신중히 고려한 끝에 민족진영 측으로 동아일보를 허가하고, 다음으로 실업신문을 내겠다고 하는 대정실업친목회 측에 조선일보를 허가하고 끝으로 신일본주의를 표방하는 국민협의회 측에 시사신문을 허가하였다"고 보도했다. 여기에 그치지 않고 조선일보를 '실업신문을 위장한 친일신문'으로 규정했다. 심지어 조선일보의 사장이 상업은행장이었기 때문에 민중들이 친일신문임을 알고 주식을 사지 않아 경영난에 허덕이다가 기회주의 신문으로 전락했다고 주장했다.

같은 해 4월 12일자에서는 동아일보가 일본 제국에 저항하는 '국가의 적'으로 규정됐다는 기사를 게재하면서 조선일보가 일본에 협력한 일간지였음을 암시하는 내용이 포함됐다. 당시 일본의 우익단체에서 발행한 신문에 "불온한 동아일보가 조선일보와의 합판을 강력하게 거부하고 총독부의 시책에 항거하고 있다"는 내용이 보도됐다며 조선일보와 비교하여 동아일보가 민족지였음을 강조했다.

이틀 후 조선일보의 반격이 시작됐다. 논설고문 선우휘는 〈동아일보 사장에게 드린다〉는 글을 통해 동아일보의 친일적 성격을 지적했다. "오늘날 우리가 주목해야 할 사실은, 창간 후 조선일보가 재빨리 옳은 주장과 바른 기사를 써서 사흘이 멀다 하며 압수와 정간을 당했다는 사실입니다. 이 점을 동아일보는 무엇이라고 설명하겠습니까? (중략) 논쟁이 격화되면 궁극적으로 인촌(김성수의 호) 선생까지 욕보이는 결과가 된다고 생각지 않으십니까?"(《조선일보》1985년 4월

14일자)

이에 동아일보는 다시 4월 17일 사고를 통해 "우리는 양지(兩紙)가 65년 전의 기록 시비로 더 이상 지면을 소비하고 자제를 잃을 경우 역사에 흠을 남기고 사회적 안정을 해칠 것을 걱정합니다"라고 하면서 논쟁에서 한발 물러섰지만, 조선일보는 4월 19일자에 〈우리의 입장: 동아일보의 본보 비방에 붙여〉를 통해 동아일보의 초대 사장 박영효의 친일 논란을 제기했다. 이에 대해 동아일보가 반박하지 않음으로써 논쟁은 더 이상 진행되지 않았다.

친일을 둘러싼 두 신문의 논쟁은 판매 부수를 늘리기 위한 이전투구에 지나지 않았다. 1980년대 들어 조선일보 구독자가 급증하자, 위기의식을 느낀 동아일보가 조선일보의 전력을 비난하고 나온 것이다. 동아일보나 조선일보의 친일 행적에 대해서는 더 이상 언급하지 않아도 다 아는 사실 아닌가? 친일 문제가 한국에서 얼마나 중요한 문제인가를 잘 보여주는 해프닝이었다.

(박태균)

《해방 전후사의 인식》과《해방 전후사의 재인식》의 논쟁은 좌파 민족주의와 뉴라이트 사관이 충돌한 사건이었다. 동시에 역사는 과거와 현재의 대화임을 재확인시킨 논쟁이었다. 《해방 전후사의 인식》과《해방 전후사의 재인식》을 둘러싼 논쟁은 광복 전후 역사적 사실과 집단적 기억에 대한 해석의 차이를 보여준다. 과연 광복에서 한국전쟁에 이르는 시기의 역사를 어떻게 봐야 할까?

6.   해방전후사 해석 논쟁

1980년대는 우리 사회에서 진보 세력이 '학문적 시민권'을 획득한 시기였다. 대학원을 졸업한 소장 연구자들이 기성 진보적 학자들과 함께 사회구성체 논쟁을 벌임으로써 한국전쟁 이후 냉전분단 체제 아래서 위축된 진보적 인문·사회과학에 활력을 불어넣었다. 이 가운데 한 축을 이룬 것은 해방 전후사에 대한 새로운 접근과 해석이었다. 1979년부터 1989년까지 전 6권으로 나온《해방 전후사의 인식》은 바로 이러한 연구들을 집약하고 있다.

이 시리즈의 저자들은 경제학자 박현채, 역사학자 강만길, 정치학자 최장집 등 당시 진보를 대표하는 중견 학자들은 물론 정치학자 박명림, 정해구, 이종석 등 패기만만한 소장 연구자들을 망라했다.

《해방 전후사의 인식》 대《해방 전후사의 재인식》

《해방 전후사의 인식》에 참여한 학자와 연구자들 사이의 견해가

늘 일치한 것은 아니었다. 하지만 광복-미군정-정부 수립-한국전쟁으로 이어지는 사회변동을 분단 체제의 형성 과정으로 파악하고, 이 과정 속에 냉전의 구조화라는 국제적 상황과 좌우합작·농민운동·노동운동 등의 국내적 변동을 '민중적·민족적 관점'에서 일관되게 분석하고자 했다.

민중적·민족적 관점이란 지배계급과 외세에 맞서는 '민중'과 '민족'을 중시하는 진보적 역사관을 함축하는 것이었다. 예를 들어, "해방 8년사(1945~1953) 한국 현대사야말로 세계 질서 재편기 국제적 수준의 갈등과, 혁명과 반혁명의 국내적 갈등이 총체적으로 맞물려 돌아간 시기"라는 박명림의 주장은《해방 전후사의 인식》에 담긴 새로운 역사인식을 단적으로 보여준다.《해방 전후사의 인식》은 출간되자마자 학계와 시민사회에 큰 영향을 미쳤다. 1987년 6월항쟁으로 열린 민주화시대의 사회적 분위기와 결합됐기 때문이다.《해방 전후사의 인식》은 특히 당시 큰 화제를 모은 조정래의 대하소설《태백산맥》과 서로 영향을 주고받았는데, 두 책 모두 1980년대 후반과 1990년대 초반 대학을 다닌 이들에게 현대사 학습의 필독서로 자리 잡았다.

이러한《해방 전후사의 인식》의 역사인식에 대한 본격적인 비판은 2006년《해방 전후사의 재인식》을 통해 이뤄졌다.《해방 전후사의 재인식》은 일제 식민지시대부터 1950년대까지 우리 현대사를 새롭게 해석한 논문들을 모은 책이다. 민족주의를 비판해온 탈근대 성향의 역사학자 박지향과 국문학자 김철이 뉴라이트 학자들이라 할 수 있는 경제학자 이영훈, 정치학자 김일영과 함께 편집한 저작이다.

《해방 전후사의 재인식》이 큰 관심을 모은 까닭은 책 제목에 담긴 상징성에 있다. 다시 말해《해방 전후사의 재인식》은《해방 전후사의 인식》에 대한 적극적인 비판을 겨냥했다.《해방 전후사의 재인식》은 머리말에서 지난 20여 년간 학계의 부단한 연구로《해방 전후사의 인식》에서 제기된 주장의 잘못이 지적되고 수정돼 왔음에 주목해 그동안 진척된 수준 높은 학술 논문을 선정해 대중에게 알기 쉽게 제시해주자는 목표를 갖고 있다고 밝히고 있다.

구체적으로《해방 전후사의 재인식》은《해방 전후사의 인식》에 담긴 민족 지상주의와 민중혁명 필연론이 우리 현대사 해석에 끼친 폐해를 우려하며, 편협하지 않고 균형 잡힌 역사 이해를 요구했다. 이러한 우려와 요구는 2006년 당시 진행된 노무현정부의 과거사 청산에 대한 비판으로 이어졌다. 학문적 연구에서 시작됐으나 정치·사회 현실 문제에 직접 개입했다는 점에서 당시《해방 전후사의 인식》과《해방 전후사의 재인식》을 둘러싼 토론은 학계 안팎에서 상당한 논란을 불러일으켰다.

《해방 전후사의 인식》과《해방 전후사의 재인식》의 한계

《해방 전후사의 재인식》에 대한 비판은 두 방향에서 제시됐다. 하나는《해방 전후사의 인식》에 가까운 진보적 역사학자들의 비판이었다. 당시《역사비평》의 주간을 맡고 있던 역사학자 임대식은 《해방 전후사의 재인식》이 뉴라이트와 탈근대의 기묘한 연대라고 지적하고, 이러한 '이종 연대'가 개혁이라는 시대정신에 역방향으로 작용한다고 강도 높게 비판했다.

다른 하나는 상대적으로 젊은 탈근대 역사학자들의 비판이었다. 역사학자 윤해동 등은 2006년 《근대를 다시 읽는다》를 펴내 《해방 전후사의 인식》과 《해방 전후사의 재인식》을 동시에 비판했다. 이들은 《해방 전후사의 인식》과 《해방 전후사의 재인식》 모두 철 지난 진영적 대립에 머물러 있다고 지적했다. 《해방 전후사의 인식》의 민족주의나 민중주의가 현실의 변화를 따라잡지 못한 낡은 역사인식에 머물러 있다면, 《해방 전후사의 재인식》의 경우 일부 예외적인 글들이 있지만 전체적으로 "보수우익의 정치적 이해에 복무하면서 시대착오적인 좌우 대립에 편승하고자 하는 욕망을 숨기지 않았"다고 비판했다.

《해방 전후사의 인식》과 《해방 전후사의 재인식》을 둘러싼 논쟁은 광복 직후 역사적 사실과 집단적 기억에 대한 해석의 차이를 극명하게 보여준다. 과연 우리는 광복에서 한국전쟁에 이르는 시기의 역사를 어떻게 봐야 하는가? 그것은 《해방 전후사의 인식》의 일부 저자들이 주장하듯 제국주의의 지배에 따른 비극적인 분단국가의 형성 과정인가, 아니면 《해방 전후사의 재인식》의 일부 저자들이 강조하듯 훌륭한 선택으로 평가할 수 있는 시장경제와 자유민주주의 체제로서의 대한민국 성립 과정인가? 좌파 민족주의 대 뉴라이트의 역사 해석이라 할 수 있는 《해방 전후사의 인식》 대 《해방 전후사의 재인식》의 이런 상반된 역사관은 우리 사회에서 팽팽히 맞서왔던 것으로 보인다.

돌아보면 《해방 전후사의 인식》의 역사관에는 1980년대의 민족해방과 민중해방에 대한 염원이 깃들어 있었다. 당대의 관점에서 《해방 전후사의 인식》이 그동안 한쪽으로 편향된 역사 해석에 이의를 제기하고, 역사적 사실을 새롭게 밝히는 데 기여했다는 점은 부정하기 어렵다. 그러나 현재의 시점에서《해방 전후사의 인식》에서 제시된 사실 복원 및 해석은 민중적·민족적 관점을 지나치게 강조했던 것으로 보인다. 그렇다고《해방 전후사의 재인식》의 역사인식에 문제가 없는 것은 결코 아니었다.《근대를 다시 읽는다》의 편자들이 적절히 지적하듯이《해방 전후사의 재인식》의 논리에는 '국가=문명, 민족=야만'이라는 낡은 이분법이 깔려 있고, 우익적 '대한민국 국가주의'의 강화라는 이념적 목표가 도사리고 있었다.

《해방 전후사의 인식》과《해방 전후사의 재인식》을 둘러싼 논쟁은 역사가 '과거와 현재의 대화'임을 새삼 깨닫게 한다. 한 걸음 물러서서 생각하면《해방 전후사의 인식》과《해방 전후사의 재인식》은 역사 해석을 여전히 이념 투쟁의 한 수단으로 보려는 정치적 독법(讀法)의 위험을 안고 있었던 것으로 보인다. 어느 나라건 역사 해석에서 하나의 시각만이 존재하지는 않는다. 역사적 사실의 복원과 평가 또한 고정돼 있지 않다.

요컨대, 역사는 새로운 사실의 발견과 기억의 복원으로 재구성되며 재해석된다. 역사 해석이란 본디 끊임없이 변화하고 진화하는 현재진행형이다. 우리 사회의 구조적 강제와 경로의존성의 출발점이 된 광복에서 한국전쟁에 이르는 현대사에 대한 본격적인 연구는 이제 막 시작됐다고 봐도 좋다. 어떤 사실과 기억이 이 시대를 정직하게 반영하는지를 분석하고, 그것이 현재에 어떤 함의를 안겨주는지를 성찰하는 것은 우리 현대사를 연구하는 인문·사회과학자에게는 더없이 중대한 과제다.

■ 조정래의 《태백산맥》

1987년 이후 열린 민주화시대의 해방 전후사에 대한 역사적 이해에서 가장 큰 영향을 미친 텍스트 중 하나는 1989년에 전 10권 완간된 조정래의 《태백산맥》이다. 《태백산맥》은 여순사건이 일어난 1948년부터 빨치산 토벌이 끝나가는 1953년까지 전남 벌교를 중심으로 진행된 비극적인 현대사를 다룬 대하소설이다. 1980년대 후반 당시 독일 유학 중이었던 저자도 소포로 책이 배달되면 친구 및 선후배들과 돌려가면서 읽고 소감을 나눴던 기억이 새롭다.

《태백산맥》은 '혁명의 시대'라는 1980년대의 시대적 분위기가 담겨 있는 작품이다. 염상진, 김범우, 하대치, 소화, 외서댁, 들몰댁, 그리고 염상구까지 《태백산맥》에 나오는 주인공들은 해방 전후를 살아온 민중과 지식인의 전형적 인물들이었기에 그만큼 감동이 컸던 것으로 보인다. 《태백산맥》의 내용 때문에 조정래는 국가보안법 위반으로 고발됐지만 2005년 11년 만에 무혐의 처분을 받았다.

이러한 사실이 보여주듯 《태백산백》에 대한 대중의 관심은 뜨거웠고, 우리 현대사를 새롭게 이해하는 데 상당한 영향을 미쳤던 것으로 보인다. 그동안 《태백산맥》은 250쇄 이상을 찍었다고 한다. 총 850만 권이 팔렸고, 매년 10만 권가량 나가는 것으로 알려지고 있다. 소설 속의 주 무대인 벌교는 1980년대의 추억을 가진 386세대라면 누구나 한번쯤 가보고 싶어 하는 곳으로 꼽혀 왔다.

(김호기)

7.   농지개혁 평가 논쟁

　　1949년 6월 21일 농지개혁법이 공포됐다. 1950년 3월 10일에 개정법이, 3월 25일에 시행령이, 4월 28일에 시행규칙이 공포됐다. 전쟁 중이었던 1951년에 부산으로 피난해 있었던 국회에서 농림부 관계자는 시행규칙이 공포되기도 전인 1950년 4월 15일 이미 농지개혁이 완료됐다고 보고했다.

　　농지개혁은 역사적인 사건이었다. 한국 역사상 처음으로 경자유전(耕者有田)의 원칙이 현실화된 것이다. 수천 년 동안 계속돼 온 지주·소작 관계도 청산됐다. 자기 땅을 자기가 경작해서 수확한 쌀을 스스로 소비할 수 있는 농민의 소망이 이뤄진 것이다. 또한 근대화와 자본주의의 발전을 위해서도 농지개혁은 필수였다. 땅에 묶여 있는 자본과 노동력을 산업화 과정으로 전이해야 했다.

　　1980년대 초까지 농지개혁에 대한 평가는 인색했다. 1946년에 시행된 북한의 토지개혁이 지주의 토지를 무상으로 몰수하고 소작 농지개혁은 지주·소작 관계를 청산한 역사적인 사건이었다. 근대화와 자본주의의 발전을 위해서도 농지개혁은 필수였다.

하지만 어째서 농지개혁 후에도 농촌의 가난은 극복되지 않았는가? 농지개혁을 통한 산업자본의 축적도 성공적이지 못했는가?

현대에 와서는 농지개혁의 평가가 무슨 이유로 정치적 해석으로 변질되어가고 있는가?

인과 빈농에게 무상으로 분배됐지만, 남한에서의 농지개혁은 유상으로 몰수하고 유상으로 분배했기 때문에 농지개혁 이후에도 농민들에게 큰 부담이 됐고, 이로 인해 가난에서 벗어날 수 없었기 때문이었다. 초기 연구에서는 북한의 토지개혁 이후 고율의 세금이 부과돼 농민의 부담이 커졌다는 사실이 고려되지 않았고, 남한에서 농지개혁이 지주제 중심의 사회구조 변화를 이끌었다는 사실도 크게 주목되지 못했다.

이는 농지개혁 이후에도 계속된 농촌의 현실 때문이었다. 농지개혁 후에도 가난은 극복되지 않았다. 땅을 분배받은 농민들은 땅값을 상환해야 하는 어려움이 있었다. 수확량의 30%를 5년 동안 국가에 내야 했다. 땅을 분배받은 가난한 농민의 부담을 줄이기 위해 총 120%만 상환하고 나머지 30%는 국가가 보상하자는 조봉암의 농지개혁안은 기각됐다.

여기에 더해 한국전쟁 기간에 '임시토지수득세'라는 현물세가 등장해 농민들은 매년 세금으로 수확량의 30~50%를 정부에 내야 했다. 임시토지수득세는 전쟁이 끝난 후에도 1960년까지 계속됐다. 1950년대 후반까지 농민들은 농지 대금과 임시토지수득세를 함께 내야 했기 때문에 가난으로부터 벗어날 수 없었다.

또한 기대와는 달리 농지개혁 이후에 농업생산성도 높아지지 않았다. 녹색혁명은 쉽게 일어나지 않았고, 홍수와 가뭄 피해로부터 벗어나지 못했다. 전후 재건과 복구 사업이 급했던 정부로서는 농지개량이나 농업을 위한 인프라 개선 사업에 투자를 할 여력이 없었다. 투자를 한다 해도 1950년대의 행정력으로는 효율적 사업 진행이 쉽지 않았다. 따라서 매년 봄이면 보릿고개에 시달려야 했고, 가을에도 저곡가 정책 때문에 높은 수익을 올릴 수 없었다. 정부의 추곡 수매에 의지해서 근근이 생계를 이어가야만 했던 것이 농촌의 현실이었다.

농지개혁의 결과를 둘러싼 학계의 토론

농지개혁을 통한 산업자본의 축적도 성공적이지 못했다. 국가는 지주에게 수확량의 150%에 달하는 땅값으로 지가증권을 주고 땅을 매입했는데, 계획대로 됐다면 지가증권을 받은 지주들은 산업자본가가 돼야 했다. 지가증권을 현금화해서 사업에 투자하거나 지가증권으로 식민지 시기의 적산인 산업체를 불하받음으로써 지주가 자본가로 전환한다면, 이는 농지개혁을 통해 봉건적인 구조로부터 벗어나 근대 자본주의 체제로 넘어가는 또 다른 성공적 결과를 가져올 수 있었다. 그러나 한국전쟁으로 인해 이러한 기대는 물 건너갔다.

전쟁으로 인해 높은 인플레이션이 계속되면서 화폐가치와 함께 지가증권의 가치도 떨어졌다. 지가증권에는 일정한 액수의 현금 가치가 확정돼 있었기 때문에 인플레이션이 계속되면 그 가치가 떨어질 수밖에 없었다. 따라서 지가증권을 초기에 현금화하지 못하거나 산업체를 불하받지 못한 지주들은 산업자본가로 전환할 수 없었고, 이로 인해 농지개혁을 통한 국내 자본축적은 기대할 수 없게 됐다. 게다가 농지개혁법에 따르면 분배받은 토지를 다시 매매하는 것을 금지했지만, 비공개적으로 땅을 축적하거나 명의를 빌려주는 방식으로 지주로서의 지위를 그대로 유지하고 있다는 주장도 제기됐다.

박현채와 황한식은 농지개혁을 비판적으로 평가한 대표적인 경제학자들이었다. 이들은 개혁의 주체가 농민이 아닌 지주와 보수적인 정치인들이었기 때문에 실제로는 소작지 중 20%만이 분배됐다고 주장했다. 그 결과 농민들은 더 영세해졌고, 소작도 사라지지 않았다는 것이다. 농지개혁의 실패로 농촌은 가난에서 벗어나지 못하고 있다는 것이었다.

이러한 평가는 1980년대 중반 이후 바뀌기 시작했다. 1989년에 출간된《농지개혁사 연구》(김성호 편, 1989)는 그 출발점이었다. 농지개혁은 한국전쟁이 시작되기 전에 대체로 성공적으로 완료됐다는 것이다. 보상과 등기는 훨씬 더 시간이 지나 이뤄졌지만, '분배 예정지 통지'가 나간 시점을 기준으로 봐야 한다는 것이 그 주장이었다. 경제학자 장상환과 김성호의 연구는 그 대표적인 예였다.

농지개혁 이전에 이미 일부 농지분배가 이뤄졌다는 사실도 중요했다. 미군정은 일제 총독부 소유의 농지를 관리하기 위해 신한공사를 설립했는데, 신한공사는 미군정이 대한민국 정부로 행정권을 이양하기 직전인 1947년 이미 농지를 소작인들에게 분배했다. 또한 정부 수립 이후 농지개혁의 실시가 확실해지면서 지주들이 제값을 받기 위해 개혁 이전에 이미 농지를 방매(放賣)하기 시작했다.

결과적으로 대부분의 소작지가 분배됐고, 경자유전 원칙이 관철됐다는 것이 장상환의 주장이었다. 지주 계급은 이미 소멸되기 시작했고, 한국의 농지개혁은 북한과는 달리 성공적인 '위로부터의 부르주아 개혁'이었다는 것이다(장상환, 〈토지개혁과 농지개혁〉, 2009). 김성호 역시 '농지분배 일람표의 공고'가 완료된 시점(1950년 3월

24일)에서 농지개혁이 완료됐다고 봐야 한다고 주장했다는 점에서 장상환의 주장과 맥을 같이 했다.

농지개혁에 대한 긍정적 평가는 정치학자 김일영에 의해 정치적 평가로 이어졌다. 그에 따르면, 한국전쟁 직전에 있었던 1950년 5·30선거에서 야당이 패배한 것은 농지개혁의 결과였으며, 이미 전쟁 이전에 농지개혁이 이뤄졌기 때문에 전쟁 발발 직후 북한이 남한에서 토지개혁을 실시했을 때 지지를 받지 못했다는 것이다(《건국과 부국》, 2004). 일부에서는 명백한 '관권개입'을 통한 '부정선거'였던 1954년 총선에서 자유당이 승리한 것까지도 농지개혁의 결과라는 주장도 나왔다.

이후 경제학계에서는 《농지개혁사 연구》의 주장을 거의 그대로 수용했지만, 역사학계에서 다시 이에 대한 반론이 제기됐다. 특히 역사학자 정병준의 〈한국 농지개혁의 재검토〉(2003)는 반론을 제기한 대표적인 사례였다. 정병준은 '분배 예정지 통지'가 나간 시점을 농지개혁이 완료된 시점으로 봐야 한다는 장상환의 주장이 농민들의 심리적 상태에 근거한 것이기 때문에 실제로 분배된 시점으로 볼 수 없다고 주장했다. 농지개혁이 완료되는 시점을 농민들에게 상환증서가, 지주들에게 지가증권 교부가 완료되는 때로 봐야 한다는 것이었다.

농지개혁 평가는 현재진행형

당시 신문을 보면 전쟁 발발 이후인 1950년 7월 중순에 가서야 상환증서 발급이 완료될 예정이었다. 그뿐만 아니라 지주들은 농지개혁에 반발해 전업대책과 보상신청서 제출을 의도적으로 지연하고자 했기 때문에 지가증권의 발급이 어려웠고, 당시 한국 정부의 행정 능력을 고려할 때 농지분배 사업을 빨리 끝내기도 어려웠다. 이승만 대통령이 농림부 장관에게 전쟁 발발 이후인 1950년 10월의 시점에서 "농지개혁법안의 실시가 시급히 필요하다", 서울 수복 이후에는 "농지개혁 실시를 연기해야 한다"는 지시를 내린 것 역시 농지개혁이 제대로 이뤄지지 않았다는 것을 보여주는 대표적 사례로 제시됐다. 오히려 그는 농지개혁은 정책결정자가 의도했던 바가 아니라 전쟁의 부산물이었다고 결론을 내렸다.

농지개혁 논쟁은 아직도 현재진행형이다. 왜냐하면 사례 연구가 너무나 부족하기 때문이다. 충분한 연구가 진행되지 않은 상황에서 정치적 해석이 나타나고 있다는 점도 문제다. 즉, 남한에서의 농지개혁 실시라는 사실을 통해 이승만정부의 농민 친화적 성격을 주장한다거나, 남한 자본주의의 성공이라는 결과, 또는 그 반대로 농촌과 농업의 포기라는 서로 다른 현실을 근거로 농지개혁을 결과론적으로 평가하려는 것이다.

농지개혁을 하지 않았던 개발도상국에 비해 농지개혁을 실시했던 한국과 대만이 경제 성장에 성공했다는 점을 고려한다면, 농지개혁이 한국 현대사에서 중요한 전환점이 된 것은 부인할 수 없을 것이다. 그러나 농지개혁 평가에서 중요한 점은 개혁 자체가 한국사회에 어떠한 결과를 가져왔는가를 실증적으로 규명하는 것이다. 애초에 의도했던 대로 지주들이 산업자본가로 성공적으로 변신했는가? 농지분배로 받은 대금이 산업자본으로 전환됐는가? 농지개혁의 결과로 농업 분야의 근대화가 이뤄졌는가?

이러한 물음에 대한 충분한 사례 연구가 진행되기 전에 이뤄지는 성급한 평가는 농지개혁에 대한 논쟁이 마침표를 찍지 못하는 가장 중요한 걸림돌이 될 것이다. 농지개혁은 성공과 실패의 여부로 평가되는 것이 아니라 개혁을 통해 자본주의적 질서와 산업화가 어떠한 방식으로 진행됐는가를 보는 것이 더 중요하다는 장상환의 지적을 주목해야 한다. 연구가 다 이뤄지지도 않은 상황에서 성급한 정치적 평가는 현대사 연구의 진전을 가로막고 있다.

▪ 임시토지수득세

정부는 '임시토지수득세'를 한국전쟁 중인 1951년에 걷기 시작했다. 현물세였다. 현물세라니, 다시 중세 시대로 되돌아간 건가? 한국전쟁이 시작되자, 인플레이션이 심해졌다. 공장이 제대로 돌아가지 않았고, 월급이 제대로 지급되지 않았으며, 세금을 낼 사람들이 어디에 있는지를 파악하는 것 자체가 불가능했다. 하지만 세수가 없다고 해서 전쟁 중에 정부가 모든 활동을 중지할 수도 없었다.

만만한 게 농민이었다. 당시 전체 인구의 70% 이상이 농업에 종사하고 있었다. 농민들은 전쟁 중이었지만 집을 떠나기 쉽지 않았다. 생계를 포기할 수 없었기 때문이었다. 잠시 피신을 했다가도 다시 돌아와 논으로 가야 했다. 바로 이 점이 현물세인 임시토지수득세를 만든 이유였다. 당시 재무부 장관이었던 백두진은 '임시토지수득세가 없었다면 경제체제가 붕괴되었을 것'이라고 자평했다.

농민들은 농지개혁으로 인한 지가 상환, 그리고 토지수득세로 인해 수확량의 45~60%를 세금으로 내야 했다. 자기 땅에서 땀 흘려 얻은 수확을 자기가 갖는다는 기쁨을 누릴 만한 여유가 없었다. 게다가 임시토지수득세를 둘러싸고 부정도 끊이지 않았다. 부정징수가 끊이지 않았고(〈수득세 징수에 부정〉,《동아일보》, 1961년 5월 24일자) 수득세 감면를 미끼로 해서 뇌물을 받는 사건뿐만 아니라(〈세금징수 미끼로 돈먹은 세리 수사〉,《경향신문》, 1961년 1월 7일자), 수득세로 받은 조곡 7백 가마가 행방불명되는 사건까지 발생했다(〈수납한 수득세 조곡 7백 가마 행방불명, 고성군 하일면〉,《동아일보》, 1961년 9월 26일자).

임시토지수득세는 4·19혁명 직후인 1960년에야 폐지됐지만(〈예산안 편성방침〉,《동아일보》, 1960년 8월 28일자), 수득세 징수는 5·16군사쿠데타 직후까지 계속됐고, 수득세를 내지 못해 연체된 세금은 1962년에 면제됐다. 수득세를 둘러싼 논란은 1964년까지 가라앉지 않았다. 수득세는 현대사에서 전쟁과 정부의 무능이 서민들에게 어떠한 고통을 주는가를 여실히 보여주는 사례다.

(박태균)

한국전쟁 당시 유엔군 사령관인 더글러스 맥아더(가운데)가 인천상륙작전을 지휘하고 있다.

8.   맥아더 재평가 논쟁

'누가 먼저 총을 쏘았는가'는 한국전쟁과 관련된 최대 논쟁점이었다. 최소한 1990년대 중반 옛 소련 문서가 공개될 때까지는 그랬다. 북한의 남침으로 전쟁이 시작됐다는 정확한 증거가 없는 상황에서 남침론과 북침론, 남침유도론(일부 수정주의자)이 제기됐다. 그런데 김영삼 대통령이 1994년 러시아를 방문했을 때 한국전쟁 관련 문서들을 전달받으면서 한국전쟁은 스탈린의 허가 아래 김일성의 치밀한 계획으로 발발했다는 사실이 밝혀졌다.

김영삼 대통령이 받은 문서에는 한국전쟁이 발발하기 3개월 전 스탈린과 김일성, 박헌영의 대화록이 포함돼 있었다. 이들은 남침할 경우 미국이 개입하지 않을 것이라는 판단에 공감대를 형성했다. 그리고 위장 평화 공세 후 남침을 개시할 것이며, 북한이 남침을 시작할 경우 남한의 공산주의자들이 폭동을 일으켜 남한 정부가 자체적으로 몰락할 것으로 예측했다. 이들의 예상은 어느 하나 들어맞은 것이 없었지만, 이 자료는 북한의 남침으로 한국전쟁이 발발했다는 사실을 보여주기에 가장 결정적인 자료였다. 이후 한국전쟁 발발과 관련된 더 이상의 논쟁은 무의미해졌다.

금기시됐던 맥아더에 대한 평가

한국전쟁의 발발을 둘러싼 논쟁이 40년 넘도록 지루하게 계속 됐기 때문에 막상 더 중요한 부분에 대해서는 거의 연구가 이뤄지지 않았다. 전선이 남과 북으로 급격하게 이동했던 8개월간의 공방이 끝난 이후, 영화《고지전》에서 잘 드러나듯 전선이 38선 인근에서 고착됐음에도 불구하고, 전쟁은 왜 2년간 더 계속돼야 했는가? 맥아더는 인천상륙작전의 영웅이었음에도 불구하고 1951년 초에 왜 해임됐는가? 제네바협정이라는 전쟁 포로 처리에 대한 국제법이 있음에도 불구하고 포로 교환을 둘러싸고 유엔군과 공산군 사이의 공방은 왜 1년 6개월이나 계속됐는가?

탈냉전과 함께 한국사회가 민주화되면서 한국전쟁에 대한 연구는 비약적으로 발전했다. 미국 정부의 문서를 이용한 해외에서의 연구가 선구적 역할을 했다면, 한국과 중국의 연구자들은 미국의 문서뿐만 아니라 한국과 중국, 옛 소련의 문서들도 이용해 한국전쟁의 쟁점들에 대한 연구를 진행했다.

이렇게 연구가 진전됐음에도 불구하고 아직도 해결되지 않은 문제가 적지 않다. 특히 인천상륙작전 직후 38선 이북으로의 북진과 중국의 참전, 이 과정에서의 맥아더 장군에 대한 평가는 아직도 한국사회에서 뜨거운 쟁점이 되고 있다. 2005년 7월 인천 자유공원에 있는 맥아더 동상 철거를 둘러싼 논쟁은 그 대표적인 사례였다.

맥아더 장군에 대한 비판은 2005년까지 50여 년간 금기 사항 중 하나였다. 맥아더 장군은 제2차 세계대전에서 일본을 상대로 혁혁한 공을 세웠고, 해방 직후부터 이승만 대통령을 지원해 모스크바 3상 협정을 반대하여 대한민국 정부 수립을 가능케 한 일등 공신이었다. 한국전쟁 발발 직후 유엔군을 이끌고 북한의 남침으로부터 대한민국을 구원했으며, 인천상륙작전의 성공 이후 38선 이북으로의 북진을 통해 멸공 통일을 추진했다. 이러한 맥아더의 공헌에 대해 누가 감히 비판의 칼을 들이대겠는가?

1992년 윤금이 사건과 2002년 미선이·효순이 사건은 주한미군뿐만 아니라 맥아더에 대한 재평가가 시작되는 시발점이 됐다. 통일 정부가 아닌 분단 정부 수립을 추진했으며, 한국전쟁 시기 한반도에 원자탄을 사용하려 했던, '미국의 제국주의적 이익을 관철하려고 했던 점령군의 사령관'이라는 평가가 나오기 시작했다. 일본에서 전쟁에 책임이 있었던 소위 '천황제'의 유지를 결정했던 맥아더는 일본의 전쟁 범죄자 사면의 책임으로부터도 자유롭지 못했다.

맥아더 동상 철거와 철거 반대 세력이 인천 자유공원에서 부딪쳤고, 이는 급기야 맥아더 장군에 대해 비판적 글을 썼던 강정구 교수에 대한 친북논란으로 이어졌다. 강정구 교수가 방북 당시 방문록에 썼던 글을 문제 삼았던 것이다. 검찰은 강정구 교수를 구속하려고 했지만, 당시 천정배 법무부 장관이 검찰에 대해 수사지휘권을 발동해 검찰총장에게 불구속 수사를 하도록 지시함으로써 김종빈 검찰총장이 이에 반발해 사임하는 상황도 발생했다.

맥아더에 대한 미국 합동참모본부의 평가

논쟁은 동상의 철거 문제를 중심으로 공론화되었다. 하지만 더 중요한 점은 한국전쟁에서 논란이 되는 맥아더 장군의 역할에 대한 사실 규명과 그에 대한 재해석이었다. 첫째로 유엔군의 38선 이북으로의 북진이 올바른 결정이었는가의 문제다. 1950년 유엔이 결정한 유엔군의 임무는 북한군이 38선 이북으로 올라가도록 해서 국경으로서 38선을 회복하는 것이었다. 그러나 맥아더는 북한이 더 이상 침략을 하지 못하도록 북진이 필요하다는 입장이었다.

당시 주중인도대사는 유엔군의 북진이 곧 중국군의 개입을 부를 것이고, 이는 곧 또 다른 세계대전을 부를 것이기 때문에 유엔군이 38선을 넘는 것에 반대했다. 그럼에도 불구하고 유엔군은 38선을 넘어 북진을 시작했고, 열흘 만에 중국이 참전했다. 중국의 참전은 유엔군에게 결정적 타격이 됐다. 미국은 38선 이남만이라도 지키는 것으로 전쟁 전략을 바꿀 수밖에 없었다.

이뿐만 아니라 정전협정 후에도 중국의 참전은 미국의 세계전략에 큰 손해를 가져왔다. 전쟁에서 중국과 적대적 관계였던 미국은 1972년까지 약 20년 동안 중국이라는 세계에서 가장 큰 시장에 접근할 수 없었고, 중국과 소련 사이의 갈등을 냉전정책에 효과적으로 이용하지도 못했다. 또한 중국의 팽창에 대한 두려움으로 인해 베트남에 적극적으로 개입함으로써 역사상 씻을 수 없는 실수를 범하게 됐다.

물론 이 결정을 맥아더만의 잘못으로 볼 수는 없다. 당시 워싱턴에 있었던 미 행정부의 정책결정자 대부분이 38선 돌파를 찬성했기 때문이었다. 한반도 전체에서 공산주의자들을 몰아내지 않는다면, 또 다시 전쟁이 발발할 가능성이 크다고 판단했기 때문이었다. 그러나 그렇다고 해서 38선 돌파 시 한두 달 안에 북한 전체를 공산주의자들로부터 해방시킬 수 있다고 장담했던 맥아더 장군이 그 책임으로부터 자유로운 것은 아니다.

둘째로 맥아더의 독단적 작전에 대한 평가이다. 한국사회에서 맥아더 장군은 인천상륙작전을 성공시킨 최고의 명장으로 기억되고 있다. 그래서 한국에는 맥아더를 몸신으로 모시는 무당도 있다. 그러나 1978년 미국의 합동참모본부에서 발간한 합동참모본부사 3권 《한국전쟁》(국방부 전사편찬위원회에서 번역)의 평가는 다르다. 이 책이 인천상륙작전의 성과를 모두 부정하는 것은 아니지만, 그의 독단적 행동에 대해서는 비판적이다.

즉, 맥아더는 미국의 군통수권자(트루먼 대통령)나 지휘계통에서 상부기관(합동참모본부)의 명령계통을 무시하는 군인으로 그려지고 있다. 맥아더가 인천상륙작전을 취소하지 못하도록 구체적인 계획을 너무 늦게 본국에 보낸 것이 "군의 명령계통을 무시한 첫 번째 사례"였고, 워싱턴의 결정을 자기 나름대로 해석해 유엔군이 국경선까지 진격하도록 명령을 내리고 압록강 근처에 대한 폭격을 지시한 것 역시 "합동참모본부 훈령의 범위를 벗어나 왜곡하여 내린 명령의 마지막이 아니었다."

또 맥아더는 워싱턴에서 결정한 정책들을 벗어나는 성명들을 발표했다. 트루먼은 맥아더의 성명에 대해 "대통령으로서, 군 통수권자로서의 나의 명령에 대한 공개적인 도전"으로 간주했다. "합동참모본부의 모든 구성원들은 군은 항상 민정당국에 의해 통제돼야 한다는 확고한 신념을 종종 피력해왔다. 그들은 이번 경우에 있어서도 모두, 만일 맥아더 장군이 해임되지 않으면 각 계층의 미국 국민이 민정당국은 이미 군에 대한 통제력을 상실하였다고 비난할 것에 관하여 관심을 가졌다." 이러한 맥아더의 독단적 행위는 해임 이후 미 의회에서 열린 맥아더 청문회를 통해 더 분명하게 드러났다.

결정적으로 맥아더의 실수는 중국군 참전에 대한 오판이었다. 맥아더는 중국군이 대규모로 참전하지 않을 것이라고 판단했고, 일부 후퇴를 통해 방어적 진지를 구축하라는 본부의 지시를 무시하고 전격적인 북진을 지시했다. 이는 결국 미국에 거대한 재앙이 됐고, 합동참모본부는 플랜 B로 한반도의 포기와 대한민국 망명 임시정부의 수립까지도 고려해야 했다.

중국의 개입으로 인한 재앙은 미군에게 트라우마가 됐다. 베트남전쟁 시 미국은 17도선 북쪽의 북베트남에 대해 폭격을 계속했지만, 지상군의 진격을 금지했다. 중국이 개입함으로써 한국전쟁 때의 상황이 다시 한번 재현될 수 있다는 두려움 때문이었다. 군사적 목표를 상실한 미군은 베트남에서의 작전을 성공적으로 수행할 수 없었다.

2013년 인천상륙작전 63주년을 앞두고 재현되기도 했던 맥아더 동상의 철거를 둘러싼 논쟁은 맥아더에 대한 재평가로부터 시작됐고, 한국사회 집단지성의 현주소를 보여주고 있다. 세계적으로 냉전체제가 붕괴되고 남북기본합의서가 나온 지 28년이 됐지만, 한국사회에는 아직도 냉전적 분위기가 계속되고 있다. 맥아더를 둘러싼 논쟁은 정확한 사실 규명 없이 감정적으로 진행되고 있으며, 남남갈등을 해소하기 위해서라도 역사적 사실에 대한 명확한 규명이 필요하다는 점을 보여준다.

■ 반공포로 석방과 한미동맹의 균열

1953년 6월 18일 이승만 대통령은 영천·대구·상무대·논산·마산·부산·부평 등의 수용소에 있던 2만7,389명의 반공포로를 전격 석방했다. 이후 한국에서 이승만 대통령의 반공포로 석방은 공산군뿐만 아니라 공산군과 타협하려 했던 유엔군을 놀라게 하는 일대 쾌거로 평가됐다. 반공포로 석방이 미국과 유엔과의 관계에 부정적 영향을 미치며, 국제법 위반이라고 비판했던 당시 야당의 지도자 조병옥은 백주에 테러를 당했고 결국 체포돼 수감됐다.

1990년대 이후 미국의 자료들이 공개되면서 반공포로 석방에 대한 새로운 해석이 나오기 시작했다. 정전협정을 통해 한반도에서 전쟁을 중단시키려던 미국의 노력이 반공포로 석방으로 인해 중단될 위기에 처했다는 것이다. 이에 미국 정부는 이승만 대통령을 제거하기 위한 계획을 재가동했고, 국무부 차관보를 보내 한국 정부가 정전협정에 찬성하도록 설득, 협박했다. 실제로 반공포로 석방 직후 당시 미국의 대통령이었던 아이젠하워는 이러한 일방적 조치가 또 발생한다면 모종의 조치를 취하겠다는 내용의 편지를 이승만 대통령에게 보냈다.

최근에는 반공포로 석방이 아니었다면 미국이 한미상호

방위조약을 체결하지 않았을 것이라는 주장도 나왔다. 그러나 이는 사실과 다른 주장이다. 미국 정부는 이미 반공포로 석방 2개월 전에 한국 정부의 상호방위조약 체결 요구를 수용, 호주나 필리핀과 맺은 수준의 조약을 체결하겠다는 의사를 전달했다.

물론 이승만 대통령이 원했던 모든 요구를 미국이 다 수용하지는 않았다. 이승만 대통령의 요구는 북대서양조약기구(NATO)와 마찬가지로 유사시 미군의 자동개입을 보장하는 것과 함께 정전협정 조인 전에 상호방위조약을 맺는 것이었다. 그러나 미국은 이를 보장하지 않았다. 정전협정 이전에 상호방위조약을 맺을 경우 정전협정에 있는 '외국군 철수'와 관련된 조항에 문제가 생기고, 그렇게 되면 정전협정 체결이 다시 물 건너 갈 것이라는 점이 미국의 입장이었다. 또한 한반도가 전략적으로 가장 우선적 지역이 아니었기 때문에 유사시 자동개입 또한 약속하기 어려웠다.

결국 반공포로 석방은 한미 관계에서 불신을 조성하는 데 결정적 역할을 했다. 미국으로서는 한국을 도와주고 있는데 미국의 정책에 협조하지 않고 독단적인 결정을 내린 이승만 정부를 신뢰할 수 없었다. 이뿐만 아니라 전쟁 초기 한국군의 작전통제권을 유엔군 사령관에게 이관했음에도 불구하고, 유엔군 사령관의 허가 없이 한국군에게 포로 석방 명령을 내렸던 이승만 대통령을 강도 높게 비판했다. 정전협정을 반대하고 있었던 이승만 대통령이 유엔군 사령관의 승인을 받지 않은 상황에서 다시 북진을 시도할 수 있고, 이 경우 미국이 다시 한번 한반도에서의 전쟁에 휘말릴 수 있다는 점 역시 당시 미 행정부의 판단이었다.

1972년 하비브 당시 주한미국대사가 본국에 보낸 편지를 보면 한미 관계에서 불신을 일으킨 세 가지 사건 가운데 이 사건이 가장 중요한 것으로 꼽히고 있다. 이승만 대통령은 유엔군의 전략이 한반도 전체 통일에서 중국군의 참전 이후 다시 남한만을 지키는 것으로 작전이 자주 변경됐기 때문에 더 이상 유엔군을 신뢰할 수 없다고 주장했지만, 중국군의 참전으로 인한 상황을 고려한다면, 미국으로서는 이승만 대통령의 주장을 받아들일 수 없었다.

반공포로 석방을 둘러싼 논쟁은 이승만 대통령과 대한민국 건국에 대한 재평가와 연동돼 진행됐다. 사실 이 논쟁은 현재의 역사 관련 논쟁들이 얼마나 비이성적으로 진행되고 있는가를 보여주는 대표적인 사례 중 하나다. 한편으로는 한미동맹의 절대적 필요성을 강조하면서, 다른 한편으로 한미동맹에 결정적으로 부정적인 역할을 한 이 사건을 이승만 대통령의 업적으로 내세우면서 그를 공산주의뿐만 아니라 미국에도 항거한 애국 민족주의자로 평가하는 것이다. 이뿐만 아니라 역사적 사실은 모두 무시되고 있고, 반공포로 석방에 항의한 조병옥에 대한 이야기는 어떤 역사책에도 서술돼 있지 않다.

(박태균)

브루스 커밍스는 한국전쟁의 원인보다 기원에 주목하여 일제강점기부터 이어져 온 계급갈등을 분석했다.

캐스린 웨더스비는 한국전쟁을 북한·소련·중국이 함께 계획하고 집행한 국제전이라고 결론지었다.

박명림은 한국전쟁의 구조적 기원과 행위적 원인을 포괄적이면서도 미세하게 추적했다. 우리 학계의 자존심을 세워준 연구였다.

한국전쟁은 냉전분단 체제를 공고히 함으로써 우리 사회의 현대성 형성에 결정적 영향을 미쳤다.

9. 한국전쟁 해석 논쟁

한국전쟁 해석을 둘러싼 논쟁은 그동안 한국사회에서 진행된 가장 뜨거운 논쟁 중의 하나였다. 두 가지 이유에서 그러하다.

첫째, 광복 70여 년을 현대성의 형성 과정으로 본다면, 한국전쟁은 현대성 형성에 결정적 전환점을 제공했다. 분단이 전쟁의 배경을 이뤘지만, 전쟁은 분단을 공고화시켰다. 냉전 속의 분단 체제는 산업화와 민주화로 이어진 우리 사회 현대성의 구조적 조건을 형성했다.

둘째, 논쟁은 국제적으로 진행됐다. 전통주의에 대한 수정주의의 비판이 이뤄졌고, 다시 수정주의에 대한 비판이 이어졌다. 한국전쟁을 연구 분야로 삼은 역사학자와 사회과학자들은 적지 않다. 그 가운데 특히 미국의 브루스 커밍스와 캐스린 웨더스비, 일본의 와다 하루키, 한국의 김학준·박명림·정병준·박태균의 연구는 화제를 모았다. 여기서 한국전쟁에 대한 기존 연구들을 모두 살펴보기는 어렵다. 때문에 그중에서도 정치학자 브루스 커밍스, 역사학자 캐스린 웨더스비, 정치학자 박명림의 연구를 주목하고자 한다.

브루스 커밍스의《한국전쟁의 기원》

1980년대에 대학을 다닌 사람들은 브루스 커밍스의《한국전쟁의 기원 1·2》(1981·1990)가 준 충격을 기억할 것이다. 커밍스의 핵심 주장은 일제강점기부터 축적돼 온 계급갈등이 한국전쟁의 기원을 이뤘다는 데 있다. 그는 식민지시대 적색농조의 투쟁, 해방 직후 지방인민위원회의 활동, 미국의 대한(對韓) 전략과 이와 연관된 냉전의 구조화 속에서 강화된 지주와 농민 간의 계급투쟁에 한국전쟁이 예비되어 있었다는 견해를 제시했다. 한마디로 전쟁은 갑자기 '시작(start)된' 게 아니라 사회변동의 결과로 '도래(come)했다'는 게 그의 결론이었다.

커밍스의 분석은 수정주의적 관점에 의한 것으로 알려져 있다. 수정주의란 미국 국제정치학계에서 전통주의에 맞서 등장한 학파다. 전통주의가 냉전의 원인 제공자로 소련을 지목했다면, 수정주의는 미국의 책임을 주목했다. 이런 수정주의로부터 큰 영향을 받은 커밍스는 다양한 이론적 자원들을 활용해 한국전쟁의 기원에 대한 거시적 분석을 시도했다.

월러스틴의 세계체제론과 폴라니의 자본주의론에 기댄 구조적 접근, 미국의 외교정책에서 한국 농민혁명까지의 국제정치학·사회학·역사학 연구들을 아우르는 학제적 접근, 해방 전후 한국의 사회변동을 중국·베트남·일본의 사회변동과 견줘보는 비교적 접근은 커밍스 연구를 풍성하게 한 방법론이자 이론의 틀이었다.

커밍스의 견해를 어떻게 평가할 수 있는가? 커밍스는 한국전쟁의 '원인'보다 '기원'에 대한 역사구조적 분석을 제시했다. 그에게 중요한 것은 누가 전쟁을 시작했는가의 질문에 대한 응답보다는 전쟁으로 다가가는 20세기 한국사회의 예정된 진로에 대한 분석이었다. 하지만 이러한 커밍스의 논리와 분석은 사실분석과 가치판단의 측면에서 문제가 있었다. 누가 전쟁을 시작했는가의 물음은, 전쟁이 가져온 비극적 참상을 돌아볼 때, 특히 우리 사회에서는 매우 중요한 질문이었기 때문이다.

캐스린 웨더스비의 비판과 박명림의 해석

누가 한국전쟁을 일으켰는가를 명확히 규명한 것은 웨더스비와 박명림이었다. 웨더스비는 우드로 윌슨 센터의 냉전국제사 프로젝트에 참여하면서 러시아 모스크바의 대통령문서보관소에 있던 한국전쟁 관련 문서를 분석했다(강규형·캐스린 웨더스비, 〈소련 문서를 통해 본 6·25전쟁의 기원〉, 2010). 웨더스비의 핵심 주장은 1950년 6월 25일 남한에 대한 대규모 군사행동을 김일성이 창안했고, 이는 소련 스탈린의 후원과 중국 마오쩌둥의 승인 아래 이뤄졌다는 데 있다. 이러한 견해는 전쟁을 내전으로 파악한 커밍스의 수정주의적 견해의 문제점을 비판한 것이었다. 다시 말해, 한국전쟁은 북한·소련·중국이 함께 계획하고 집행한 국제전이었다는 게 웨더스비의 결론이었다.

웨더스비의 연구가 시사하는 바는 결코 작지 않았다. 우리에게 한국전쟁의 기원에 대한 분석 못지않게 중요한 것은 발발 원인과 책임에 대한 규명이었기 때문이다. 하지만 그의 연구에서 아쉬운 것은 전쟁의 결정 과정만을 주목한 나머지 전쟁의 기원·배경·원인·결과에 대한 포괄적 분석은 결여돼 있었다는 점이다. 이에 박명림은《한국전쟁의 발발과 기원 1·2》(1996)에서 전쟁에 대한 입체적 분석을 시도했다.

박명림의 기여는 두 가지로 압축된다. 첫째, 한국전쟁의 기원에서 그는 '식민지시대 기원론'과 '6월 25일 기원론'을 모두 거부하고 1945년 '분단기원론'을 제시했다. 그는 전쟁의 기원을 길게는 1945년 해방과 미·소의 분할점령으로부터, 짧게는 1948년 분단 정부의 수립으로부터 설정했다. 박명림이 특히 중시한 것은 1948년부터 1950년까지의 남북갈등을 함축하는 '48년 질서'다. 그에 따르면 '48년 질서' 속에서 북한의 리더십이 '급진 군사주의'에 경도돼 소련·중국의 후원 아래 한국전쟁을 선택했다는 것이다. 급진 군사주의는 분단이라는 특수한 구조에 따른 '대쌍관계동학'의 결과인 동시에 북한 리더십이 독자적으로 채택한 전략이었다는 게 그의 핵심 주장이었다. 사실판단의 측면에서 박명림의 견해는 커밍스의 견해가 갖는 한계를 넘어 전쟁에 대한 원근법적 분석을 제공한 것으로 보인다.

둘째, 박명림은 역사적 사건에 내재한 구조와 행위의 상호관계를 주목함으로써 한국 현대사에 대한 '역사적 사회과학'에서 새로운 방법론을 제시했다. 한국전쟁의 기원을 규명하기 위해선 전쟁으로 다가가는 사회구조의 거시적 해명이, 한국전쟁의 발발을 규명하기 위해선 그 구조 아래서 움직이는 리더십과 집합행위자 선택의 미시적 분석이 요구된다. 박명림의 연구는 전쟁의 구조적 기원과 행위적 원인을 포괄적이며 미세하게 추적했다는 점에서 주목받아 마땅하다.《한국전쟁의 발발과 기원 1·2》는 한국전쟁의 국제 논쟁에서 우리 학계의 자존심을 세워준 연구라고 평가할 수 있다.

현재의 시점에서 볼 때 한국전쟁의 기원과 원인에 대한 연구는 활발하게 이뤄진 반면 전쟁이 가져온 결과는 상대적으로 주목받지 못했다. 정치학자 임혁백은《비동시성의 동시성: 한국 근대정치의 다중적 시간》(2014)에서 전쟁의 결과로 '반공국가의 건설, 민족의 파괴, 지주계급의 몰락과 해체, 자본가 계급의 창설, 노동자 계급운동의 쇠퇴, 자영화된 농민의 보수화, 미국·일본·주변국들의 동맹으로 이뤄진 동아시아 중추와 부챗살 안보체제의 등장'이 진행됐다고 분석했다. 이렇듯 한국전쟁이 우리 사회에 미친 영향은 다층적이며 결정적이었다.

"동족상잔의 마당에 외세가 겹들어서 우리의 조국은 이제 무서운 살육과 파괴의 수라장으로 화하고 있다." 북한이 서울을 지배하던 1950년 9월 1일 역사학자 김성칠이 남긴 기록인《역사 앞에서: 한 사학자의 6·25일기》의 한 구절이다. 한국전쟁을 제대로 이해하지 않고서는 1950년대 사회변동이 갖는 보편성과 특수성을 제대로 이해하기 어렵다. 한국전쟁의 기원과 원인은 물론 결과와 영향에 대한 연구들이 더욱 활성화돼야 할 이유다.

■ 박찬승의《마을로 간 한국전쟁》
최근 역사학을 중심으로 보통 사람들이 겪은 마을의 작

은 전쟁들에 대한 연구들이 진행돼 왔다. 역사학자 박찬승의 《마을로 간 한국전쟁: 한국전쟁기 마을에서 벌어진 작은 전쟁들》(2010)은 한국전쟁에 대한 미시사 경향을 대표하는 저작이다.

이 책이 주목하는 것은 한국전쟁 당시 마을에서 벌어진 학살의 갈등 구조다. 박찬승에 따르면 당시 마을에는 과거의 양반·평민 간의 신분 갈등, 지주·소작인 간의 계급 갈등, 친족 내부의 갈등, 마을 간의 갈등, 기독교도와 사회주의자 간의 종교·이념 갈등 등 복합적 갈등들이 존재했고, 그 배경으로는 남북한 국가권력의 개입과 폭력이 놓여 있었다.

박찬승은 10여 년간 진도·영암·부여·당진·금산의 마을들을 답사하고 구술을 채록해 연구를 수행했다. 한국전쟁 시기 후방에서 많은 민간인들이 사망했다는 점을 돌아볼 때, 이 연구는 전쟁에 담긴 참혹한 비극의 또 다른 측면을 생생히 증거한다. 《마을로 간 한국전쟁》은 북한 신천 지역 학살을 다룬 황석영의 소설 《손님》(2001)을 떠올리게 한다.

(김호기)

10.   전후 문학 세대 논쟁

언제부터인가 우리 사회에서는 논쟁이 시들해졌다. 논쟁이 없었다는 게 아니다. 논쟁은 진행돼 왔으되 치열함이 약화됐다는 의미다. 그 이유가 무엇일까? 한편으론 그만큼 우리 문화가 세련되어졌기 때문이기도 하고, 다른 한편으론 문화 내 소통이 활기를 잃은 까닭도 있다. 사회의 제도화와 다양성이 증가할수록 논쟁이 부드러워지는 것은 자연스러운 일이다. 하지만 논쟁은 치열할 때 그 쟁점이 선명히 드러나고, 이 선명성은 생각의 넓이와 깊이를 더하게 한다.

광복 70여 년을 돌아보면 지금보다 과거의 논쟁이 훨씬 격렬했다. 좋게 말하면 거침이 없었고, 나쁘게 얘기하면 공격성이 두드러졌다. 초점에서 벗어나 지엽적 문제에 매몰되기도 했고 때로는 인신공격이 이뤄지기도 했다. 이렇게 치열한 논쟁은 특히 그 구도가 이념과 세대에 기반을 뒀을 때 더욱 분명한 형태를 띠었다. 한국현대사에서 해방 공간의 논쟁 구도를 이룬 축이 '이념'이었다면, 1950년 우리 현대사에서 해방 공간의 논쟁 구도를 이룬 축이 '이념'이었다면, 1950년대 전후의 논쟁 구도를 이룬 축은 '세대'였다.

세대 논쟁의 주역은 당시 문단을 주도하던 김동리와 젊은 세대를 대변하던 이어령이었다. 김동리는 신진 평론가들의 미숙한 한국어 사용 문장을 비판한 반면, 이어령은 지식의 정확성에 주목해 기성 작가들을 비판했다.

세대 논쟁은 본디 '인정투쟁'의 성격을 갖는다. 선배 세대의 논리가 잘못된 게 아니더라도 세대 논쟁은 결과적으로 사회적·문화적 사유와 상상력을 풍요롭게 한다.

대 전후 시대의 논쟁 구도를 형성한 전선은 '세대'였다.

김동리와 이어령의 논쟁

1950년대 세대 논쟁의 주역은 단연 이어령이었다. 전쟁의 폐허가 복구되기 전인 1956년 〈우상의 파괴〉로 혜성처럼 나타난 이어령은 조연현, 염상섭, 김동리와 세대 논쟁을 벌임으로써 전후 신세대를 대변하는 존재로 부상했다. 〈우상의 파괴〉, 〈화전민 지역〉(1957), 〈저항의 문학〉(1959)이라는 패기만만한 제목들이 보여주듯 20대 청년 문학평론가 이어령은 '문단의 배덕아'이자 '신세대의 총아'였다.

4월혁명이 일어나기 직전 1959년에 전개된 김동리와 이어령의 논쟁은 1950년대 세대 논쟁의 대표격이었다. 이 논쟁은 두 사람이 당시 신구세대의 전형적 인물이었다는 점에서 큰 화제를 모았다. 소설가 김동리는 시인 서정주, 문학평론가 조연현과 함께 문학적 '권위' 그 자체였다. 해방 공간에서 그는 좌파에 맞선 우파의 대표 작가이자 이론가였던 동시에 한국전쟁 이후에는 문단의 실질적인 주인으로 군림했다. 반면 이어령은 막 대학을 졸업한, 시적 감수성으로 빛나는 문체를 구사한 20대 중반의 신예 문학평론가였다. 구세대와 신세대를 대표하는 인물들이 떠들썩하게 제대로 좌판을 벌인 논쟁이었다.

논쟁은 이렇게 진행됐다. 1959년 1월 서울신문에 김동리가 〈본격 작품의 풍작기〉라는 글을 통해 신진평론가들의 비평 태도를 비판하자, 신진평론가였던 김우종이 〈중간소설을 비평함〉이라는 글을 통해 김동리를 반비판했다. 이에 김동리가 〈논쟁 조건과 좌표 문제〉라는 글을 통해 김우종을 재비판하자, 이번에는 김동리의 글에 언급된 이어령이 2월 《경향신문》 지면에 〈영원한 모순-김동리 씨에게 묻는다〉라는 글을 발표해 김동리를 비판했다. 여기에 김동리가 〈좌표 이전과 모래알과-이어령 씨에게 답한다〉라는 글을 통해 이어령을 반비판하게 되면서 두 사람 사이에는 치열한 논전이 오갔다. 이 과정에서 문학평론가 원형갑·이철범, 소설가 박영준 등이 가세함으로써 김동리와 이어령의 논쟁은 문학을 포함한 문화계 전반에서 비상한 관심을 모았다.

현재의 시점에서 보면 논쟁 과정과 방식은 화려했지만, 그 쟁점과 내용은 빈곤했다. 논쟁의 핵심은 김동리가 '지성적', '실존성', '극한의식'이라고 몇몇 작품을 규정한 것이 과연 온당한가에서 시작됐다. 전체적으로 김동리는 신진평론가들의 미숙한 한국어 문장을 비판한 반면, 이어령은 지식의 정확성에 주목해 기성 작가들을 비판했다. 1976년 언론인 손세일이 편집한 《한국논쟁사 2: 문학·어학》에 실린 관련 글들을 읽어보면 논리 대결보다는 용어 해석을 둘러싼 감정 대립이 앞선 논쟁이었다. 한국 문학을 대표하는 신구세대의 일대 격돌이라기보다는 소문만 무성한 잔치에 가까운 논쟁이었다고 평가할 수 있다.

세대 논쟁의 현재적 의미

세대 논쟁에서 먼저 주목할 것은 이어령, 김우종, 유종호 등으로 대표되는 전후 신세대의 문제제기다. "그때 나는 22세라는 젊음의 재산밖에는 아무것도 가진 것이 없었다. (…) 가진 것이라고는 분노와도 같은, 자기(自棄)와도 같은, 광기(狂氣)와도 같은 젊음의 반역뿐이었다. 홀몸이었다. (…) 구세대의 작가나 비평가는 그 어려운 시절에 직무유기를 하고 있다는 생각이 들었다. 불이 붙은 집에서 바둑을 두고 포탄이 터지는 전선에서 자장가를 노래하는 사람같이 보이기만 했다." 이어령이 《저항의 문학》(1965)에서 한 말이었다. 논쟁의 범위를 넓혀보면 이어령은 한국적 전통이라는 특수성을 넘어서 인류적 보편성을 위한 문학 본연의 의미와 역할을 묻고 있었다.

1950년대 당대로 돌아가면 선배 세대가 모두 직무유기만을 한 것이 아니었다. 황순원과 안수길의 소설, 김광섭과 김현승의 시에서 볼 수 있듯, 한국전쟁이 끝난 이후 현실과 역사, 삶과 사회에 대한 성찰들은 계속 이뤄지고 있었다. 이어령의 비판이 겨냥했던 것은 권력화된 문단, 무엇보다 기성세대의 빈곤한 문학적 통찰과 상상력이었다. 한국전쟁은 세계적 시간과 한국적 시간의 거리를 더욱 멀어지게 했고, 시인 김수영이 고백했듯 '거미처럼 까맣게 타버린 설움'을 느끼게 했다(〈거미〉, 1954). 폐허와 절망의 현실에서 후배 세대가 선배 세대의 문화 권력을 비판하고 새 문학적 꿈과 힘을 치열하게 모색하려 했던 것은 자연스럽고 소망스러운 일이었다.

세대 논쟁을 돌아보면서 강조하고 싶은 것은 그 이중적 의미다. 첫째, 세대 논쟁은 본디 '인정투쟁'의 성격을 갖는다. 문학이든 예술이든 학문이든 이른바 체계화된 지식은 사회 변화에 대응하며 발전한다. 이 발전은 새로운 논리로 무장된 후배 세대가 낡은 논리에 사로잡힌 선배 세대를 비판하고 부정하는, 다시 말해 인정을 요구하는 방식을 취한다. 선배 세대의 논리가 언제나 잘못된 것은 아니더라도 세대 논쟁은 결과적으로 그 사회의 문화적 사유와 상상력을 풍요롭게 했다.

둘째, 과거의 논쟁에 비교해 오늘날의 세대 논쟁은 그 활력을 크게 잃은 것으로 보인다. 1990년대 초반에 진행된 '신세대 논쟁' 이후 사회적 관심을 크게 모은 세대 논쟁은 거의 없었다. 그 일차적인 까닭은, 젊은 세대가 앞선 세대에 도전하기에는 기성 권력과 구조에 과도하게 포위되고 속박돼 있다는 데에 놓여 있다. 구조화된 청년 실업과 한층 제도화된 문화 권력의 현실은 1950년대 전후세대처럼 젊은 패기를 발휘하라고 선뜻 말하기 어렵게 하고 있다.

역사 발전이 도전과 응전으로 이뤄지듯, 문화적 성숙은 젊은 세대의 도전과 앞선 세대의 응전을 통해 성취된다. 바람직한 세대 논쟁이 활성화되기 위해서는 이런 포위되고 속박된 젊음을 기성세대가 먼저 풀어줘야 할 것이다.

■ 최인훈의 《광장》

전후세대를 대표하는 문학 작품으로는 흔히 최인훈의 소설 《광장》이 꼽힌다. 《광장》은 1960년 10월 이어령이 편집을 맡고 있던 잡지 《새벽》에 발표된 중편소설이다. 그가 《광장》 초판 서문에 쓴 "민중에겐 서구적 자유의 풍문만 들려줄 뿐 그 자유를 '사는 것'을 허락하지 않았던 구(舊)정권하에서라면 감히 다루지 못하리라는 걸 생각하면서 빛나는 4월이 가져온 새 공화국에 사는 작가의 보람을 느낍니다"라는 진술은 당시 전후세대의 문제의식을 집약한다. '구정권'은 이승만

정권을, '빛나는 4월'은 4월혁명을 뜻한다.

최인훈은 1936년 함경북도 회령에서 태어났다. 한국전쟁 이전에는 북한에서, 이후에는 남한에서 살아온 그는 분단 상황을 누구보다 예민하게 체험했고, 이를 고스란히 《광장》에 담았다.

"밀실만 푸짐하고 광장은 사멸했습니다. (…) 이게 남한이 아닙니까?"

"명준이 북한에서 발견한 것은 잿빛 공화국이었다."

소설의 주인공인 이명준을 통해 진술된 남과 북의 모습은 광복 이후 한반도의 현실을 상징적으로 보여준다. '광장 없는 밀실'(남한)과 '밀실 없는 광장'(북한)은 광복 이후 1950년대까지 한반도에 존재한 두 자화상이었다. 소설의 마지막에서 이명준은 남도 아니고 북도 아닌 중립국으로 가는 배 위에서 자살을 감행한다. 이런 소설의 결말은 1950년대 우리 사회에서 중도의 비극을 함의한다. 최인훈은 현실의 좌파와 우파로부터 모두 벗어나려는 자유주의를 지향했던 것으로 보인다.

1950년대의 전후 현실에서 이 자유주의는 그 어디에도 닻을 내릴 수 없었다. 그러나 자유주의와 민주주의에 대한 젊은 세대의 열망을 막을 수는 없었다. 이 고통스러운 열망의 끝에 최인훈이 '빛나는 4월'이라고 부른 1960년 4월혁명이 존재했다.

(김호기)

1960년 4월혁명 당시 서울 시민들이 계엄군의 탱크 위에 올라가 3·15부정선거를 규탄하고 있다.

11. 4·19 평가 논쟁

한국 현대 사회는 세계적으로 주목받고 있다. 1960년대부터 시작된 빠르고 효율적인 경제 성장과 함께 민주화로 대표되는 사회·정치적 발전이 그 주요 요인이다. 독재 정부 시기에 외국인이라도 인권탄압을 비판했다는 이유로 추방되고 입국이 금지됐었지만, 민주화시대의 한국은 외국인에게 전 세계에서 가장 자유로운 국가 중 하나가 됐으며, 빠르게 다원화되고 있다. 이런 측면에서 보면 한국은 경제 성장과 민주화를 동시에 이룩한 전 세계에 몇 안 되는 나라 중 하나다.

게다가 '인민의 세기(people's century)'라고 불리는 20세기를 통해 시민사회의 힘으로 네 차례에 걸쳐 정부를 바꾼 나라는 한국이 유일하다. 1960년 4·19혁명은 이승만정부의 몰락을, 1979년 부마항쟁은 유신 체제의 붕괴를, 1987년 6월항쟁은 민주적 헌법의 제정을, 그리고 2016년의 촛불항쟁은 박근혜 대통령의 탄핵을 이끌어냈다.

식민지와 분단 그리고 전쟁을 겪고 나서 30년이 넘는 독재하에서 일어난 시민들의 항쟁이었다. 1945년 이후 냉전 체제하의 신생국에서 시민혁명으로 정권이 바뀌는 상황이 적지 않게 일어났다. 하지만 다시 강조하건대, 네 번이나 일어난 경우는 한국이 유일하다.

흔히 정치학에서는 한국사회의 특징 중 하나를 강한 정부라고 규정한다. 하지만 위의 사실만 보면 한국에서는 정부보다 시민사회의 힘이 더 강한 것 아닌가? 그런 연유로 사회학자 구해근은 '강한 국가, 논쟁적인 사회(strong state, contentious society)'를 한국사회의 특징으로 제시하기도 했다(Hagen Koo, 〈State and Society in Contemporary Korea〉, 1993). 강한 정부가 있으면 시민사회는 약해야 하는데, 한국사회에는 강한 정부와 강한 시민사회가 공존하고 있다는 것이다.

강한 국가 밑에 존재하는 강한 시민사회의 존재감을 가장 먼저 보여준 것이 1960년의 4·19혁명이었다. 식민지에서 해방되고, 분단과 전쟁을 거치면서 시민사회가 제대로 자리매김하기도 전에 일어난 4·19혁명은 기념비적 사건이었다. 1960년 3·15 정·부통령 선거에서 부정이 난무하자 학생과 시민들은 일주일간의 항쟁을 거쳐 이승만정부를 무너뜨렸다. 이승만 대통령은 남산에서 아시아 최고를 자랑했던 자신의 동상이 무너지는 것을 뒤로한 채 하와이로 떠나야만 했다.

4·19의 성격을 둘러싼 논쟁

1960년의 4·19혁명은 5·16군사정변 이후 '의거'로 규정됐다.

5·16군사정변을 단순한 쿠데타가 아닌 '혁명'으로 규정하고자 한 세력들은 1987년까지 26년간 집권하면서 4·19혁명을 '의로운 거사'이며, 실패한 민주주의적 실험으로 표현한 것이다. 이들은 4·19혁명의 의로운 정신이 5·16군사정변을 통해서 비로소 혁명으로 거듭날 수 있다고 해석한 것이다.

1987년 개헌 이후에 가서야 4·19혁명은 한국 민주주의의 꽃으로서 3·1운동과 함께 헌법 전문에 수록됐다. 한국의 민족주의적 정신은 3·1운동으로부터, 민주주의 정신은 4·19혁명으로부터 비롯됐다. 독재 정부하에서도 그 기념식을 금지하지 못할 정도로 4·19혁명의 정신과 성과는 그 누구도 부정할 수 없었다. 그렇기에 5·16군사정변의 세력들도 4·19혁명의 민족정신을 이어받고 있다고 주장했으며, 4·19혁명은 부패하고 성장동력을 상실했던 한국사회를 바꾸기 위한 '혁명'으로 규정됐다. 4·19혁명이 민주당 정부의 우유부단함으로 인해서 '미완의 혁명'으로 그치고 말았지만, 그 정신은 혁명으로 평가해야 한다는 것이 학계의 전반적인 견해였다.

이러한 상황에서 2005년 소위 뉴라이트 학자들이 조직한 '교과서포럼'은 4·19혁명에 대한 재규정이 필요하다는 입장을 내놓았다. 교과서포럼은 한국사 연구자들이 4·19를 혁명, 5·16을 군사정변으로 규정한 것에 대해, 4·19혁명은 실패했고 5·16 '혁명'은 성공했다는 결과를 무시한 좌편향적 규정으로 봤다. 따라서 4·19혁명은 학생의거, 5·16군사정변은 혁명으로 이름 붙여야 한다고 주장했다. 4·19혁명을 기념하는 단체들의 강한 반발 속에서 2006년 교과서포럼은《새로운 한국근현대사》편집본을 냈다. 교과서포럼은 같은 해

11월 30일에《새로운 한국근현대사》편집본에 대한 토론회를 개최했고, 급기야 4·19혁명 관련 단체들이 토론장에 들이닥쳐 토론회가 무산되고 말았다. 이들은 "혁명을 학생운동으로 폄훼한 것"은 있을 수 없는 일이라고 주장했다.

4·19혁명을 둘러싼 논란이 광주항쟁의 성격에 대한 논쟁으로 이어지면서 사회적 여론이 악화되자 뉴라이트에서는 같은 해 11월 30일에 성명을 발표했다. "교과서포럼은 우리의 자매단체"라고 전제하면서 "5·16군사정변은 결과적으로 산업화를 성공시킨 세력의 탄생이었다는 점에서 그 의미가 재해석될 수는 있어도 쿠데타였다는 그 집권 과정의 문제점이 가려져서는 안 되며", "4·19혁명은 헌법 전문에 그 중요성이 적시돼 있듯이 당연히 혁명으로 표기되어야" 한다는 것이 그 골자였다.

이러한 과정을 거쳐서 4·19는 4·19혁명 또는 4월혁명으로 다시 규정됐다. 이 혁명이 '미완의 혁명'인지 아니면 '실패한 혁명'인지, 민주화를 위한 사회 혁명이 시작된 날로 규정할 것인지, 아니면 1960년 4월에 일어났던 모든 항쟁을 묶어서 4월혁명으로 할 것인지에 대해 논란이 있다. 하지만 이 사건을 '혁명'으로 규정하는 데에는 더 이상 논란이 없었다.

4·19혁명과 관련해 이승만정부 붕괴의 가장 중요한 원인에 대한 논쟁도 주목된다. 큰 틀에서 봤을 때 이승만 대통령 하야의 가장 큰 요인이 3·15부정선거 이후 김주열 열사 사망 사건, 대구 학생시위, 그리고 4·18에서 4·19로 이어지는 학생들의 항거와 이에 대한 시민의 지지에 있었다. 하지만 그에 더해 미국의 개입이 어느 정도

영향을 미쳤는가는 앞으로도 연구가 진행돼야 할 중요한 논점 중 하나다.

이승만 하야의 결정적 원인을 둘러싼 두 관점

이승만 대통령이 대통령직을 물러나겠다고 선언하기 전에 두 가지 중요한 사건이 있었다. 하나는 시민대표가 경무대를 방문해 이승만 대통령을 만난 것이었고, 다른 하나는 당시 주한미국대사 매카나기가 경무대를 방문한 것이었다. 이승만 대통령의 역할과 업적을 긍정적으로 평가하는 학자들은 전자의 만남을 강조한다. 주변의 '간신'들로 인해 4월 19일 이후에 일어난 일들을 제대로 파악하지 못했던 이승만 대통령이 점차 사건의 진상을 파악하게 됐고, 시민·학생 대표들과의 만남을 계기로 국가와 국민을 사랑하는 마음에서 결국 결단을 내렸다는 것이다.

미국의 개입을 주장하는 학자들의 판단은 다르다. 이승만 대통령은 하야하기 전날은 물론이고, 심지어 하와이로 망명한 이후에도 1960년 3월과 4월에 일어난 사건의 진상을 제대로 알지 못했다는 것이다. 당시 정부의 발표와 신문 보도를 종합하면 모든 시위는 공산주의자들이 조종하는 것이었고, 따라서 정부는 경찰과 군을 동원해 '피의 4월'을 만들었다. 경찰과 달리 군은 시민의 편에 섰지만, 경무대에 남아 있던 당시 이승만 대통령의 편지를 보면 4월 19일 이후에도 이승만 대통령 부부는 아무 일도 없었다는 듯이 3·15부정선거에서의 승리에 대한 축하 편지에 대해 감사의 답장을 보냈던 것이다.

당시 미 국무부의 문서를 보면 매카나기 대사는 미국이 당시 상황에서 이승만정부를 지지할 수 없다는 입장을 전달했고, 이것이 곧 대통령 하야의 결정적 요인이 됐을 가능성이 크다(홍석률, 〈4월혁명과 이승만 정권의 붕괴 과정〉, 2010). 미국의 개입이 결정적이었다고 본다면, 이승만정부의 붕괴는 어쩌면 1952년 부산 정치파동부터 계속됐던 '이승만 제거계획'의 연장선상에서 파악할 수도 있다. 미국과의 환율논쟁이 결국 미국이 이승만 대통령에 대한 지지를 철회하는 결정적 요인이 됐다는 주장도 제기됐다.

4·19와 이승만정부의 붕괴에 대해 논란이 있었지만, 4·19 정신은 한국사회의 하나의 소중한 자산이 돼 있다. 불의를 참지 못했던 한국 전통의 선비정신을 그대로 보여준 사건이기도 했다. 설혹 미국의 역할이 결정적이었더라도 시민들의 항거가 없었다면, 미국이 시민들의 손을 들어주지 않았을 것이다. 민주주의의 소중함에 대한 사회적 인식이 다시 살아나고 있는 현재의 시점에서 헌법 전문에 규정돼 있는 4·19 정신은 앞으로도 우리 사회의 민주주의를 지키는 시금석이 될 것이다. 100년 후의 역사학자들이 지금의 역사를 돌아본다면, 어쩌면 광주항쟁과 6월항쟁, 그리고 노무현 대통령 탄핵, 광우병 파동, 세월호 사건을 거쳐 지금도 4·19혁명이 계속되고 있다고 서술할지도 모른다.

■ 이승만정부와 아이젠하워정부의 환율 논쟁

1950년대 한미 간의 가장 큰 불화는 환율 논쟁이었다. 조금이라도 더 많은 원조를 얻고자 했던 이승만정부와 원조를 조금이라도 줄여보려는 아이젠하워정부 사이에 환율을 어떻게 정하는가는 매우 중요한 문제였다. 한국 정부는 인위적으로 환화의 평가절상을 통해 저환율을 유지하려고 했고, 미국 정부는 시장에서의 실질환율을 적용해 평가절하를 통해 고환율을 적용하고자 했다.

미국은 1954년 한미합의의사록에 근거해 한국군 유지를 위한 비용을 한국 정부에 제공해야 했다. 한국군의 작전통제권을 주한미군 사령관에게 넘겨주는 대신 한국 정부에 약속한 것이었다. 그런데 환율이 낮게 책정된다면 미국은 한국 정부에 더 많은 원조를 주어야만 했다. 만약 한국군 유지비용으로 100억 환이 든다고 가정할 때 환율이 1달러 대 500환이면 2,000만 달러 상당의 원조를 줘야 했지만, 1달러 대 1,000환인 경우 1,000만 달러 상당의 원조만 해주면 됐다.

당시 아이젠하워정부의 정책 기조는 긴축을 통한 재정의 합리화였기 때문에 한국에 대한 원조를 감축하는 것이 중요했다. 이로 인해 한미 간에 갈등이 발생할 수밖에 없었다. 1953년 한국 정부가 통화개혁을 단행한 것도 인플레이션으로 인한 통화가치 하락을 막기 위한 것으로 환율을 고정화하는 것이 중요한 목표 중 하나였다. 이로 인해 당시 경제부처 관리들에 의하면 1959년 신임 주한미국대사로 매카나기가 부임할 때 가장 중요한 임무가 환율을 인상하는 것이라는 소문이 돌기도 했다고 한다. 아울러 주한미대사관과 미 국무성 사이에 오간 전문과 경제 관련 미 국무성 문서들을 바탕으로 환율 문제의 중요성이 강조되기도 한다.

매카나기 대사 부임 후 이승만정부에서 환율을 올렸지만, 4·19혁명 직전에 작은 폭으로 했기 때문에 큰 효과를 보지 못했다. 한미 간의 환율에 대한 합의는 4·19혁명 이후 장면 정부에 가서야 해결됐다. 수출주도형 산업화 전략이 시작된 1960년대 이후에는 고환율 정책이 수출품의 가격 경쟁력에서 우위를 차지할 수 있기 때문에 한미 간에 더 이상 환율을 둘러싼 논쟁이 발생하지 않았다.

(박태균)

5·16 군사 정변 (1961년)

제3공화국, 경제개발 5개년 계획 (1962년)

수출 1억 달러 달성 (1964년)

한일 국교정상화 (1965년)
베트남전쟁 파병 (1965~1973년)

1960

⑫ 5·16 성격 논쟁

⑬ 민족적 민주주의 논쟁

⑭ 한일 국교정상화 청구권 자금 논쟁

⑮ 베트남 파병 논쟁

⑯ 교육 평준화 논쟁

제2부

박정희 시대의
빛과 그림자
(1961~1979)

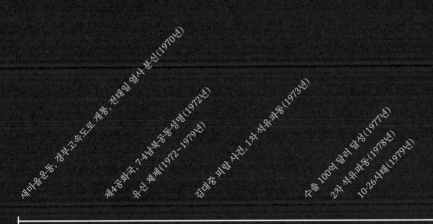

새마을운동, 경부고속도로 개통, 전태일 열사 분신(1970년)

제4공화국, 7·4남북공동성명(1972년)

유신 체제(1972~1979년)

김대중 피랍 사건, 1차 석유파동(1973년)

수출 100억 달러 달성(1977년)

2차 석유파동(1978년)

10·26사태(1979년)

1970

⑰ 조국근대화론 대
　　대중경제론 논쟁

⑱ 유신 체제 논쟁

⑲ 청년문화 논쟁

⑳ 창작과비평 대 문학과지성 논쟁

㉑ 연예인 대마초 사건 논쟁

쿠데타와 혁명의 공통점이 있다. '비합법적'인 수단을 사용한다는 것이며, 무언가가 '바뀐다'는 것이다. 이런 관점으로 봤을 때 5·16은 쿠데타이면서 동시에 혁명의 성격을 갖고 있다고 할 수 있을까? 군사정부의 여러 파격적인 정책은 1950년대와는 다른 사회체제를 만들어내는 데 성공했다고 볼 수 있을까?

바로 그날 5월 16일에 청와대와 서울과 한국에서는 어떤 일이 벌어졌는가? 주동자는 누구이고 암묵적으로 용인한 이는 누구인가?

12. 5·16 성격 논쟁

박근혜 정부가 들어선 직후 청문회에서 공통적으로 나오는 질문
이 있었다. "5·16을 쿠데타로 보느냐, 혁명으로 보느냐"는 것이다.
2014년까지 교육부에서는 역사교과서 집필지침에서 5·16을 '군사
정변'으로 규정했다. 군인들에 의해 큰 정치적 변동이 생겼다는 것
이다. 그러나 1961년 5월 16일에 발생한 정치적 변동이 혁명적 성격
을 갖는 것인지, 아니면 정권 찬탈을 위한 단순한 쿠데타였는지에
대한 규정은 없다.

쿠데타와 혁명은 상호 대립되는 용어가 아니라 서로 다른 범주
의 개념이라고 할 수 있다. 사전적 의미에서 쿠데타는 '국민의 의사
와는 관계없이 무력 등의 비합법적 수단으로 정권을 빼앗기 위해 일
으키는 정변'이므로 '비합법적 수단'이 핵심적인 의미다. 혁명의 사
전적 의미는 '기존의 사회체제를 변혁하기 위해 국가권력을 장악하
던 계층을 대신해 그 권력을 비합법적으로 탈취하는 과정'으로 '사

회체제의 변혁'에 그 중심적 의미가 있다. 따라서 '쿠데타'와 '혁명' 중에서 하나를 선택하라는 것은 실상 우문이라고 할 수 있다.

그럼에도 불구하고 쿠데타와 혁명의 공통점은 '비합법적'인 수단을 사용한다는 것이며, 무언가가 '바뀐다'는 것이다. 곧 현행법에 위반되는 행위를 통해서 변화를 추구한다는 것을 의미한다. 차이점은 목적과 과정 그리고 결과에 있다. 그 목적이 정권 장악에 있는가, 아니면 사회문제를 해결하기 위해 체제를 바꾸는 데 있었는가? 정권 장악 이후 집권 과정에서 어떠한 성격의 정책을 실행했는가? 그리고 그 결과 사회적으로 어떠한 변화를 가져왔는가?

이렇게 본다면 군사정변이 일어나는 시점에서 5·16은 쿠데타이면서 동시에 혁명의 성격을 갖고 있었을 가능성이 있다. 기존의 사회체제를 변화시키고자 하는 목적을 갖고 있었기 때문이다. 군사정부가 발간한 《군사혁명사》나 박정희의 저서 《국가와 혁명과 나》, 《우리 민족의 나갈 길》을 보면 사회체제 변화를 위한 의지가 충만해 있음을 알 수 있다. 봉건적인 사회 관습을 없애고, 1950년대의 비효율적인 부패 구조를 개혁한다는 목표와 함께 불균형적인 한미 관계도 개혁 대상의 하나였다.

그러나 혁명적 목표를 제시했다고 해서 쿠데타가 '혁명'이 되는 것은 아니다. 주도 세력이 추구했던 이념, 주도 세력의 구성 그리고 쿠데타 이후에 실시된 정책과 결과가 '혁명'적 성격을 갖고 있었는가를 검토해야 한다. 초기에 농촌의 고리채 청산과 중소기업 진흥 등의 정책을 실시했다고 하더라도 부패 기업인들에게 면죄부를 주었다는 점과 4·19혁명 시기 진보적 지식인과 정치인을 탄압했다는 사실 역시 함께 고려돼야 한다. 또한 군사정부의 정책이 1950년대와는 다른 사회체제를 만들어냈는가 역시 검토돼야 한다.

5 · 16의 주도 세력

먼저 주도 세력을 보자. 5·16을 주도한 세력들은 분명 기존의 주류 세력이 아니었다. 1950년대 정부와 연결돼 부정부패를 주도했던 군인이 아니었고, 오히려 민주당 정부 시기 그러한 군인들을 몰아내자고 주장하면서 하극상을 일으켰던 장교들이었다. 그리고 1962년부터 시작된 민주공화당을 창당하는 과정에서 새로운 인사들을 흡수하는 과정을 거쳤다. 부산 지역에서 지역운동을 하다가 김종필에게 스카우트된 예춘호는 그 대표적인 사례였다. 1950년대의 기득권과는 아무런 관계없이 지역에서 열심히 일하는 새로운 일꾼들이 충원됐다. 기존 정권과 관계없는 지식인, 관료들도 군사정부와 민주공화당에 충원됐다. 이 정도면 5·16을 혁명이라고 해도 손색이 없다.

문제는 과정과 결과다. 군사정부는 농촌의 고리채를 정리하고 중소기업을 육성하며, 이승만 정권과 결탁했던 부정축재자를 구속했다. 사회적으로 문제를 일으키고 있었던 소위 '깡패'들도 모두 구속했다. 기존의 사회체제를 완전히 바꾸려는 듯이 보였다. 군사정변이 국민의 뜻과 관계없이 일어났지만 군사정부가 하는 정책은 국민이 원하는 바였다. 《군사혁명사》에서도 5·16을 민족혁명이라고 했다. 그러나 여기까지였다.

고리채 정리는 실패했고 부패한 기업인들은 모두 사면했다. 농민들은 고리채를 신고하면 나중에 돈을 빌릴 곳이 없기 때문에 신고하지 않았다. 대기업을 경영하는 부정축재자들은 대부분 사면됐다. 이들이 사면되고, 다시 재계의 중심에 서게 되면서 중소기업 육성이 어려워졌다. 오히려 '4대 부정사건'으로 군사정부가 스스로 부패세력으로 전락하고 말았다.

민주공화당과 행정부에는 이승만정부와 장면정부 시기의 기득권 세력들이 합류했다. 1963년의 총선거에서 민주공화당이 공천한 공천자 162명 중 28명이 1950년대 자유당에 참여했던 정치인들이었다. 박정희정부에서 제2대 국토통일원 장관을 했던 김영선은 민주당 정부에서 재무부장관을 역임했다. 경제적으로 볼 때에도 1962년의 통화개혁과 제1차 경제개발 5개년 계획은 군사정부가 내놓았던 가장 혁명적 정책이었지만, 이러한 정책들은 실패하거나 미국의 압력 하에 수정됐다. 일본의 메이지유신과 이집트의 나세르 정책을 벤치마킹해 새로운 체계를 만들고자 했던 군사정부의 계획은 실패했다.

"우리의 과업이 성취되면 참신하고도 양심적인 정치인들에게 언제든지 정권을 이양하고 우리들은 본연의 임무에 복귀할 준비를 갖춘다"라는 '혁명공약 6항'도 슬그머니 사라졌고, 그 실행을 연기하고자 했다. 이로 인해 미국과 심각한 갈등을 빚었다. 케네디 대통령은 민정이양이 빨리 이어지지 않을 경우 한국에 대한 지원을 끊겠다는 편지를 보냈다. 어쩌면 암살되기 전에 동맹국 지도자에게 보낸 마지막 편지였는지도 모른다.

민정이양은 이뤄졌지만, 군사정변을 주도한 군인들이 군복을 벗고 민간인인 것처럼 정부에 참여함으로써 실질적으로 군정을 연장했다. 한일협정을 추진하는 과정에서 학생들은 '민족적 민주주의의 장례식'을 거행함으로써 5·16이 더 이상 혁명이 아닌 쿠데타라는 것에 마침표를 찍었다.

물론 또 다른 측면에서 고려해야 할 사실들도 있다. 5·16군사정변 이후 1979년까지 한국사회는 거대한 변화를 경험했다. 경제가 성장했고, 권위주의 정부와 중앙정보부의 절대적 권력 아래에서 상대적으로 안정적인 사회질서도 구축됐다. 이러한 과정을 통해 변화한 한국사회의 모습은 분명 1950년대의 모습과는 다른 것이었다. 그러한 변화가 과연 질적인 체제변화를 의미하는 것인가에 대해서는 좀 더 구체적 분석이 필요하지만 말이다.

5·16과 미국

사실 5·16과 관련해 더 중요하게 고려해야 하는 사실들이 있다. 첫째로 60만의 대군이 있는 한국에서 3,200여 명만이 동원된 쿠데타의 성공 원인을 밝히는 것이다. 만약 당시 주한유엔군 사령관 또는 한국 정부의 대통령이나 국무총리가 진압을 명령했다면 쿠데타는 갑신정변과 마찬가지로 실패할 수도 있었다. 따라서 한국군의 작전통제권을 갖고 있는 미국과 5·16군사정변에 대해 애매한 입장을 취했던 민주당 구파 정치인들 사이에서 쿠데타의 성공에 누가 더 큰 책임이 있는가는 중요한 논쟁이 될 수 있다.

전자의 입장은 쿠데타가 가능할 수 있는 조건을 미국이 만들었다는 것이다. 주한미국대사관이나 주한미군 관계자들, 그리고 미국의 대한원조 관련 기관에서는 4.19혁명 이후 집권한 민주당 정부가 사회개혁을 추진하기에는 너무 허약하기 때문에 새로운 정치지도자가 필요하다는 점에 공감대를 형성하고 있었고, 이를 위해 정치공작을 진행하고 있었다. 게다가 5·16군사정변 한 달 전에 미국 CIA가 박정희가 주도하는 쿠데타에 대한 정보를 알게 됐고, 이를 장면 정부에 전달했다는 미국의 문서도 공개됐다.

쿠데타 성공의 책임이 국내 정치인들에게 있다고 주장하는 연구들은 쿠데타가 발발한 날 아침 박정희 소장과 윤보선 대통령의 만남을 강조한다. 윤보선 대통령은 불법적 쿠데타를 진압하기보다는 오히려 무너져야 할 정부가 무너졌다고 하면서 쿠데타를 지지하는 듯한 태도를 보였다. 그리고 쿠데타 이후에도 윤보선은 당분간 대통령직을 그대로 수행함으로써 쿠데타로 집권한 군사정부가 헌법 질서를 완전히 부정하지 않았다고 합리화할 수 있는 명분을 제공했다.

이러한 논쟁의 중심에는 주한미군사령관 겸 주한유엔군사령관이 있다. 그는 한국군의 작전통제권을 갖고 있었기 때문에 쿠데타를 진압하기 위한 명령을 내릴 수 있었다. 주한미군사령관은 쿠데타가 발발한 날 아침 기존 정부와 민주주의를 지지한다는 성명을 발표했고, 장면 총리가 사라지자 윤보선 대통령을 만나 진압의 필요성을 역설하기도 했다. 그러나 결과적으로 그는 어떠한 명령도 내리지 않았다. 이는 물론 워싱턴에서 좌시하는(wait and see) 정책을 지시했기 때문이기도 했지만, 워싱턴의 지시는 쿠데타가 발발한 지 이틀이 지나서야 내려졌다. 그에게는 워싱턴의 지시 이전에 신속하게 군을 동원할 수 있는 시간이 있었던 것이다.

다양한 변수와 진압군을 동원할 수 있는 인물들의 애매한 태도로 인해 결론을 내는 것은 어렵다. 하지만 이 논쟁은 5·16군사정변

뿐 아니라 한국현대사 전체를 해석하는 관점과 관련돼 있다. 즉, 한국현대사에서 외세의 규정력과 내부의 역할 중 어떤 요소를 더 결정적인 것으로 평가해야 하는가의 문제와 관련되기 때문이다.

둘째로 신화로부터 벗어나 5·16군사정변과 군사정부를 객관적으로 연구하는 것이 필요하다. 쿠데타와 박정희 시대에 대한 평가는 두 개의 극단적인 평가만이 존재하고 있다. 두 극단적인 평가는 자신들의 평가를 하나의 믿음으로 규정해놓고, 다른 해석에 대해서는 전혀 귀를 기울이지 않고 있다. 이로 인해 5·16군사정변과 군사정부에 대한 연구는 양극단의 신화적 해석으로부터 한 발자국도 나아가지 못하고 있다.

따라서 앞으로는 더욱 세밀하고 실증적 연구를 통해 5.16군사정변과 그 이후의 과정에 대한 연구가 필요하다. 경제개발 계획에 대한 연구가 그 대표적 사례 중 하나다. 예컨대 1960~1970년대의 경제정책이 수출주도형 정책이었고, 지금까지 계속되고 있다고 알려져 있지만, 이는 사실과 다르다. 제1차 경제개발 계획은 수출주도형 산업화 계획이 아니었다. 오히려 균형성장론에 근거한 수입대체산업화 전략이었다. 이를 위한 미국의 지원이 이뤄지지 않자 수출주도형으로 계획이 수정된 것이었다.

민주공화당에 대해서도 연구가 필요하다. 민주공화당에는 어떤 사람들이 참여했는가? 쿠데타 후 1년 6개월이 지난 시점에서 창당됐는데, 그 짧은 기간에 당 창당을 위한 정치자금과 구성원들을 어떻게 동원할 수 있었을까? 과거 공산주의 운동의 경력을 가진 인사들로부터 1950년대 자유당에 참여했던 인사들까지 다양한 사람들이 참여한 민주공화당의 이념적 정체성은 무엇이었을까? 민주공화당의 주도 세력은 1969년을 기점으로 해서 변화를 보이는데, 그러한 변화가 갖는 의미는 무엇인가?

모든 성취를 부인하자는 것이 아니다. 무조건 비판만 하자는 것도 아니다. 사실규명을 통해 긍정과 부정 중 한 쪽으로만 치우쳐 있는 신화를 해체하자는 것이다. 신화 해체의 과정은 5·16군사정변뿐 아니라 1960년대 박정희정부의 성격을 밝히는 지름길이 될 것이다.

■ 5·16 군사정부와 통화개혁

1962년 6월 군사정부는 통화개혁을 실시했다. 통화단위를 '환'에서 '원'으로 바꾸었다. 인플레이션을 진정시키고 환율을 안정시키기 위해 실시했던 1953년의 통화개혁과 달리, 1962년 통화개혁의 목적은 국내 자본을 축적하는 것이었다. 이를 위해 통화개혁을 하면서 모든 은행계정을 봉쇄했다. 구화폐를 신화폐로 교환해주기는 했지만, 은행에 있는 돈은 찾을 수 없도록 했다. 경제개발 계획의 실행 과정에서 정부와 기업들이 사용할 수 있는 투자금을 확보하기 위한 것이었다.

미국이 발끈했다. 케네디정부는 군사정부가 사회주의적 정책을 실시하려 한다고 판단했다. 인도와 유사하게 정부가 산업공사라는 것을 만들어 국가가 직접 투자하는 정책을 실시하려 했다는 것이다. 정부가 계획을 만들고 직접 투자하는 것은 사회주의 국가에서나 나올 수 있는 시스템이었다. 미국은 봉쇄된 은행계좌를 풀지 않을 경우 모든 원조를 끊을 수도 있다는 의사를 군사정부에 전달했다. 결과적으로 미국의 압력으로 군사정부는 한 달 만에 모든 은행계정을 풀어야 했다.

국내 자본을 축적하려 했던 군사정부의 정책은 실패로 끝났다. 통화개혁을 추진했던 군사정부 관계자들은 모두 요직에서 떠나야 했고, 이승만정부 시기부터 활동했던 전문관료들이 그 자리를 채웠다. 초기 박정희정부의 경제정책을 주도했던 박희범 교수와 유원식 씨가 그 대표적 인물들이었다.

당시 한 경제관료의 회고에 따르면 통화개혁의 목적은 현금을 직접 보유하고 있던 화교들의 돈을 끌어내기 위한 것이었다고도 한다. 그런데 막상 화교들이 신고한 자금이 얼마 되지 않아 실망했다고 한다(천병규,《천마 초원에 놀다》, 1988). 군사정부에 의한 통화개혁 일화는 지금도 우리가 밝혀야 할 사실들이 얼마나 많은가를 역설적으로 보여주고 있다.

(박태균)

군정에서 민정으로 가는 1963년 대선은 민족적 민주주의와 자유민주주의가 격돌한 선거였다. 이 선거에서 박정희는 민족적 민주주의를 표방했다.

그런데 박정희정부는 민족적 민주주의 노선과는 달리 시민사회의 반발을 무시한 채 한일협정을 체결했다. 민족적 민주주의는 한국적 민주주의로 변질됐고, 결국 절차적 민주주의를 부정하는 것으로 나아갔다.

13. 민족적 민주주의 논쟁

　박정희 시대를 어떻게 볼 것인가는 광복 70여 년간 진행된 논쟁 이슈 중 가장 치열하면서도 정치적인 쟁점으로 다뤄졌다. 물리적 시간에서 박정희 시대는 1979년에 끝났지만, 사회적 시간에서 박정희 시대는 현재진행형이다. 발전국가, 권위주의, 군사문화 등 박정희 시대를 이룬 구성물은 한국사회에 여전히 크고 작은 영향을 미치고 있기 때문이다.

　담론의 측면에서 첫 번째로 만나는 박정희 시대의 뜨거운 쟁점은 '민족적 민주주의'였다.

　"시체여! 너는 오래전에 이미 죽었다. 죽어서 썩어가고 있었다. 넋 없는 시체여! 반민족적 비민주적 민족적 민주주의여!"

　위의 글은 1964년 5월 '민족적 민주주의 장례식'에서 당시 서울대 학생이었던 시인 김지하가 쓴 장례식 조사(弔詞)인 〈곡(哭) 민족적 민주주의〉의 첫 부분이다.

비서구사회에서 민족주의, 민주주의, 발전주의는 제2차 세계대전 이후 신생독립국을 이끌었던 3대 이념이었다. '민족적 민주주의'란 민족주의와 민주주의를 결합시킨 말이다. 그런데 1964년 당시 대학생들은 왜 민족적 민주주의의 장례식을 치러야 했을까? 민주주의와 민족주의는 학생들이 주도했던 1960년 4월혁명의 핵심 이념이지 않았던가? 민족적 민주주의 논쟁은 1960년대의 박정희 시대를 이해하는 중요한 한 통로를 제공한다.

논쟁의 진행 과정

민족적 민주주의를 본격적으로 제시한 이는 박정희 대통령이었다. 그는 1963년 10월에 치러진 대통령 선거에서 윤보선 후보에 대항해 민족적 민주주의를 주창했다. 정치학자 강정인에 따르면, 박정희는 서구식 민주주의를 우리 실정에 맞게 수정·변형한 '행정적 민주주의'(군정 단계), '민족적 민주주의'(제3공화국), '한국적 민주주의'(유신 체제)로 이어지는 담론을 제시했다(〈박정희 대통령의 민주주의 담론 분석〉, 2011).

군정에서 민정으로 가는 1963년 대선은 민족적 민주주의와 자유민주주의가 일대 격돌한 선거였다. 역사학자 오제연에 따르면, 박정희와 김종필이 제시한 민족적 민주주의가 자주와 자립 지향의 강력한 민족주의 이념을 바탕으로 한 민주주의였다면, 윤보선과 야당이 제시한 자유민주주의는 순수한 자유민주주의였다(〈1960년대 초 박정희정권과 학생들의 민족주의 분화〉, 2007). 박정희는 자유민주주의를 불투명하고 이질적인 민주주의라고 비판한 반면, 윤보선은 민

족적 민주주의에 대해 민족적 이념을 망각한 가식의 민주주의라고
비판했다.

선거 과정이 치열해지면서 서로에 대한 비판 수위도 높아졌다.
박정희와 김종필은 윤보선을 '민족 이념이 결핍된 사대주의자'로
공격했고, 윤보선과 야당은 박정희를 '중립주의자·반미주의자·공
산주의자'라고 반격했다. 주목할 것은 당시 여론의 흐름이었다. 논
쟁이 진행되면서 박정희는 민족적 민주주의자로 인식됐고, 민족주
의에 호감을 갖고 있던 적지 않은 이들은 박정희를 지지하게 됐다.
1960년대 초반이라는 당대의 관점에서 볼 때 민족주의는 대체로 진
보적 사상으로 받아들여졌다. 20세기 전반의 식민지 경험을 돌아볼
때 민족주의는 강렬한 유토피아적 에너지를 갖고 있던 이념이었다.

민족적 민주주의가 시험대에 오른 것은 박정희정부의 한일협정
체결 과정에서였다. 특히 학생운동을 주도한 대학생들은 한일협정
체결 추진에 반대했고, 나아가 민족적 민주주의를 비판했다. 1964년
5월 20일 서울대생을 포함한 3,000명의 대학생들은 동숭동 서울대
문리대 교정에서 앞서 말한 민족적 민주주의 장례식을 거행하는
데까지 나아갔다. 한일회담 반대운동은 반정부운동으로 바뀌었고,
6월 3일 1만여 명의 대학생들이 박정희정부의 퇴진을 요구하자 정
부는 서울시 일원에 비상계엄령을 선포했다. 6·3항쟁은 이렇게 일
어났다.

1965년 한일협정 체결 이후 민족적 민주주의가 사라진 것은 아
니었다. 1967년 대선에서 박정희는 다시 한번 민족적 민주주의를 언
급했다. 하지만 이때의 민족적 민주주의는 경제개발에 따른 자립을

중시하는 언설로 나타났다. 1960년대를 통틀어 볼 때 민족적 민주주의는 조국 근대화, 새역사 창조, 민족중흥, 자립경제 등의 의미를 담은 '산업화 민족주의'에 가까운 것이었다. 민주화보다 산업화가 당시의 시대정신이었음을 주목할 필요가 있다. 1967년 대선 이후 민족적 민주주의는 다시 부상하지 않았다.

민족주의와 민주주의의 긴장

역사적으로 근대 사회에서 민족주의와 민주주의는 내적인 긴장 관계를 가진다. 그것은 민족주의에 담긴 특징, 즉 대외적 민족자결을 부각시키는 이념이자 대내적 체제유지를 위한 헤게모니 장치라는 점에서 비롯된다. 민족주의는 한편에서 세계적 차원으로 진행되는 국가 간 경쟁을 고려할 때 유용한 담론의 의미를 갖는다. 하지만 다른 한편에선 개인의 자유를 억압하고 권위주의 통치를 정당화하는 이데올로기 역할을 담당하기도 한다.

그렇다면 박정희정부의 민족적 민주주의는 당시 국민들에게는 어떻게 받아들여졌을까? 민족적 민주주의를 앞세운 1963년과 1967년 두 번의 대선에서 박정희 후보가 당선된 사실을 돌아볼 때, 민족적 민주주의는 그 나름의 헤게모니를 발휘했던 것으로 보인다. 비서구 사회에서 민족주의의 대중적 영향력이 클 수밖에 없던 까닭은 물질적 생활에서 서구에 대한 모방이 성공적일수록 정신적 문화에 대한 보존의 욕구는 되레 강화된다는 점에 있었다.

단일 민족으로서의 오랜 역사와 일제강점기의 민족해방 투쟁에 대한 기억은 민족주의에 배타적인 의미를 부여하게 했다. 이 민족주의가 1960년대에 발전주의와 결합해 경제 성장을 위한 산업화 민족주의로 나타났다면, 민주주의와 결합해서는 민족적 민주주의로 담론화된 셈이었다. 민족적 민주주의를 구성하는 두 이념에서 중요한 것은 민주주의라기보다 민족주의였고, 광복을 이룬 지 20년이 채 되지 않은 1960년대 초반의 상황은 이 민족주의에 유리한 시대적 환경을 제공했다.

문제는 담론과 현실의 긴장에 있었다. 민족주의를 적극적으로 표방했음에도 한일협정 체결을 목격하면서 대중들은 박정희정부의 민족주의에 대해 의구심을 갖기 시작했다. 1967년 대선에서 박정희 후보가 윤보선 후보에게 승리한 것은 민족적 민주주의에 있었다기보다는 제1차 경제개발 5개년 계획의 가시적인 성과에 있었다. 민족적 민주주의는 3선 개헌을 거쳐 10월 유신에서 한국적 민주주의로 변질됐으며, 결국 절차적 민주주의를 부정하는 반민주주의의 공고화로 귀결됐다.

■ **김지하의 시와 삶**

1960~1970년대 시인 김지하의 삶은 박정희 시대의 민주화운동을 상징한다. 1959년 서울대 미학과에 입학한 그는 1960년 4월혁명 후 학생운동에 본격적으로 뛰어들었다. 1964년 5월 서울대 문리대 교정에서 거행된 '민족적 민주주의 장례식'에서는 〈곡(哭) 민족적 민주주의〉를 작성했고, 1965년 한일협정이 체결되자 지명수배자가 돼 은신생활을 하기도 했다.

김지하가 시인으로 알려진 것은 1969년 시 전문지 《시인》에 문학평론가 김현의 소개로 〈녹두꽃〉 등 5편이 '지하'라는 필명으로 게재된 이후였다. 1970년대에 들어 그는 주목할 만한 시를 계속 발표했다. 특히 1970년 월간지 《사상계》 4월호에 〈오적〉을 발표함으로써 큰 관심을 모았다.

"시(詩)를 쓰되 좀스럽게 쓰지 말고 똑 이렇게 쓰랏다. / 내 어쩌다 붓끝이 험한 죄로 칠전에 끌려가 / 볼기를 맞은 지도 하도 오래라 삭신이 근질근질 / 방정맞은 조동아리 손목댕이 오물오물 수물수물 / 뭐든 자꾸 쓰고 싶어 견딜 수가 없으니, 에라 모르겠다"

이렇게 시작하는 〈오적〉은 특권층의 권력형 비리와 부패상을 판소리 가락으로 비판했다. 김지하의 시적 역량을 유감없이 보여준 작품이다.

〈오적〉이 1970년 6월 1일 신민당 기관지인 《민주전선》에 다시 게재되자, 경찰이 신민당사를 수색해 《민주전선》 10만 부를 압수했다. 이로써 〈오적〉은 필화 사건을 넘어 정치적 사건으로 커졌다. 또 6월 26일 일본 주간지 《주간 아사히(週刊朝日)》에 소개돼 김지하라는 이름은 일본에서도 상당한 관심을 모았다. 이 해에 그는 《시인》 6·7월호에 시인 김수영이 구사한 풍자의 의의와 한계를 밝히는 평론 〈풍자냐 자살이냐〉를 발표하기도 했다.

1970년에 〈오적〉으로 구속된 이후 김지하는 1974년 군법회의에서 사형선고를 받았다. 하지만 이후 무기징역으로 감형됐고 1980년 형집행정지로 풀려났다. 1980년대 이후 그는 민중 시인·민주투사에서 생명사상가로 전환했다. 1991년 5월 조선일보에 기고한 〈죽음의 굿판을 걷어치워라〉로 논란의 중심에 서기도 했다. 이후 2012년 12월 대선에선 박근혜 후보를 지지해 역사의 아이러니를 생각하게 했다.

(김호기)

1960년대 미국은 아시아에서의 공산진영 팽창을 저지하기 위해 한국과 일본의 관계 정상화가 절실했다.
한일 양국은 한일협정을 맺었지만 을사늑약, 한일합방의 법적 유효성을 놓고 커다란 의견차가 생겼다. 결국 양국 정부는 각각 자신의 의견대로 조약을 해석하기로 했다.
이러한 의견 차이는 50여 년이 지난 지금까지 한일 양국이 여전히 최악의 관계에 놓이도록 만들고 말았다.

14. 한일 국교정상화 청구권 자금 논쟁

35년간 식민지였던 한국이 제국주의 일본과 관계 정상화를 하는 것은 쉬운 일이 아니었다. 다른 식민지와는 달리 이웃 나라에 식민지화됐으며, 수천 년 동안 독립된 왕조를 유지하고 있다가 무력을 동원한 강제에 의한 조약으로 식민지가 된 한국으로서는 35년간의 박탈감이 너무나 클 수밖에 없었다.

독립된 국가가 아니었다가 식민지가 됐던 타이완이나 다른 나라의 식민지였다가 다시 식민지가 된 필리핀, 그리고 유럽인들이 원주민을 몰아내고 이주한 지역에 유럽 본토인들이 식민지를 건설했던 북아메리카나 호주와는 완전히 다른 상황이었다. 아일랜드가 그랬듯이 독립된 정부를 갖고 있다가 이웃 국가에 식민지가 된 한국 사람들로서는 그 시기를 암흑시기로 기억할 수밖에 없었다.

그러나 해방과 함께 시작된 세계적 차원에서의 냉전 체제로 인해 한국과 일본의 관계 정상화는 불가피했다. 공산주의를 봉쇄하기 위해서는 미국과 동맹 관계를 맺고 있었던 한국과 일본의 협력이 필요했던 것이다. 안보적 측면에서뿐만 아니라 한국의 전후 경제재건을 위해서도 한일 관계의 정상화를 통한 일본의 도움이 필요했다.

문제는 한국과 일본에서 관계를 정상화할 수 있는 준비가 충분히 돼 있지 않았다는 사실이었다. 무엇보다도 과거에 대한 양국 간의 인식 차가 너무나 컸다. 한국은 일본으로부터 식민지 시기의 피해에 대해 배상받고자 했다. 이승만정부는 일본에 의해 입은 피해를 목록으로 꼼꼼하게 만들었다.

일본도 배상을 받아야 한다고 생각했다. 미군정이 군정법령 33호로 압수한 일본인의 사유재산에 대한 보상이었다. 게다가 일본 측 협상 대표였던 구보다는 식민지 시기에 한국에 투자도 하고 근대화도 시켜주었는데, 왜 배상을 해야 하느냐고 주장하기도 했다. 현재 일본 정부 내 극우 세력들의 주장과 맥을 같이하는 것이었다.

을사늑약과 한일합방에 대한 평가

배상을 둘러싼 논란은 이렇게 식민지 시기를 바라보는 시각의 차이에서 나온 것이기도 했지만, 더 근본적으로는 1945년 이전에 있었던 조약의 해석에 대한 의견 차이에서 나타났다. 1965년 한일 관계를 정상화하기 위해서는 그 이전에 있었던 조약들을 무효로 해야 하는데, 이에 대한 양국의 견해가 달랐던 것이다. 문제가 된 조약은 1905년의 을사늑약과 1910년의 한일합방조약이었다.

한국 정부는 두 조약이 모두 체결 당시부터 무효라고 주장했다. 두 조약이 모두 자의에 의해 이뤄진 것이 아니라 일본의 무력 시위

속에서 강제로 이뤄진 것이라고 판단했기 때문이었다. 국제법적으로 자의가 아닌 강제에 의해 조약이 맺어질 경우에 이는 모두 무효였다. 을사늑약은 1963년 유엔의 국제법위원회에서 '국가 대표에 대한 개별적 압박'에 의해 '효력을 발휘할 수 없는 조약'의 하나로 규정됐다.

일본의 입장은 달랐다. 두 조약은 그 자체로서는 무효가 아니라는 것이다. 한국 측에서 모두 자발적으로 서명을 했기 때문에 무효가 아니고, 그렇다면 일본에 의한 보호통치(1905~1910년)와 식민지 지배(1910~1945년)는 모두 유효한 조치가 된다. 이렇게 될 경우 일본에 의한 한국의 지배는 국제법적으로 합법적인 것이 된다.

1945년 이전 조약의 해석 문제는 매우 중요하다. 왜냐하면 만약 그 조약들이 자체로서 무효일 경우 한국은 일본으로부터 배상을 요청할 수 있지만, 그렇지 않을 경우 배상을 요구할 수 없기 때문이다. 과거 식민지였던 국가들이 제국주의 본국으로부터 배상금을 받았던 경우는 없었다. 오히려 대부분은 식민지 시기에 대한 향수를 갖고 있다. 영국의 식민지였던 국가들은 영연방(British Commonwealth of Nations)을 결성해 지금까지도 그 틀을 유지하고 있다. 타이완 역시 일본의 식민지 점령 시기에 대해 긍정적 기억을 갖고 있다.

일본이 배상한 국가들은 태평양전쟁 시기 일본이 5년 남짓 점령했던 동남아시아 국가들이었다. 하지만 한국뿐 아니라 이웃 국가에 의해 폭력적으로 식민지 지배나 점령 통치를 경험한 국가들은 식민지 시기에 대해 부정적인 생각을 갖고 있다. 아일랜드, 알제리, 폴란드, 핀란드 등이 그 대표적인 예라고 할 수 있다.

독립축하금과 배상금이라는 서로 다른 주장

이러한 상황에서 조약 해석에 대한 한일 정부 사이의 논쟁에서 기가 막힌 묘수가 나왔다. 양국 정부가 각각 자신의 의견대로 해석하기로 한 것이다. 즉, 한국 정부는 조약이 맺어지는 순간부터 무효로, 일본 정부는 일본 제국이 해체되는 1945년부터 무효로 해석하자고 한 것이다. 그리고 이러한 해석을 위해 조약의 원문에서는 1945년 이전의 조약을 '이미(already) 무효'라고 규정하면서 '이미'에 해당되는 특별한 시기적 조항을 두지 않았다. 그래서 일본은 배상금 대신 독립축하금을 주었고, 한국은 '청구권 자금'이라고 명명하면서 배상금의 성격을 포함하고 있다고 해석했다.

1965년의 시점에서 본다면 청구권 자금이 배상금이 아니었다는 점에서는 일본의 입장이 관철됐다고 할 수 있다. 그러나 배상금이 아님으로 인해 현재 일본 정부도 입장이 곤란해졌다. 왜냐하면 위안부 문제 등 일본 정부, 군 등 국가권력이 관여한 반인도적 불법행위에 대한 책임이 청구권 협정으로 모두 해결됐다고 볼 수 없기 때문이다. 청구권 자금을 주면서 일본 정부는 개인에 대한 청구권도 모두 해결된다고 규정했지만, 그것은 배상금은 아니었다.

일본 정부는 1995년 무라야마 담화 이후 몇 차례에 걸쳐 식민지 지배에 대해 반성과 사과의 뜻을 밝히면서도, '합법이었지만, 잘못한 것이 있었다. 그러나 법적 책임은 없다'는 애매한 입장을 내놓을 수밖에 없었다. 2011년과 2012년 한국의 헌법재판소와 대법원은 일본 기업에 대해 징용에 대한 배상 판결을 내렸는데, 이는 청구권 자금의 애매한 성격으로 인한 것이었다.

또 다른 문제는 대한민국의 지위 문제였다. 한국 정부는 대한민국을 한반도에서 유일한 합법 정부로 인정해달라고 한 반면, 일본 정부는 유엔 승인안에 근거해 유일한 정부로 인정하겠다고 주장했다. 즉, 1948년 5월 10일 선거가 이뤄진 지역에서만 관할권을 갖는 유일한 합법 정부라는 주장이다. 유엔의 대한민국 정부 승인안에는 이 점이 명시돼 있기 때문이었다. 대한민국만을 한반도 전체에 관할권을 갖는 유일한 합법 정부로 인정해 달라는 한국 정부의 요청은 무시됐고, 일본의 주장이 그대로 받아들여졌다. 이로 인해 일본은 1991년 북한의 유엔 가입 이후 북한과의 관계 정상화 협상에 나설 수 있게 됐다.

한국과 일본의 시민사회는 모두 한일협정에 반대했다. 한국의 시민사회는 굴욕적인 협정에 반대한 것이고, 일본 시민사회는 북한과도 협정을 맺어야 한다고 주장했다. 한국의 경우 한일협정 반대 시위는 정권 자체를 위협할 정도의 큰 규모로 일어났다. 주한미군사령관의 허가 아래 군대를 동원해 위수령을 선포해서야 사태가 진정될 수 있었다. 한일협정에 반대했던 야당뿐만 아니라 위수령에 찬성했던 미국도 이 시위로 인해 박정희정부가 붕괴할 수도 있으며 제2의 4·19혁명이 시작될 수 있다고 판단할 정도로 심각한 위기였다.

한국과 일본의 시민사회가 모두 동북아시아의 발전과 협력을 위해 한일 관계 정상화가 필요하다는 사실은 인정했다. 그럼에도 반대 시위가 일어났던 것은 그 협정을 통해 풀어야 할 문제를 제대로 풀지 못했기 때문이었다. 또 한일협정에 미국이 압력을 행사하고 개입하는 것에 대해 반대한다는 내용도 포함됐다.

이 밖에도 한일협정은 한일 간에 풀어야 할 문제들이 모두 제대로 해결되지 못한 채 조인됐다. 한일협정은 기본관계 조약 외에 재일동포, 문화재, 해상분계선, 경제협력에 대한 조약이 함께 체결됐는데, 1965년 이후 50년이 지난 지금까지도 한일협정에서 합의한 모든 이슈에 대해 양국 간 논쟁이 계속되고 있다. 그 대표적인 예가 해상분계선 문제로, 1995년 일본은 한일어업협정을 일방적으로 파기했으며, 1998년 잠정공동수역안이 체결됐지만, 해상분계선과 독도 문제는 아직도 해결되지 않고 있다.

경제개발이 시급했던 시기에 청구권 자금으로 일본으로부터 받은 돈은 소중하게 사용됐다. 포스코는 그 대표적 사례라고 할 수 있다. 그러나 눈앞의 긴급한 사안을 해결하기 위해 정작 한국과 일본 정부 사이에 논쟁이 되는 이슈들에 대해 합의하지 못함으로써 결국 50여 넌이 지난 최근 한일 관계는 최악의 상태에 도달해 있고 후유증도 계속되고 있다. 2015년 12월 한국과 일본 정부는 위안부 문제 해결을 위한 합의를 이뤄냈지만, 피해자들과 시민사회의 동의를 받지 않은 채 이뤄진 합의로 인해 한국사회는 또 다른 진통을 겪어 왔다.

■ 한일협정의 또 다른 문제

한일협정 체결 때 일본은 왜 한국으로부터의 배상을 요구했는가? 태평양전쟁에서 패망한 이후 한반도에 있었던 일본인들의 사유재산이 모두 압수됐기 때문이었다. 1907년 제정된 헤이그 육전법규 46조에 의하면 패전국의 공공재산은 압류할 수 있었지만, 사유재산권을 침해할 수는 없었다.

그런데 본국으로부터 적절한 재정적 지원을 받지 못했던

미군정에서 1945년 12월 군정법령 33호를 통해 일본인의 사적 재산까지도 압류했던 것이다. 이 재산을 적산(敵産)이라고 하는데 1948년 미군정으로부터 대한민국 정부에 이관됐고, 1950년대 적산불하라는 방식을 통해 민간인들에게 유상으로 불하됐다. 적산불하를 통해 한국 정부는 모자라는 재정을 보충할 수 있었지만, 싼값에 불하하는 것이었기 때문에 이를 둘러싼 특혜 시비는 1950년대 내내 중요한 정치·사회적 이슈가 됐다.

한편, 식민지 조선으로 일본인들의 이주를 권장했던 일본 정부로서는 재산을 압류당한 식민지 조선의 일본인 거주민들에게 보상을 해주어야 했다. 이를 위해서는 그 재산을 압류한 정부의 배상이 필요하다는 것이 일본 정부의 입장이었다. 사실 일본인들의 사적 재산을 압류한 것은 미군정이었기 때문에 그 책임은 미국 정부에 있었다. 그러나 그 재산들이 한국 정부에 이관됐기 때문에 일본은 그 배상을 한국 정부에 요구한 것이다.

한국 정부는 미국 정부에 유권해석을 요구했지만, 미국 정부가 보내온 답변은 한일 양국이 잘 알아서 해결하라는 것이었다. 미국의 동아시아 전략 아래에서 한일협정이 추진됐음에도 불구하고, 미국은 스스로 책임져야 할 문제에 대해서 전혀 책임을 지지 않았다. 샌프란시스코 조약 초안에는 일본이 돌려줘야 할 영토에 독도를 포함시켰다가, 최종 협약에서 독도를 제외했던 것과 같이 무책임한 조치였다.

(박태균)

한국군의 베트남 파병에 대한 평가는 전투병 파병이 시작된 1965년부터 현재까지 한국사회에서 뜨거운 논란이 계속되고 있는 이슈다.

파병에 따른 전쟁특수는 공정하게 사회발전을 위하여 쓰였는가? 국가안보에는 어떤 영향을 끼쳤을까? 당시 파병에 찬성한 측과 반대한 측의 핵심 논리는 무엇이었을까?

다른 한편으로, 한국전쟁과 베트남전쟁은 어떻게 같고 무엇이 다른 전쟁이었는가?

15.   베트남 파병 논쟁

　2003년 10월 20일 국회에서 한국군의 이라크 파병을 둘러싸고 논쟁이 벌어졌다. 미국의 요청을 받은 정부가 한국군 파병을 추진하는 가운데, 여당인 민주당은 정부의 이라크 파병 정책에 반대한 반면 야당인 한나라당은 찬성하는 기이한 상황이 연출됐다. 그런데 논쟁은 이라크 파병뿐만 아니라 40여 년 전에 있었던 베트남 파병이 가져온 효과에 그 초점이 맞추어졌다. 여당은 파병에 따른 피해를 강조한 반면, 야당은 전쟁특수를 통해 벌어들인 돈의 경제적 효과에 주목했다.

　한국군의 베트남 파병에 대한 평가는 전투병 파병이 시작된 1965년부터 현재까지 한국사회에서 뜨거운 논란이 계속되고 있는 이슈다. 현재의 논란은 전쟁특수를 통한 경제적 이득과 참전으로 인한 한국군과 베트남 민간인들의 피해를 둘러싸고 진행되고 있지만, 파병 당시에는 이와는 전혀 다른 관점에서 논쟁이 이뤄졌다. 바로 베트남 파병이 한국 안보에 어떤 영향을 미칠 것인가의 문제였다.

파병 당시의 논쟁

한반도는 냉전의 최전선에 위치해 있고, 불과 10여 년 전까지도 한국전쟁이라는 전면전이 있었다. 게다가 1953년 정전협정으로 전면전은 중단됐지만 전쟁이 완전히 끝나지 않은 상황이었다. 이러한 상황에서 전투병의 파병이 가져올 부정적인 안보적 효과는 논란의 초점이 될 수밖에 없었다.

한쪽에서는 베트남 파병이 안보 공백을 가져올 것이며, 자기 안보를 지키지 못해 외국군이 주둔하고 있는 상황에서 파병을 한다는 것 자체가 이해할 수 없는 결정이라고 주장했다. 이러한 비판에 대해 박정희정부는 한반도에서 주한미군의 역할과 규모에 변동이 있어서는 안 된다는 관점에서 파병의 정당성을 주장했다. 만약 한국이 전투부대를 파병하지 않는다면 주한미군의 일부 또는 전부가 베트남으로 이동할 가능성이 있다는 것이었다. 이 경우 미군이 북한의 도발을 막는 억지력 역할을 할 수 없을 것이라는 주장이었다.

박정희 대통령은 1967년 대통령 선거에서 이 점을 강조했다. 반면 실제로 전투부대의 파병이 결정되고 이행되는 1964년과 1965년 시점에서는 파병이 사회적으로 큰 논란이 되지는 않았다. 일본에서 반전운동이 광범위하게 일어났던 것과는 대조적이었다. 한국전쟁 때 도와줬던 미국에 보은해야 한다는 것과 아시아에서 공산주의의 확산을 막아야 한다는 것이 당시의 사회적 분위기였다. 여기에 더해 1964년부터 한일협정 반대시위로 위수령이 선포될 정도로 사회적 논란이 계속됐기 때문에 베트남 파병을 둘러싼 논쟁이 전 사회적으로 확산되지는 않았다.

반대 의견이 너무 나오지 않아서일까? 반대 의견이 강해야만 파병을 요구한 미국에 무언가 더 큰 요구를 할 수 있을 것 아닌가? 국회에서 가장 큰 목소리로 반대한 사람은 5·16군사정변 당시 박정희의 옆에 서 있었던 차지철이었다. 그는 남베트남 정부가 외국군의 지원을 받아들일 태세가 돼 있지 않다는 이유로 파병에 반대했으며 정규군 대신 의용군을 파병할 것을 주장했다(〈월남파병동의안 20일 본회의에 상정〉,《경향신문》1965년 1월 19일자). 물론 그는 상임위 표결에서 찬성표를 던졌지만 말이다.

1965년 1월 1차 전투부대 파병 당시 국회 표결에서 야당은 상호방위조약의 개정을 미국이 약속하지 않았다는 이유로 기권했다. 한국군이 베트남 파병을 이행한 후 한반도 안보에 문제가 생기는 등의 유사시에, 미군이 무조건 개입한다는 조항이 상호방위조약에 삽입돼야 한다고 주장했다. 야당은 2차 증파 논의에서 '반대'를 당론으로 정했지만, 야당의 중진인 김준연과 조윤형은 찬성표를 던졌다. 여당인 민주공화당의 당론은 찬성이었지만, 여당의 박종태 의원은 가장 강력하게 파병을 반대했다.

그는 "자유진영 가운데도 영국·프랑스 등 많은 나라들이 월남 파병을 반대하고 있으며, 월남 파병으로 결정적인 손실을 입고 있으면서도 자체의 강력한 국력으로 이를 극복할 수 있는 미국의 입장과 중립국 등 국제여론을 중시해야 할 한국의 입장은 다르다"고 주장했다(〈국방위 파병을 동의〉,《경향신문》1965년 8월 7일자).

파병을 둘러싼 쟁점

베트남 파병이 다시 도마에 오른 것은 장준하를 통해서였다. 장준하는 1968년과 1969년 국회 상임위원회에서 베트남에 있는 한국군 문제에 대해 질의했다. 린든 존슨 미국 대통령이 북베트남에 정전협상을 제안했고, 철군을 공약으로 내건 리처드 닉슨이 대통령에 당선된 시점이었다. 미국의 베트남 정책이 변화하는 시점에서 한국군을 어떻게 할 것인가? 베트남에서 다치고 죽은 사람들에 대한 보상은 제대로 이뤄지고 있는가? 이후 1985년에 리영희의 《베트남전쟁》이 출간될 때까지, 그리고 1987년 민주화가 이뤄지기까지 베트남 파병은 한국사회에서 잊혀졌다.

1990년에 김민웅이 미국 자료에 근거해 월간지 《말》에 쓴 민간인 학살에 대한 문제 제기, 1992년 9월 26일 고엽제 피해자들이 정부의 대책 마련을 주장하면서 고속도로를 점거하고 벌인 시위, 1993년 드라마로 방영된 〈머나먼 쏭바강〉으로 인해 베트남 파병 문제는 한국인들의 기억 속에서 되살아났다.

21세기에 들어서도 베트남 파병과 관련해 경제 성장에 도움이 됐던 전쟁특수가 있었다는 사실에 대해서는 사회적 동의가 있었다. 하지만 전쟁기간 발생했던 민간인 학살에 대한 논쟁은 뜨겁게 계속되고 있다. 연구자들은 당시 미국 자료와 베트남 현지 증언을 통해 한국군에 의한 민간인 학살이 광범위하게 일어났음을 주장하는 반면, 참전 군인들은 자신들이 죽인 것은 민간인이 아니라 베트콩이었으며, 북한군이 한국군으로 변장해 민간인들을 죽인 경우도 있다고 주장하고 있다. 이 논쟁은 폭력적인 사태로 번지기도 했다. 2000년

구수정 박사와 고경태 기자가《한겨레 21》에 민간인 학살을 보도한 것에 대하여 참전 군인들이 한겨레신문사를 습격하는 사건이 발생했다. 민간인 학살을 언급한 교과서 대표저자의 학교에 보수단체 회원들이 몰려가 소란을 피우기도 했다.

베트남 파병에 대한 논의는 다른 관점에서 접근해야 한다. 베트남 파병을 결정했던 원래의 목적, 즉 한미동맹과 안보를 위한 목적은 달성됐는가? 1970년대 한국군의 현대화 작업이 긍정적인 답변의 근거가 된다면, 1968년 청와대 습격 사건과 울진·삼척 사건으로 대표되는 남북 간 안보위기의 고조, 1971년 주한미군 1개 사단 철수, 그리고 1970년대 한미 관계의 악화는 부정적 답변의 근거가 될 것이다.

파병의 군사적 효과에 대해서도 논쟁이 필요하다. 이세호 사령관은 실전 경험, 현대전의 최신 전술과 전투장비, 외국군과의 연합작전 능력 등을 들어 군사적으로 큰 도움이 됐다고 주장했다. 하지만 일부 야전 소대장들의 평가는 다르다. 베트남전쟁은 전쟁이 아니라 '공비 토벌'이었으며 막대한 물량 지원하에 일방적으로 벌인 전투는 전력 증강에 도움이 되지 않을 것이라고 평가했기 때문이다.

전쟁특수와 유신 선포, 고엽제 문제에 대해서도 신중한 접근이 필요하다. 전쟁특수가 그렇게 컸다면 왜 1960년대 후반 외환위기와 부실기업 위기가 발생했을까? 그럼에도 불구하고 전쟁특수가 없었다면 1973년의 중화학공업화 선언이 가능했을까? 베트남 파병을 통한 물적 토대의 구축이 없었다면, 유신 체제 선포가 가능했을까? 미군과 호주군의 고엽제 환자를 위한 기금은 마련됐는데, 한국에서는 참전군인과 고엽제 환자들에 대한 조사와 보상이 제대로 이뤄지고 있는가? 아울러 베트남 파병 군인들의 전투수당이 모두 지급됐는지, 아니면 일부는 정부에 의해서 강제 저축이 이뤄진 것이었는지에 대한 해명도 필요하다. 2019년 3월 30일에도 참전군인들은 전투수당 지급 문제를 이슈로 시위를 벌였다.

베트남에 파병됐던 한국군은 1973년 모두 귀환했다. 그러나 파병과 전쟁에 대해서는 서로 기억과 평가가 다르다. 이는 지금까지도 한국사회에서 계속 논쟁이 되고 있으며, 남남갈등에서 하나의 요인이 되고 있다. 이뿐만 아니라 전쟁특수에 대한 기억과 기대는 이라크 파병 시의 국회에서 있었던 논쟁에서 나타나듯이 지금도 해외파병을 결정하는 데 가장 중요한 배경으로 작용하고 있다. 베트남전쟁과 한국군 파병은 단지 지나간 문제가 아니다. 현재의 문제에 대한 객관적 연구와 그 평가를 둘러싼 논쟁은 앞으로도 계속돼야 한다. 한국사회의 미래를 위해서 말이다.

■ 한국전쟁과 베트남전쟁의 비교

베트남전쟁과 한국전쟁은 표면적으로나마 비슷한 성격의 전쟁으로 볼 수도 있다. 북쪽의 공산주의자들의 침략으로부터 자유를 지키기 위한 남쪽의 저항이라는 것이다. 그러나 기본적으로는 전혀 다른 성격의 전쟁이었다.

한국전쟁은 대한민국과 조선민주주의인민공화국이라는 양 정부의 실체가 있는 상태에서 북측의 정부에 의해 계획된 침략전쟁이었다. 이에 반해 베트남전쟁은 남베트남 정부에 반대하는 남베트남 게릴라(베트콩)들과 남베트남 정부 사이의 전쟁이었다. 북베트남의 지원이 없었다면 베트콩이 20년이 넘도록 전쟁을 수행할 수 없었겠지만, 전쟁의 본질은 시민전쟁이었다.

한편으로 두 전쟁은 서로 연결돼 있었다. 17도선을 중심으로 베트남이 분단된 것은 1954년의 제네바회담이었고, 이 회담은 본래 한국에서 정전협정 직후 최후의 평화협정안을 만들어내기 위해 열린 고위급 정치회담이었다. 평화협정이 만들어지면 정전협정은 무효화되는 한시적인 협정이었던 것이다. 그런데 제네바회담에서 한반도 문제를 해결하지 못했고, 그 직후에 열린 인도차이나 관련 회담에서 베트남 분단을 결정해 베트남전쟁의 기원이 됐다.

제네바회담에서 강대국에 의한 베트남의 분단 결정 역시 1953년 7월 한국의 정전협정과 인과관계가 있다. 한반도에서 전면전이 중단되자 중국이 베트남의 공산주의자들에 대한 지원을 확대한 것이다. 이로 인해 1954년 베트남 공산군은 디엔비엔푸에서 프랑스군에 승리했고, 프랑스는 베트남에서의 철수를 결정했다. 베트남을 포기하고 싶지 않았던 미국과 프랑스는 회담을 제안했고 이 회담에서 베트남 분단이 결정된 것이다.

미국은 베트남전쟁에서 한국전쟁의 트라우마로부터 벗어나지 못했다. 미국이 본격적인 개입을 결정한 것은 중국이 핵무기 실험에 성공한 1964년이었다. 전쟁 기간 중에는 북베트남 폭격을 계속했지만 정작 지상군이 분단선인 17도선을 넘지 못했다. 한국전쟁 때 38선 이북으로의 북진이 중국군을 초대했고, 이것이 미군에 재앙이 됐던 기억으로부터 자유롭지 못했기 때문이다. 군사적 목표가 없었던 미군들은 남베트남 정부를 지키는 경찰 역할만 수행할 수밖에 없었다. 목표와 사기가 떨어진 미군에서는 상관살해, 마약, 탈영 등 사건이 끊이지 않았다.

결국 이 전쟁은 미국으로서는 실패할 수밖에 없는 전쟁이었다. 미국은 정부 간의 전쟁이 아닌 시민전쟁에 개입한 것이었고, 결과적으로 시민들의 지지를 받지 못하는 남베트남 정부를 지키고자 한 것이었다. 참전한 군인들에게는 군사적 목표도 없었고, 끊임없이 충원되고 나타나는 베트콩들에 의해 사기는 계속해서 떨어질 수밖에 없었다.

한국전쟁과 베트남전쟁은 냉전 체제에서 일어났던 열전이었다. 막상 중심부에서는 전쟁이 없었고, 주변에서 열전이 일어났던 것이다. 베트남전쟁은 1975년 남베트남 정부의 패망으로 끝났다. 하지만 한국전쟁은 정전 체제하에서 계속되고 있다. 세계적 차원에서 냉전이 끝났지만 한반도의 전쟁은 냉전 체제보다도 더 오래 계속되고 있다. 베트남은 1946년부터 1954년, 그리고 1956년부터 1975년까지 두 차례에 걸친 열전을 경험하고 이 전쟁을 끝냈다. 한반도에서는 제2의 한국전쟁이 발생한다면 남과 북은 모두 공멸할 것이다. 언제, 그리고 어떻게 이 전쟁을 평화롭게 끝낼 수 있을까?

(박태균)

16. 교육 평준화 논쟁

인간에게는 여러 가지 꿈이 있다. 그 꿈 중 하나가 교육 기회의 균등이다. 70여 년 전 일본 식민지에서 해방된 한국에서 다양한 정치세력들이 새로 수립될 국가의 제도에 대한 다양한 제안을 내놓았는데, 그중 특히 눈에 띄는 공통된 정책이 교육 기회의 평등이다. 이는 이데올로기에 관계없이 모든 정파들이 공통적으로 내놓은 정책이었다.

임시정부는 1941년 건국강령을 통해 "교육권리를 균(均)히 하여 고저를 없이"함으로써 "특권계급이 곧 없어"질 것이라고 주장했다. 그리고 균등해야 할 3대 분야로 정치, 경제, 교육을 들고 있다.

1950년대 초등학교 교육이 의무화된 이후 1960년대에 가서 중등교육의 평준화 문제가 논의되기 시작했다. 당시에는 경기중과 서울중, 경복중과 경기여중으로 대표되는 일류 중학교 진학이 초등학교 교육의 유일한 목표였다. 일류 중학교에 들어가면 이후 일류 고등학

1960년대 후반부터 1970년대 전반까지, 한국은 사회 전반에 걸쳐 평준화라는 강박증에 걸린 듯 보였다. 특히 교육에서 평준화는 국민의 커다란 지지를 받았다.

하지만 평준화는 지금까지도 논쟁거리다. 평준화는 교육 기회의 균등이라는 소기 목적을 달성했는가?

무엇보다도 중대한 의문이 하나 있다. 교육 평준화는 왜 하필 3선 개헌과 안보위기가 정점에 달했던 1960년대 후반에 추진되었을까?

교와 일류 대학으로 진학이 보장됐기 때문에 모든 초등학생들은 입시 과외에 매달렸다. 1960년대를 살았던 사람들에게 입주 과외와 식모는 결코 낯선 단어가 아니었다. 엄마의 치맛바람과 입주 과외 선생님, 식모의 영양가 있는 음식이 뒷받침돼야 일류 중학교에 갈 수 있었다.

중학교 평준화의 실시

일류 중학 입시는 사회적으로 많은 비판을 받았다. 과도한 입시교육으로 아동들의 신체 발육이 뒤처지고 있다는 문제도 제기됐다. 일본과 비교할 때 출생 당시에는 한국 아동들의 발육 상황이 우위에 있는데, 초등학생들은 일본이 더 우위를 차지하고 있으며, 이는 과중한 입시경쟁 때문이라는 것이다(〈입시개혁〉,《동아일보》1968년 7월 15일자).

정부는 1968년 7월 15일 2~3년 내에 중학입시제를 폐지한다는 정책(7·15선언)을 발표했다. 일류 중·고등학교를 3년에 걸쳐 단계적으로 고등학교로 전환시켜 중학교에서는 아예 일류라는 관념 자체를 없애겠다는 방안을 발표한 것이다. '평준화'라는 이름 아래 전 사회적으로 환호했다. 가난하든, 부자든 간에 중학교에 갈 수 있는 기회가 생겼고, 동일한 교육을 받을 수 있는 권리가 생긴 것이다. 그러나 평준화는 간단한 문제가 아니었다.

무엇보다 학교에 따라 교사와 학교 시설의 차이가 컸다. 또한 당시 중학교의 수용 능력은 남자 진학희망자의 95%, 여자 진학희망자의 80%밖에 되지 못했다. 한 반의 정원을 60명에서 70명으로 늘리고, 2부제 수업 실시를 고려해야만 했다. 1968년 7월 16일부터 이틀 간 서울 아카데미하우스에서 '입시 폐지와 교육 정상화'를 주제로 한 토론회가 열렸다. 장학관, 교수, 초등학교 교장, 대한어머니회 총무, 중앙교육연구소의 연구원이 참여한 가운데 평준화 조치를 '교육혁명'으로 규정하기도 했다. 하지만 다른 한편으로는 초등교육 대신 중등교육에서 일류 고등학교를 목표로 한 입시경쟁이 과열화되면서 중등교육이 망가질 가능성이 지적되기도 했다(〈입시폐지와 교육정상화〉, 《경향신문》 1968년 7월 17일자).

학부모들은 평준화에 환호하면서도 학교를 마음대로 선택할 수 없다는 점에 대해 불안해했다. 학교의 환경이나 통학거리가 마음에 들지 않아도 다음 해에 다시 추첨에 응시하는 것이 불가능했다. 추첨 방식에 대한 항의가 빗발치자 권오병 문교부 장관은 7월 31일에 서울대 강당에서 공청회를 열었다. 무자격 무능교사를 모두 정리할 것이며, 80억 원을 투자해 10개 공립학교와 12개 사립학교를 증설, 마음 놓고 학교에 가게 할 것이라고 밝혔다. 문교부는 9월 5일부터 두 달간 특별장학사를 파견해 교사들의 수준을 검토하는 작업을 진행하기도 했다.

학교 시설이 낙후된 5개 중학교에 대해서는 신입생 배정을 중단시키고, 19개교에는 시설 정비 명령을 내렸는데, 문교부가 10월 말까지 시설을 보완하라는 지시를 내린 것은 시정 불가능한 '횡포'라는 비판도 제기됐다. 1970년 2월에도 시설이 미비한 73개 중학교에 대한 학생 배정의 전부 또는 일부 중지 명령이 내려졌다.

학교시설 문제는 서울보다 지방이 더 심각했다. 시설을 개선하기 위한 정부 재정도 부족했다. 그래서 공립 중학교의 수업료를 6,840원에서 1만1,280원으로 65% 인상했다. 또 우수교사를 변두리 및 신설 학교에 배치하는 정책을 실시했다. 교사들에게는 마른하늘에 날벼락이었다. 명문 중학교의 교사들이 변두리 지역 학교로의 발령에 항의한 데 대해 특권의식이라는 비판도 있었지만 얼마 안 되는 교사 월급에 장거리 출퇴근은 쉽지 않은 문제였다.

신설된 학교의 경우 대부분이 1969년 1학기 개학을 20여 일 앞둔 시점에서 교육 시설이나 책상도 갖춰지지 않은 상태였다. 착공되지 않은 학교도 있었고, 버스 종점에서 1.5킬로미터를 걸어가야 하는 학교도 있었다. 일선 교사들은 똑똑한 아이들까지 바보로 만드는 '중우(衆愚)교육'이라고 비꼬기도 했다. 개학 일주일 전 259명의 교사가 필요한 13개 신설 중학교에는 108명의 교사만이 확보됐을 뿐이었다.

현재진행형인 평준화 논쟁

각 중학교에서는 학교 시설을 평준화한다는 구실로 각종 잡부금을 거두어들였다. 잡부금이 사회문제로 제기되자 야당인 신민당 원내총무 김영삼은 문교부 장관을 국회에 출석시켜 이를 금지해야 한다고 제안했다(〈국회서 따지기로〉, 《경향신문》 1969년 6월 6일자). 사실 야당은 교육 평준화라는 개혁 담론을 선제적으로 제기하지 못한 상황이었다. 그럼에도 불구하고 문교부 장관은 아예 법적 근거도 없는 잡부금을 양성화시켜 교사들의 낮은 봉급을 충당하겠다고 발표했다가 물의를 빚기도 했다.

이런 논란에도 불구하고 평준화는 시대적 요구였다. 고액 과외를 받은 학생들에게 유리했던 중학교 입시 제도하에서 교육 기회의 균등화는 누구도 거역할 수 없는 시대적 과제였다. 중학교 교육과정이 입시 위주로 파행 운영되자 1974년부터 고등학교 평준화정책이 다시 추진됐다. 그러나 대학이 평준화되지 않는 한 고등학교의 파행적인 입시위주 교육은 사라지기 어려웠다.

교육 평준화 논쟁은 지금도 계속되고 있다. 지금까지도 평준화가 올바른 정책이었는가에 대해서는 어떤 결론도 내리기 쉽지 않다. 하향평준화로 가는 것인가, 아니면 교육 기회의 균등화인가? 자신이 내리고 싶은 결론에 따라 서로 다른 데이터를 제시하기 때문에 이 논쟁은 큰 의미가 없다. 게다가 교육열이 높은 한국사회에서 모든 학부모들이 전문가이며, 저마다 서로 다른 교육철학을 갖고 있기 때문에 교육제도의 개혁 방향에서 공감대를 형성하는 것은 거의 불가능하다.

그러나 중등교육 평준화가 실시된 시점이 왜 1960년대 말이었는가에 대한 질문은 아직도 유효하다. 1968년은 한반도 안보위기의 정점에 있었던 시기였고, 1969년은 3선 개헌이 있었던 해였다. 평준화정책은 1968년 11월에 발표된 국민교육헌장과 함께 시행됐다. 모든 사람들이 평준화된 교육을 통해 '조국과 민족의 무궁한 발전을 위해' 헌신할 국민이 돼야 했기 때문이었는가? 사실인지는 모르지만 세간에는 성적이 좋지 않았던 대통령 아들을 좋은 학교에 입학시키기 위해 '뺑뺑이'로 입시제도를 바꾸었다는 소문도 돌았다.

그런데 왜 독재자들은 항상 평등주의를 추구하는 것일까? 이승만의 일민주의도 그 내용의 핵심은 평등주의였다. 분배와 복지를 무시하는 대신 평등주의를 통해 체제 정당성을 확보하고자 한 것인가? 아니면 비민주적임에도 그나마 독재 정부였기 때문에 모든 비판에 귀를 막고 일방적으로 밀어붙여 평준화라도 가능했다고 평가해야 하는가?

■ 평준화라는 강박증

1960년대 후반부터 1970년대 전반까지 한국사회는 평준화의 유행시대였다. 교육에만 평준화가 있었던 것이 아니다. 금리에도 '평준화'가 있었고, 이는 세계시장의 금리와 동일한 수준을 맞추자는 정책이었다. 자본시장 육성 명목으로 금리를 현실화해 시중 자금이 주식시장으로 유입되게 하겠다는 것이었다. 당시 금리가 20%에 달하는 고금리였기 때문에 시중 자금이 불안정한 주식시장보다는 은행에 몰렸다. 정부의 저축장려운동 역시 한몫을 했다. 그러나 정확히 말하면 평준화가 아니라 '현실화'였다.

소득수준의 평준화 정책도 있었다. 1960년대를 통해 경제 규모가 커졌지만, 국민들의 생활수준은 나아지지 않았다. 경제 성장의 이름으로 소득분배 문제가 뒷전으로 밀렸기 때문이었다. 도시와 농촌에서의 소득수준도 점차 그 격차가 벌어지기 시작했다. 그래서 당시 언론들은 계층간 소득수준 평준화가 필요하다고 주장했다.

또 다른 평준화는 물가와 곡가에 사용됐다. 경제성장 과정에서 인플레이션이 심해지자 물가수준의 평준화가 필요하다는 주장이 나왔다. 수입 품목에 높은 관세가 부과되면서 수입대체로 만들어지는 물품의 국내 가격과 동일한 물품의 국제 가격 사이에서 평준화가 필요하다는 것이었다. 정확히 얘기하자면 평준화라기보다는 정상화를 의미했다.

이와 함께 가을마다 농민들을 울렸던 곡가(穀價)의 평준화와 함께 사료 가격의 평준화도 심심찮게 언급됐다. 도농 간에도 평준화, 산업 간에도 평준화, 주식 가격도 평준화. 심지어 정치 파벌도, 예술 활동도 평준화돼야 한다는 주장이 제기됐다.

수준을 높여야 한다고 할 때도 평준화, 가격을 안정적으로 낮추거나 높여야 할 때도 평준화라는 용어가 사용됐다. 무한 성장을 추진하는 시대에 불평등의 심화를 겪으면서, 한국사회는 평등을 희구했다. 여기에 더해 '평준화'는 한국사회의 독특한 특징 중 하나인 '평등주의'의 시대적 표현이 아니었을까?

(박태균)

17.   조국근대화론 대 대중경제론 논쟁

　1960~1970년대의 산업화라는 시대정신이 일대 격돌한 선거는 1971년 4월 27일에 치러진 제7대 대통령 선거였다. 선거가 선거다우려면 인물과 비전의 구도가 제대로 잡혀야 한다. 1971년 대선은 광복 70여 년 동안 가장 선거다운 선거로 기록될 만하다. 대선에서 경쟁한 두 인물은 박정희와 김대중이었다.

　박정희는 5·16쿠데타로 권력을 잡고 1963년과 1967년 대선에서 승리한 후 3선 개헌을 통해 세 번째 집권을 노린 후보였다. 그에겐 가난으로부터 벗어나기 시작한 1960년대 경제발전이라는 성취가 있었다. 김대중은 대선 후보 선출에서 김영삼·이철승을 꺾은 '40대 기수'의 대표 주자이자 야당의 새 정치를 상징하는 후보였다. 그에겐 4월혁명, 6·3항쟁, 3선 개헌 반대투쟁으로 이어진 1960년대 민주화운동이라는 자산이 있었다.

제7대 대통령선거에 출마한 공화당 박정희 후보가 1971년 4월 25일 서울 장충단공원에서 연설을 하고 있다.

제7대 대통령선거에 출마한 신민당 김대중 후보가 1971년 4월 8일 서울 장충단공원에서 연설을 하고 있다.

조국근대화론 대 대중경제론

과거나 현재나 선거를 이끄는 결정적 프레임은 경제다. 1971년 대선에서 박정희와 김대중은 산업화의 경제 프레임으로 '조국근대화'와 '대중경제'를 각각 내세웠다.

조국근대화론과 대중경제론에 대한 비교 연구로는 정치학자 김일영의 〈조국근대화론 대 대중경제론〉(2006)을 꼽을 수 있다. 그는 조국근대화론과 대중경제론 모두 '내포적 공업화론'이라는 같은 뿌리에서 출발한다고 지적한다. 두 담론은 자립경제, 국가 주도성, 중공업 발전을 공통분모로 두고 있었다. 하지만 차이점 또한 작지 않았다. 조국근대화론의 핵심은 수출증대·외자의존을 수단으로 세계시장 지향의 발전과 '발전국가'로 일컬어지는 국가 주도의 발전을 모색하는 데 있었다.

김일영에 따르면 조국근대화론의 특징은 여섯 가지로 이뤄져 있다. 첫째, 중점적으로 육성할 전략산업을 선택한다. 둘째, 외국자본·직접투자를 포함한 국내외 가용 자원을 총동원한다. 셋째, 동원된 자원을 전략산업 부문에 편중 배분한다. 넷째, 선택과 집중의 경제정책을 추진한다. 다섯째, 금융기관을 국가의 통제 아래에 둔다. 여섯째, 성과에 따른 자원의 배분을 모색한다. 한마디로 조국근대화론은 국가 주도의 경제적 불균형발전을 통해 성장을 이루고, '낙수효과'를 통해 그 성장의 과실을 사회적으로 나눠 갖자는 발전전략이었다.

대중경제론에 대한 주목할 만한 연구로는 경제학자 류동민의 〈김대중 경제사상에 관한 검토〉(2010)를 들 수 있다. 대중경제론이 지향한 모델은 국가에 의한 경제의 계획적 운용을 중시하는 한국적 혼합경제 체제이며, 목표는 파행성을 극복한 자립경제의 실현에 있었다. 류동민에 따르면 대중경제론은 네 가지 요소로 이뤄져 있다. 첫째, 축적원천으로 국가자본 및 중소기업을 강조하고 외국자본에 대해 국가가 철저하게 관리한다. 둘째, 투자 주체로 국영기업의 과도기적 창설을 시행하고 민간 불하 정책을 시행하며 민족적 중소기업을 육성한다. 셋째, 노동정책으로 노동자의 경영 참가를 중시한다. 넷째, 무역정책으로 수입대체를 모색한다. 박정희정부의 경제를 '특권경제'로 비판한 대중경제론은 진보 경제학자 박현채의 경제이론으로부터 상당한 영향을 받은 것으로 알려졌다.

1971년 대선이 갖는 의의 중 하나는 이렇게 상이한 경제 패러다임이 경쟁한 선거였다는 데 있다. 수출지향 대 수입대체, 불균형발전 대 균형발전, 대기업 중심 대 중소기업 중심, 산업평화 대 노동자 참여 등은 조국근대화론 대 대중경제론의 핵심 쟁점이었다. 1971년의 대선은 우리 현대사에서 제대로 치러진 최초의 정책선거였던 셈이다.

치열했던 선거과정은 박정희의 승리로 끝났다. 박정희는 총투표의 51.2%를 얻은 반면, 김대중은 43.6%를 획득했다. 95만 표 차이였다. 당시 정치·경제적 환경을 고려할 때 김대중은 나름대로 선전한 것으로 볼 수 있다. 이어 5월에 치러진 국회의원 선거에서 여당인 공화당은 총 204석 중 113석을 차지한 반면, 야당인 신민당은 종전의 44석에서 89석으로 의석수를 두 배 이상 늘렸다. 정치사회 안에서 박정희가 주도한 산업화세력과 김대중·김영삼이 주도한 민주화세력 간의 경쟁은 이렇게 전개되기 시작했다.

조국근대화론의 성취와 한계

1971년 대선에서 승리한 박정희는 경제 성장에 더욱 박차를 가했다. 박정희 시대 고도성장의 원동력은 무엇보다 국가의 역할과 풍부한 노동력에 있었다. 박정희정부는 국가가 시장을 창출하고 선도한, 앞서 말한 발전국가의 전형적인 사례로 평가돼 왔다.

금융정책과 노동정책은 박정희정부 경제정책의 양대 축을 이뤘다. 금융정책을 보면, 박정희정부는 만성적인 자본 부족을 겪고 있는 대기업들에 대규모 외국자본을 배분했다. 이에 그치지 않고 일반 금리의 절반 정도밖에 되지 않는 저리의 자본을 지속적으로 공급해 재벌 대기업 성장의 후견인 역할을 떠맡았다.

노동정책의 경우에는 노동조합법·노동쟁의조정법 같은 입법에서 노동운동의 직접적 탄압에 이르기까지 억압적 노동정책 및 노동통제를 통해 산업 평화와 저임금 유지를 도모했다. 양질의 풍부한 노동력 또한 중요했다. 수출지향 공업화의 특징을 절대적 잉여가치 생산방식에 기반을 둔 '원시적 테일러화'에서 찾을 수 있다면, 저임금과 장시간 노동은 세계시장에서 경쟁력을 확보하는 데 핵심적인 원천이었다.

요약하면, 박정희 시대의 경제발전은 제2차 세계대전 이후 국제 분업의 재편과정에서 냉전 체제와 농지개혁이라는 역사적 조건 아래 국가의 효율적 경제정책과 양질의 풍부한 노동력을 결합시켜 고도성장을 일궈냈다. 미국 사회학자 이매뉴얼 월러스틴이 말한 '초대에 의한 반(半)주변적 발전'의 사례였다.

조국근대화론의 성취는 통계 지표로 확인된다. 1961년 87달러에 불과했던 1인당 국민총생산(GNP)은 1979년 1,579달러로 증가해 절대빈곤에서 벗어나게 했다. 중화학공업화가 진행된 1970년대에는 2차산업이 1차산업을 능가했고, 중공업의 비중이 경공업을 추월하는 선진국형 산업구조를 갖췄다. 급속한 경제 성장이 아파트·텔레비전 등으로 상징되는 근대적 생활양식을 보급함으로써 사회는 본격적인 '현대성의 모험'의 길로 들어섰다.

하지만 조국근대화론의 한계가 없던 것은 아니었다. 대외 종속의 심화, 대기업으로의 경제력 집중, 농업 부문의 희생, 재벌의 성장과 함께 공고화된 정경유착 등은 조국근대화론에 내재된 대표적인 그늘이었다. 자원 및 인구, 특히 협소한 내수시장을 고려할 때 조국근대화론이 제시한 수출지향 산업화가 불가피했더라도 그 불가피성이 '현대성의 그늘'을 모두 정당화할 수는 없었다. 대선 직전인 1970년 11월 평화시장 재단사 전태일의 분신과 대선 직후인 1971년 8월 광주단지(현 성남시) 주민 폭동은 이런 그늘을 상징하는 사건이었다.

■ 대중경제론의 변화

1971년 대선에서 본격적으로 선보인 대중경제론은 정치가 김대중의 대표 담론이었다. 대중경제론은 1980년대에 '대중참여경제론'으로, 1997년 대통령 당선 이후에는 '시장경제와 민주주의의 병행발전론'으로 변모해왔다.

이러한 과정에서 변화된 것과 변화되지 않은 것을 주목할 필요가 있다. 대중경제론의 변화를 연구한 류동민에 따르면, 대중경제론이 국가의 적극적 역할을 강조했다면, 대중참여

경제론은 시장의 효율적 기능을 부각시켰고, 병행발전론은 말 그대로 시장경제와 민주주의의 병행발전을 중시했다. 하지만 이와 동시에 사회세력 간의 '균형'과 '참여'를 강조한 기조는 거의 변화되지 않았다.

대중경제론의 최종 정착지인 시장경제와 민주주의의 병행발전론은 산업화세력의 발전국가론에 맞서 김대중과 민주화세력이 제시한 국가 비전이었다. 1997년 외환위기 이후 국제통화기금(IMF)이 강제한 신자유주의적 구조조정 프로그램을 추진하면서도, 한편으로 국민기초생활보장법을 제정하고 '생산적 복지'를 모색했던 김대중정부의 정책 방향은 외환위기라는 주어진 조건 아래 경제 성장과 민주주의를 동시에 추구하려는 김대중의 의지가 반영돼 있었다.

"혹자는 나를 '신자유주의자'라고 비판했다. (…) 그러나 1997년 IMF체제 이후 우리의 선택은 시장경제 이외에는 다른 길이 없었다. (…) '생산적 복지'는 사후적인 복지, 시혜적인 복지의 한계를 보완하는 것에서 시작했지만, 과다 복지가 가져온 유럽의 실패에서 교훈을 얻은 것이기도 했다"는 김대중의 회고는 민주화세력이 놓인 현실과 추구한 이상 간의 거리를 생각하게 한다. 진보 세력이 실현가능하고 지속가능한 대안을 제시하려면 김대중정부의 시장경제와 민주주의의 병행발전론을 어떻게 진화시킬 것인가에서 출발해야 할 것으로 보인다.

(김호기)

유신에 대한 첫 논쟁은 한국 정부와 미국 정부 사이에서 이뤄졌다. 세계적으로 데탕트 분위기가 고조되던 시점에서 동맹국이 민주주의의 위기를 겪고 사회가 혼란에 빠지는 것은 미국 입장에서 달갑지 않았다. 하지만 그럼에도 미국은 박정희의 유신 체제 선포를 막지 못했다. 그 이유는 무엇일까?

18. 유신 체제 논쟁

2012년 대통령 선거에서 철 지난 논쟁이 있었다. '유신 체제'를 어떻게 보아야 할 것인가에 대한 논쟁이었다. 2012년 8월 홍사덕 전 의원은 "우리나라가 와이셔츠와 가발을 만들고 쥐와 다람쥐까지 잡아 팔아서 1971년까지 수출 10억 달러를 달성했지만, 100억 달러는 중화학공업 육성 없이는 불가능했다"면서 "박정희 전 대통령이 자기 권력을 유지하기 위해 유신을 한 게 아니라 수출 100억 달러를 넘기기 위해 한 것"이라고 말했다. 그는 "러시아의 피요트르 황제는 사람도 많이 죽인 폭군이고, 전쟁하려고 교회 종을 녹여 철을 만들고 그랬던 인물이지만 러시아 사람들은 아무도 비난하지 않는다"라고 덧붙이기도 했다.

진보 정치인들과 지식인들은 홍 전 의원 발언에 강력 반발했다. 유신 체제는 비정상적인 체제이고 정권 연장을 위한 개인적인 권력욕에서 나온 것이지, 불가피한 결정이 아니었다는 것이다. 1971년 대통령 선거에서 위기감을 느낀 박정희정부의 기득권 세력들이 공모한 결과가 유신 체제라고 지적하기도 했다.

유신에 반대한 미국

유신에 대한 첫 논쟁은 한국 정부와 미국 정부 사이에서 이뤄졌다. 박정희정부는 1972년 10월 17일에 유신 체제를 선포하기 하루전 미국 정부에 이를 통고했다. 원래 선포문에는 강대국이 약소국을 희생시키고 흥정의 제물을 삼는 이기적 행태를 비난하는 내용이 포함돼 있었다. 한국 정부의 양해를 구하지 않은 상태에서 북한의 동맹국이었던 중국에 접근하는 닉슨 행정부를 비판한 것이다.

미국 정부는 이에 대해 항의했고, 결국 여러 차례 수정을 거듭해 6개 문단이 삭제되고 4개 문단이 수정된 채 발표됐다(홍석률,《분단의 히스테리》, 2012). 미국은 유신과 같은 극단적인 체제에 반대하는 입장이었다. 이미 1년 전인 1971년 12월 박정희정부에 의해 비상사태 선포가 이뤄지자 중국과의 데탕트, 남북한의 적십자 회담이 이뤄지는 등 긴장이 완화되고 있는 상황에서 비상사태 선포가 불필요하다는 입장을 밝혔던 바도 있다. 동맹국의 민주주의 체제 위기가 달갑지 않았던 것이다. 미국 언론이 독재 정부를 지지한다고 비판할수 있고, 냉전 정책에서 중요한 위치에 있는 동맹국에 대한 원조를 미 의회가 승인하지 않을 가능성이 있었기 때문이었다.

그러나 미국으로서는 할 수 있는 일이 없었다. 한국의 전투부대가 베트남에 있는 상황에서 존슨 대통령이 약속했던 주한미군의 감축이 없을 것이라는 공약을 파기했기 때문이었다. 1969년 샌프란시스코에서 박정희와 만났던 닉슨은 주한미군 감축에 대해 아무런 언급도 하지 않았지만, 1970년 사전 협의 없이 주한미군 1개 사단(제7사단)의 감축을 통보했다. 1952년 이승만 대통령이 미국과의 사전협의 없이 반공포로를 석방했을 때, 그리고 1963년 군사정부가 민정이양을 연기하고자 했을 때 한국 정부에 압력을 가했던 미국으로서도 주한미군 감축에 대해 섭섭해 하는 한국 정부에게 아무것도 요구할 수 없었던 것이다. 당시 주한미국대사 하비브는 답답함을 토로했지만, 미 국무성은 좌시할 수밖에 없다는 훈령을 내렸다.

두 번째 논란은 1974년 초부터 장준하와 백기완이 유신헌법 반대 및 개헌을 주장하면서 시작됐다. 살기등등한 유신의 권력 앞에서 1년여 간 침묵했던 시민사회가 움직인 것이다. 유신 정부는 1974년 1월 8일 오후 5시를 기해 긴급조치 1호를 발표했다. 긴급조치 1호하에서 '대한민국 헌법을 부정, 반대, 왜곡 또는 비방'하거나 '헌법의 개정 또는 폐지를 주장, 발의, 청원하는 일체의 행위'를 금지했고, 이를 위반한 자에 대해서는 '법관의 영장 없이 체포, 구속, 압수, 수색'이 가능했으며, 이를 위반할 경우 15년 이하의 징역, 15년 이하의 자격정지를 부과할 수 있도록 규정했다.

긴급조치 1호로 장준하와 백기완이 구속됐으며 일주일 후 두 사람에게 최고형인 징역 15년이 선고됐다. 그러나 유신헌법에 대한 반대는 끊이지 않았고 야당이 주도하는 개헌청원운동으로 이어졌다. 1974년 김영삼은 야당 총재로 당선되면서 독재에 반대하는 선명 야당 노선을 내세웠다. 유신헌법에 대한 논란이 커지자 유신정부는 정면돌파를 선언했다. 1975년 1월 유신헌법에 대한 신임투표를 제안한 것이다. 대한민국 역사상 전무후무한 일이었다. 노태우 대통령이 대선 당시 중간평가를 받겠다고 한 적이 있었지만 결국 이뤄지지는 않았다.

유신헌법에 대한 신임투표는 같은 해 2월 12일에 있었다. 투표율 80%에 찬성 73%, 반대 25%의 결과가 나와 유신헌법에 대한 재신임이 이뤄졌다. 당시 한국사회가 철저하게 통제돼 있었던 사회였다는 점을 감안하면 25%의 반대라는 결과는 역설적으로 유신헌법에 대한 반대가 사회적으로 광범위하게 공유돼 있었음을 의미한다.

개발독재 논쟁

이후 유신에 대한 논쟁은 학문 영역에서 이뤄졌다. 핵심적인 사안은 경제 성장과 개발독재라는 차원에서 유신 체제가 필요했는가의 문제였다. 필요했다는 주장은 1960년대의 경공업 중심에서 중화학공업 중심의 경제구조 개편이 필요한 상황과 주한미군 감축과 데탕트로 인한 위협이라는 상황에 근거하고 있다(김일영,《건국과 부국》, 2004). 반면 필요하지 않았다는 주장은 유신은 개인적 장기집권욕에 의해 만들어진 체제였으며, 만약 민주주의 체제에서 경제 성장이 이뤄졌다면 더 바람직했을 것이라는 주장으로 대부분의 역사학자들과 진보적 사회과학 연구자들은 이러한 부정적 입장을 갖고 있다(서중석,《한국현대사 60년》, 2007).

유신시대뿐만 아니라 유신이 붕괴한 직후에는 유신 체제에 대한 비판적 견해가 사회적으로 공감대를 형성하고 있었다. 긴급조치로 인해 공개적으로 말할 수는 없었지만 정부·여당을 제외하고 체제를 옹호하는 사람이 없었고, 광주항쟁을 짓밟고 집권해 '유신 아류'

라고 비판받았던 신군부마저도 비판적 입장을 취했다.

그러나 역설적이게도 민주화와 함께 사회적 공감대에 균열이 발생했다. 한국이 러시아보다 일본의 식민지가 돼 다행이었다는 글을 써 논란이 됐던 한승조 교수는 "독재체제가 있었기에 한국이 농업국에서 공업국으로 단기간에 면모를 일신할 수 있었다"고 주장했고 (《경향신문》 1989년 10월 25일자), 조갑제는 《월간조선》 1993년 11월호에 〈박정희와 김영삼의 화해〉라는 기사를 통해 "민주화 이전에 있었던 산업화의 업적을 인정해야 한다"는 글을 게재했다.

독재잔재를 청산하고 독재시대의 과거사를 정리해야 하는 시점에서 왜 유신을 재평가하자는 논의가 시작됐을까? 민주화 이후 냉전시대에 기득권을 유지했던 그룹들의 위기감이 그 한 원인이었다. 그런가 하면 민주화세력이 주도하는 정권이 국민의 눈높이에 맞는 정부 운영에 실패했기 때문이기도 했다. 또 신자유주의 시대에 제대로 적응하지 못하면서 맞이했던 경제위기와 저성장이 계속되는 상황 역시 고성장을 구가했던 유신시대에 대한 향수를 불러일으켰다. 시장을 왜곡했던 개발독재의 유산이 1970년대 말~1980년대 초반 경제위기의 한 원인이 됐음에도 불구하고, 개발독재가 그 해결책으로 대두된 것이다.

유신에 대한 논쟁은 당분간 계속될 것으로 보인다. 그러나 자유와 평등이라는 근대정신의 잣대가 아닌 경제 성장만을 평가의 잣대로 해서 유신을 평가한다면, 그 평가는 소위 식민지근대화론에 대한 긍정적 평가와 맥을 같이 하는 것이 될 것이다. 아울러 한국현대사를 통해 산업화와 민주화는 지속적으로 동시에 추진돼 왔고, 앞으로도 그렇게 될 수밖에 없다는 사실을 인식한다면, 유신에 대한 논쟁은 지금까지와는 다른 방식으로 이뤄져야 한다. 경제개발 계획이 추진됐던 1962년부터 1992년까지의 평균 경제성장률을 보면 민주화 이전보다 민주화 이후인 1987년부터의 경제성장률이 가장 높았던 점 역시 고려돼야 할 것이다.

■ 8·3조치 재해석의 필요성

1972년은 격동의 한 해였다. 닉슨 미국 대통령의 중국 방문으로 한 해를 열었다면, 한여름 더위가 기승을 부릴 즈음 7·4공동성명이 전격 발표됐다. 또 남북 간의 대화를 위해 민주주의를 포기한다는 '10월 유신'이 선포됐다. 그런데 1972년의 중심에는 '8·3조치'라는 또 하나의 중요한 사건이 있었다. 박정희정부는 한국전쟁 때에만 있었던 긴급명령을 발동해 모든 사채를 동결시켰다. 자본주의의 기본인 사적 소유권의 원칙을 무너뜨리는 혁명적 조치였다. 왜 이런 조치가 필요했을까?

1960년대 말, 부실기업들이 속출하기 시작했다. 차관에 대한 정부의 지불보증제가 실시되면서 기업들은 무분별하게 차관을 들여왔다. 그런데 도입된 차관들은 수출을 위해서만 사용되지 않았고, 1968년부터 기업의 부동산 투자를 비롯한 운영자금 등에 사용됐다. 부동산 투자로는 즉각 이익을 낼 수 없었기 때문에 기업들은 채무를 갚기 위해 사채에 손을 댔다. 정부가 장악하고 있었던 은행의 문턱은 높았고 사채를 빌려 쓴 기업의 건전성은 악화됐다.

청와대는 부실기업을 정리하기 위한 특별기구를 설치했지만 문제가 해결되지 않았다. 그러자 기업의 사채를 동결시킨 것이다. 시장논리대로 가자는 주장도 있었지만 결국 모든 부실기업에 면죄부를 주는 방식으로 문제를 처리한 것이다. 게다가 가족이나 친척 이름으로 자기 회사에 사채를 주고 높은 금리의 이자 소득을 취해 이득을 보았던 부도덕한 기업가들에게도 면죄부를 줬다. 소위 '위장사채'였다. 정부는 이러한 부도덕한 행위를 한 기업가들을 처벌하는 대신 기업의 출자로 전환하는 것을 허가했다.

1960년대 후반 베트남에서 젊은이들의 피를 대가로 거둬들인 그 많던 외화는 어디로 간 것인가? 정부는 '8·3조치'를 발표하면서 기업가들의 올바른 자세가 중요하다는 점을 강조했지만 중동의 건설 특수가 있었던 1970년대 말 강남개발과 함께 다시 기업의 부동산 투기 붐이 불었다. 그리고 1979년부터 1983년 사이에 또 한 번의 외환위기와 외채위기를 경험해야 했다. 자본주의를 근간으로 하는 한국사회에서 정상적인 시장논리로 문제를 해결하는 방식은 찾아볼 수 없었고, 문제를 일으킨 기업가들은 대부분 사면됐다. 1997년의 경제위기에서 정부의 처리 방식 역시 이와 크게 다르지 않았다.

경제 성장의 신화에 갇혀 있는 박정희정부 시기뿐 아니라 또 다른 신화를 만들고 있는 한국 재벌의 성장과정을 다시 한번 생각해봐야 하는 대목이다.

(박태균)

1970년대 청년들은 기성문화와 다른 자신만의 청년문화를 선보였다. 통기타, 청바지, 생맥주로 상징됐던 청년문화는 어떤 메시지를 전달하려 했을까?
청년문화는 옹호자들의 주장처럼 탈권위 대항문화였을까, 비판자들의 주장처럼 표피적인 퇴폐문화였을까?
우리 현대사에서 1970년대 청년문화와 1990년대 신세대 문화는 어떤 점에서 닮았고 어떤 점에서 달랐을까?

19. 청년문화 논쟁

광복 70여 년 동안 진행된 문화 논쟁 중 가장 큰 논란을 빚은 것은 1970년대 초반 '청년문화 논쟁'이었다. 학술 영역에선 이보다 더 중요하고 생산적인 논쟁도 많았지만, 대중적 관심에서 청년문화 논쟁만큼 파장이 컸던 논쟁도 드물다. 논쟁의 출발점을 제공한 것은 1974년 3월 29일자《동아일보》기획기사인〈오늘날의 젊은 우상들〉이었다. 이 기사는 당시 대중들의 관심이 높았던 최인호, 이장희, 양희은, 김민기, 서봉수, 이상룡 등 6명을 젊은 우상으로 선정했다. 이들의 대표자 격인 소설가 최인호는 1945년생이니 당시 스물아홉 살이었고, 코미디언 이상룡은 1944년생이니 서른 살이었다. 20대 청년들이 새로운 아이돌로 급부상했고, 이들의 활동과 문화를 놓고 일대 논쟁이 벌어졌다.

어떤 논쟁이든 가장 중요한 것은 구도와 메시지다.《동아일보》기사는 곧바로 대학 안과 대학 밖의 서로 다른 반향을 불러일으켰다. 먼저 대학 밖에선 청년문화를 다각도로 다룬 기사들이 쏟아졌다. 저 여섯 명의 대중적 인기가 하늘을 찌르던 시절이었기에 신문과 방송은 청년문화에 대한 호의적인 보도들을 연달아 내놓았다. 하지만 대학 안에서는 청년문화에 대한 거센 비판이 이뤄졌다. "딴따라가 우리의 영웅이 될 순 없다"는 주장이었다. 당시 대학 진학률이 20%대였음을 생각하면 자연스러운 문제의식이었다.

청년문화의 옹호와 비판

청년문화는 흔히 '통·블·생' 문화로 불렸다. 통기타, 블루진(청바지), 생맥주가 청년문화를 상징한다는 의미에서 주조된 말이다. 당시 중학교 3학년이었던 저자의 기억을 돌아봐도 통기타와 청바지 열풍은 대단했다. 영화로 만들어진 최인호의 소설《별들의 고향》도 큰 화제를 모았다. 이런 청년문화 논쟁에서 주목할 네 텍스트는 최인호, 한완상, 서울대《대학신문》, 김병익의 글이다.

최인호의 〈청년문화 선언〉(《한국일보》1974년 4월 24일자)은 청년문화 논쟁의 주인공이 직접 자신의 의견을 표명한 글이다. 이 글에서 최인호는 문화가 선택된 개념이 아니라 생활 그 자체이며, 청년문화는 침묵의 다수로부터 위로 올라가는 상향식 문화라고 주장했다. 그는 고전·권위·위선·남녀차별을 인정하지 않으려는 우리 사회 청년문화가 태동기에 놓여 있다고 진단하고, 기성세대에게 "그들을 욕하기 전에 한번 가서 밤을 새워 보라"고 충고했다.

당시 청년문화를 가장 체계적으로 연구한 이는 사회학자 한완상이었다. 한완상은 논쟁이 일어나기 전인 1973년《현대사회와 청년

문제》라는 저작을 내놓은 바 있다. 그는 경향신문 1974년 5월 22일 자에 〈청년문화는 창조적이라야〉라는 글을 기고했다. 1974년《신동아》6월호에 발표된 그의 〈현대 청년문화의 제문제〉는 청년문화의 현실과 한계를 포괄적으로 분석한 글이었다.

한완상에 따르면, 청년문화는 대항문화(counter-culture)의 창조적 의식을 보여주는 문화다. 그런데 그는 한국사회에서 청년문화의 존재 가능성을 회의했다. 분단을 포함한 특수한 정치 상황, 젊은 세대를 존중하지 않는 유교문화, 타율성을 내면화하는 교육제도 등의 영향으로 인해 행동적 대항문화로서의 청년문화는 성립하기 어렵다는 게 그의 판단이었다. 한국사회에 존재하는 것은 팝송·청바지·고고춤·생맥주·통기타 등으로 대표되는 표피적 청년문화이지, 기성문화에 맞서 이를 극복하는 창조적 대항 정신의 청년문화는 부재한다고 그는 주장했다.

청년문화에 대한 가장 치열한 비판은 대학으로부터 나왔다. 서울대 학생들의 신문인《대학신문》은 〈지금은 진정한 목소리가 들려야 할 때다〉(1974년 6월 3일자)라는 글을 통해 청년문화를 통렬히 비판했다.《대학신문》은 청년문화를 한낱 말초적 신경을 자극하는 퇴폐문화, 〈빠다에 버무린 깍두기〉와도 같은 현상에 불과하다고 평가 절하했다.《대학신문》은 암울한 현실을 주목해 청년들에게 진취적인 태도와 투철한 민족주의를 가질 것을 요구했다.

이렇듯 청년문화에 대해 찬반양론이 팽팽했다. 3월 말에 시작된 논쟁은 봄을 뜨겁게 달군 다음 여름이 되어 이내 식어버렸다. 논쟁에 불을 지폈던 문학평론가 김병익(당시 동아일보 기자)은《신문평론》(1974년 11월)에 발표한 〈청년문화와 매스컴〉에서 그 이유로 세 가지를 들었다. 청년문화에 대한 학술적 연구의 부재, 분명한 관찰과 뚜렷한 확신 없는 언론의 기사 남발, 그리고 제한된 언론 자유의 현실이 논쟁을 결국 맥 빠지게 했다고 그는 지적했다.

청년문화의 빛과 그림자

논쟁의 진행 과정을 돌아볼 때 김병익의 평가는 온당했다. 청년문화는 그 실체가 존재했지만 새로운 의식과 가치관을 제시하는 데까지 나아가지 못했다. 역사사회학적 관점에서 나는 두 가지 생각을 덧붙이고 싶다.

첫째는 청년문화의 등장 배경이다. 1970년대 초반에 우리 사회는 상반된 경향을 보여줬다. 정치적으로는 군사독재인 유신 체제가 등장한 반면, 경제적으로는 1960년대 산업화의 결과 성장의 가시적 성과들이 나타나기 시작했다. 중산층을 중심으로 한 절대적 빈곤으로부터의 탈출과 68혁명의 학생운동(1968년) 및 우드스톡 페스티벌(1969년) 등과 같은 서구 문화로부터의 영향은 청년문화를 낳게 한 경제·사회·문화의 배경적 조건을 이뤘다.

우리 현대사에서 청년문화와 유사했던 현상은 1990년대 초반 '신세대 문화'다. 신세대 문화는 1980년대 후반 대량생산과 대량소비가 결합된 '한국적 포드주의'의 성립이 가져온 문화적 현상이었다. 이렇듯 경제 성장은 문화 변동에 크고 작은 영향을 미친다. 이 점에서 1970년대 청년문화의 등장은 우리 사회의 발전 과정에서 예견할 수 있는 현상이었던 것으로 보인다.

둘째는 문화의 본질에 관한 것이다. 문화란 본디 두 형태로 존재한다. 생활양식으로서의 문화와 의미 체계로서의 문화가 그것이다. 1970년대 초반 청년문화는 '통·블·생'에서 볼 수 있듯 분명한 자기의 생활양식을 갖는 하위문화(subculture)였다. 당시 10대 중반이었던 저자의 경험을 돌아봐도 형님들로부터 통기타를 배우고 친구들과 함께 청바지를 입고 다녔던 게 선명한 기억으로 남아 있다.

하지만 삶에 의미를 제공하는 가치 부여라는 문화의 또 다른 관점에서 청년문화는 숱한 '제스처들'로만 존재했지 핵심을 이룰 만한 내용들을 갖추고 있지 않았다. 젊음이 젊음다워지는 것은 청바지를 입고 통기타를 치며 생맥주를 마시는 데 있다기보다는 기성 문법과 관행에 맞서는 새로운 의미와 가치를 추구하고 제시하는 데 있다. 형식의 파괴를 넘어선 내용의 구현이라는 측면에서 당시 청년문화는 적잖이 빈곤했던 것으로 보인다.

1974년 1월에는 유신헌법을 부정·반대·비방하는 일체의 행위를 금지한 대통령 긴급조치 제1호와 비상군법회의 설치를 규정한 제2호가 선포됐다. 그해 4월에는 7명의 대학생에게 사형을 선고한 '전국민주청년학생총연맹사건'이 일어났다. 한편에서의 유신 체제 강화와 다른 한편에서의 청년문화 논쟁은 새삼 역사란 무엇이고, 문화란 무엇인지에 대해 많은 것들을 생각하게 한다.

■ 김민기와 정태춘의 노래

1970년대 초반 청년문화를 이끌었던 가수들로는 조영남,

송창식, 윤형주, 양희은, 그리고 김민기를 꼽을 수 있다. 이들 가운데 1970~1980년대 학생운동에 큰 영향을 미친 이는 김민기였다. 그가 만든 〈아침이슬〉, 〈친구〉, 〈상록수〉 등은 학생운동권뿐 아니라 일반 시민들에 의해서도 많이 불렸다. 〈상록수〉는 2009년 노무현 전 대통령 영결식장에서 불려 많은 이들을 뭉클하게 했다.

김민기의 노래들은 민중가요의 선구적 역할을 담당했지만, 1980년대 이후에 만들어진 노동가요와 민중가요들과 비교할 때 훨씬 부드럽고 서정적이다. 학생운동에서 1970년대 긴급조치 세대와 1980년대 386세대가 달랐듯이, 김민기 노래와 민중가요 사이에도 그 내용과 분위기에서 차이가 존재했다. 예를 들어 김민기의 〈봉우리〉는 삶에 대한 통찰을, 〈철망 앞에서〉는 한반도 평화에 대한 열망을 감동적으로 전달한다.

김민기와 함께 운동권과 일반 시민 모두에게 사랑을 받은 가수는 1978년 데뷔한 정태춘이었다. 데뷔곡 〈시인의 마을〉은 청년문화로부터의 영향이 느껴지지만, 그는 도시를 배경으로 한 청년문화와는 달리 〈장서방네 노을〉처럼 시골을 배경으로 하는 서정적인 노래들을 발표해 큰 공감을 얻었다. 〈92년 장마, 종로에서〉와 같은 곡에선 민주화시대의 우리 사회 현실을 생생히, 그리고 열정적으로 노래하기도 했다.

(김호기)

20.　창작과비평 대 문학과지성 논쟁

　　독일의 철학자 위르겐 하버마스는 근대사회를 이끌어온 주체의 하나로 공론장(public sphere)을 주목했다. 공론장이란 공적 토론이 이뤄지는 공간을 뜻한다. 공론장에서 제기되고 토론되는 담론은 한편으로 국가정책에 영향을 미치고, 다른 한편으론 시민을 계몽시킨다. 서구사회든 우리 사회든 이 공론장을 주도해온 것은 신문과 방송 그리고 잡지였다. 정보사회가 도래하면서 인터넷 공간이 새로운 공론장의 중심을 이뤄왔지만, 1990년대 이전에는 잡지가 신문과 방송 못지않은 담론적 영향력을 행사했다.

　　한국 현대사에서 주목할 잡지는 월간과 계간으로 나눠볼 수 있다.《사상계》,《신동아》,《말》등이 대표적인 월간지였다면,《창작과비평》(이하 창비)과《문학과지성》(이하 문지) 등이 대표적인 계간지였다. 종이 매체에서 일간지, 월간지, 계간지는 인간의 삶의 리듬에 각각 대응한다. 특히 계절마다 나오는 계간지는 사회구조와 시

김윤수 씨(왼쪽)와 백낙청 씨가 1988년 2월《창작과비평》이 강제 폐간된 지 8년 만에 복간되자 현판식을 갖고 있다.

김현, 김치수, 김병익, 김주연 씨가 1970년《문학과지성》창간호 발간 기념사진을 찍고 있다.

대의 흐름을 고민하고 성찰하기에 적합한 매체다. 최근 삶의 속도가 빨라지면서 계절에 따른 대응이 낡은 방식이 돼버린 감이 있지만, 논쟁으로 우리 현대사를 돌아보는 이 책에서 계간지의 기여를 살펴보지 않을 수 없다. 1970년대는 창비와 문지의 시대였다.

창비 대 문지의 라이벌 구도

창비와 문지의 활동을 논쟁 구도로 파악하기는 어렵다. 하지만 두 계간지가 1970년대 담론을 이끌어온 대표적 라이벌이었던 것은 분명하다. 창비를 주도한 이들이 백낙청, 염무웅, 김윤수였다면 문지를 주도한 이들은 김현, 김병익, 김치수, 김주연이었다.

이들 가운데 창비와 문지의 사유를 대변해온 두 사람은 백낙청과 김현이었다. 국문학자 김윤식에 따르면, '추상·이론·주장·논리를 세우는 게 인간 본질에 속하는 것'임을 강조하는 백낙청과 '자기의 경험으로 환원되지 않는 어떤 사상도 믿지 않는다'라고 주장한 김현의 문학사적 라이벌 의식은 1970년대 지성사의 '한 장관'이었다 (김윤식,《문학사의 라이벌 의식》, 2013). 1970년대와 1980년대 대학을 다닌 인문·사회과학도들은 백낙청과 김현의 크고 작은 지적 세례를 받으며 성장했다.

창비와 문지가 가졌던 문제의식을 가장 잘 보여주는 텍스트는 김병익과 염무웅의 대담인 〈창작과비평, 문학과지성을 말한다〉(2014)이다. 역사학자 백영서의 사회로 열린 이 대담에서 김병익과 염무웅은 창비와 문지의 창간, 주요 활동, 폐간을 회고한다. 두 계간지의 라이벌 의식을 살펴보기 전에 먼저 주목할 것은 창비와 문지가 문학지였던 동시에 종합지였다는 점이다. 두 계간지 모두 시와 소설, 평론은 물론 역사와 사회에 관한 다양한 담론 및 분석을 다뤘다.

염무웅에 따르면, 1966년 창간에서 1980년 폐간까지 창비를 지탱했던 것은 민족주의와 민중주의였다. 민족을 앞에 세우되 그 실천적 주체를 민중으로 설정해 좌우의 극단적 편향을 모두 넘어서고자 했다. 이우성, 강만길, 임형택, 이오덕 등의 인문학 담론과 송건호, 리영희, 박현채, 한완상 등의 사회과학 분석을 대중에게 전달한 것은 창비의 중요한 기여였다. 문학 계간지를 넘어서서 좁게는 유신체제를 비판하고, 넓게는 민주화운동과 통일운동에서의 담론적 구심 역할을 창비는 떠맡았다.

김병익에 따르면, 1970년 창간에서 1980년 폐간까지 문지를 관통했던 정신은 자유주의와 시민주의였다. 문지의 편집위원들은 자유주의적이고 시민주의적 성향을 갖고 있었다. 민족주의와 민중주의에 담긴 권위주의적이며 집단주의적 성향을 고려할 때 근대적 개인주의를 중시한 문지 편집위원들이 자유주의와 시민주의에 친화성을 느낀 것은 자연스러운 귀결이었다. 또 문지는 시민사회와의 연대보다는 지식사회와 지식인의 자율성을 상대적으로 더 강조했다.

주목할 것은 이러한 차이점과 더불어 관찰할 수 있는 공통분모다. 1970년대라는 당대의 관점에서 볼 때 창비와 문지는 문학의 장(場) 안에서 《현대문학》으로 대표되는 기성세대의 문학잡지에 맞섰고, 지식의 장과 정치의 장 안에서 유신 체제라는 권위주의와 대결했다. 보수적 권위주의에 대항해 창비의 민족적 민중주의와 문지의 시민적 자유주의가 한편으론 경쟁하고, 다른 한편으론 연대해온 셈이었다. 당시 민족적 민중주의가 진보를 대표하는 이념이었다면, 시민적 자유주의는 중도 또는 중도진보를 대변하는 이념이었다.

1980년 신군부 세력의 정기간행물 취소 조치로 창비와 문지는 폐간됐다. 1987년 6월항쟁으로 열린 민주화시대를 맞이해 1988년 창비는 복간됐고, 문지는《문학과사회》로 계승됐다. 창비와《문학과사회》는 최근까지 문화적·사회적 담론의 장을 제공해왔지만, 두 계간지의 영향력이 1970년대처럼 두드러지지는 않았다. 그 일차적인 이유는 매체 환경의 변화에서 찾을 수 있다. 정보사회의 진전으로 우리 삶의 속도가 가속화하면서 현실의 빠른 변화를 계간지 형식으로 담아내는 데는 한계가 있는 것으로 보인다.

'비판'과 '지성'의 의미

창비와 문지에 대한 회고는 자연스레 저자의 젊은 시절을 떠올리게 한다. 1979년 10월 박정희 대통령의 서거에서 1980년 5월광주항쟁까지의 격동의 시대에 저자는 대학 1학년과 2학년을 보냈다. 대학에 입학하자 선배들은 계절이 바뀌면 창비와 문지를 꼭 읽어보라고 권했고, 리영희의《전환 시대의 논리》(창작과비평사, 1974)와 조세희의《난장이가 쏘아올린 작은 공》(문학과지성사, 1978)을 빌려줬다. 창비, 문지와의 만남은 그렇게 시작됐다. 안타깝게도 이 만남은 그리 오래가지 못했다. 앞서 말했듯 두 계간지는 1980년 여름호를 낸 뒤 폐간됐기 때문이다.

1980년대 초·중반 학부와 대학원을 다니면서 도서관 서가에 놓인 창비와 문지를 찾아 여러 사람들의 글을 읽었다. 창비와 문지의 편집위원들은 물론 이 계간지에 글을 기고한 이기백, 리영희, 강만길, 한완상 등의 글들은 젊은 시절의 생각에 큰 영향을 미쳤다. 문학도가 아닌 사회과학도의 시선에서 두 계간지로부터 내가 배운 것은 《창작과비평》에서의 '비평'과 《문학과지성》에서의 '지성'의 의미였다. '비평'을 '비판'이란 말로 바꾸어 쓴다면 정치권력과 경제권력에 대한 일관된 '비판'은 창비의 정신이었다. 그리고 영혼 없는 지식을 넘어서 현실에 대한 살아 있는 균형감각을 가져야 하는 '지성'은 문지의 정신이었다.

1970년대 창비와 문지에 실린 글들을 다시 읽어보면 적잖이 낡았다. 하지만 창비, 문지의 정신인 비판과 지성은 어두웠던 1970년대를 비춘 등불이었다. 어둠이 깊어질수록 등불은 더욱 빛나기 마련이다. 이러한 비판과 지성의 광휘를 위해 청년 및 중년 시절을 불살랐던 창비와 문지의 편집위원들에게 후배 세대로서 경의를 표하고 싶다. 지식인의 마지막 거점이자 정체성이라 할 수 있는 비판과 지성을 위한 후배 세대의 분발이 더욱 요구된다.

■ **리영희의 《전환시대의 논리》**

1970년대 계간지를 통해 알려진 사회과학자 가운데 가장 큰 관심을 모았던 이는 언론인 리영희일 것이다. 신문기자 출신인 그는 창비에 〈베트남전쟁 1·2·3〉을 발표해 한국전쟁 이후 우리 사회를 규정해온 냉전분단 체제와 반공주의에 도전했다.

《전환시대의 논리》는 1970년대 리영희의 대표 저작이었다. 이 책은 1960년대 후반부터 1970년대 초반까지 변화하는 동아시아 정세를 다뤘다. 중국의 재인식을 중심으로 닉슨 독트린과 미국의 대외정책, 일본의 군사적 재무장화, 그리고 베트남전쟁의 역사와 현실에 이르기까지 생생한 분석과 예리한 통찰을 통해 냉전분단 체제에 갇혀 있던 시민의식의 각성을 요구했다. 출간되자마자 선풍적 인기를 누린 《전환시대의 논리》는 정부에 의해 판매금지를 당했지만, 당시 젊은 세대에게 큰 영향을 미쳤다. 현재의 시점에서 그가 제시한 몇몇 가설들은 더러 낡았고, 맞지 않았던 것으로 보인다. 그러나 주체적 관점에서 탈냉전적 국제질서를 모색한 것은 더없이 선구적인 통찰이었다.

리영희만큼 극단적으로 상반된 평가를 받는 지식인도 드물다. 보수 세력에겐 '의식화의 원흉'으로 비판받았지만, 진보 세력에겐 '사상의 은사'라는 최고의 찬사를 받았다. 그가 겪었던 '아홉 번의 연행, 다섯 번의 기소 또는 기소 유예, 세 번의 징역'은 민주화세력의 역사를 그대로 보여준다. 그는 우리 현대사에서 드문 용기 있는 지식인의 상징이었다.

(김호기)

1975년은 한국에게 위기의 해였다. 오일쇼크의 후폭풍이 인플레이션으로 현실화됐고, 유신헌법 찬반 국민투표가 행해졌고, 인민혁명당 관련자에 대한 사형이 집행되었다. 그러나 위의 사건들은 당시 어떤 사건 하나로 인해 사람들의 기억에서 잊히기 시작했다.

바로 연예인 대마초 사건이었다.

이후로 연예인 범죄 사건이 대대적으로 보도될 때마다 다른 한편에서 모종의 정치적 사건이 덮이는 게 아닌지 대중은 의심하곤 했다.

21. 연예인 대마초 사건 논쟁

1975년 12월 초 연예계 대마초 사건이 터졌다. 이장희·윤형주·이종용 등 3명의 가수가 습관성의약품관리법 위반 혐의로 구속됐다. 2015년 초 개봉됐던 영화 《쎄시봉》에 나오는 것처럼 당대 최고의 포크송 가수들이 구속된 것이다. 이틀 뒤 당대 최고의 기타리스트 신중현과 〈월남에서 돌아온 김상사〉의 당대 아이돌 가수 김추자도 구속됐다(〈대마초 핀 가수 수배, 김추자 등 셋 구속〉, 매일경제 1975년 12월 8일자).

연예인 대마초 사건은 1975년에 있었던 사회적 파장을 모두 삼켜버렸다. 2월 실시된 헌정사상 최초로 유신헌법의 찬반을 물었던 국민투표, 최근 무죄를 선고받은 이른바 '인민혁명당' 관련자들에 대한 사형 집행(4월), 4월 30일 남베트남 정부의 붕괴, 5월 13일 긴급조치 9호 발동 등이 그해 일어난 굵직한 사건들이었다.

1975년은 사회·경제적으로도 위기의 상황이었다. 오일쇼크

(1973)로 인한 충격이 나타나면서 물가가 급등했다. 정부가 생활필수품의 가격을 정했지만 공급 부족에 시달리던 시장에서는 정부가 정한 가격보다 높은 가격에 매매가 이뤄졌고, 이 때문에 이중가격제가 나타나기도 했다. 정부는 석유 가격을 8.8%, 전기료를 10% 인상할 수밖에 없었다. 유엔에서도 한국과 미국의 위상이 흔들렸다. 1960년대 이후 유엔에 대거 가입한 개발도상국이 중심이 된 제3세계 국가들은 베트남에 파병한 미국과 한국에 대해 부정적인 입장을 갖고 있었다. 11월에 열린 유엔총회에서 서방 측과 공산 측에 의해 두 개의 한반도 결의안이 상정됐는데, 두 안이 모두 가결됐다. 이와 더불어 닉슨의 중국 방문 이후 중국이 요구하고 있었던 유엔군사령부의 해체 문제 또한 사회적 관심으로 떠오르고 있었다.

이 모든 사건이 연예인 대마초 사건이라는 블랙홀로 빨려 들어갔다. 다사다난했던 1975년을 마무리하는 국무회의에서 박정희 대통령은 대마초를 직접 언급했다. "공산당의 도발이나 침략을 겁낼 것은 없으며, 보다 중요한 것은 우리 사회 내부의 국민정신 속의 녹슨 것을 벗기는 것"이며, "최근 신문지상에 오르내리는 대마초·마리화나 또는 남녀를 분간하기 어려운 머리 모양을 비롯하여 음악·영화·책 속에 나타나기 쉬운 불건전 요인들이 그것"이라고 언급했다(〈박대통령 새해에도 서정쇄신 더욱 박차〉,《경향신문》1975년 12월 27일자). 박 대통령의 관심은 1976년에도 계속됐다. "우리가 공산당과 싸워 죽느냐 사느냐를 결정하는 중요한 마당에 처한 지금 젊은이들이 대마초를 피우고 있다는 것은 나라를 망치는 일"이라며 "대마초 흡연자에 대해서는 현행법의 최고형을 적용하라"고 지시했다(〈박대통령, 대마초 흡연자 최고형을〉,《경향신문》1975년 2월 2일자).

대마초 관리 법안 제정

박 대통령의 지시에 화답하듯 정부는 같은 해 3월 상습적으로 대마초를 수출입·매매·수수·흡연한 사람에게 사형, 무기 또는 10년 이상의 징역까지 처할 수 있도록 규정한 대마초 관리법안을 마련했다. 원래 대마초에 대한 관심의 시작은 1970년 3월 초 발생한 동두천의 기지촌 살인 사건이었다. 미군 상병이 환각제를 구하기 위해 기지촌에서 대마초를 판매하던 부부를 살해한 것이다. 그러나 당시만 해도 사회적 관심은 대마초가 아니라 한미 주둔군지위협정(SOFA)에 맞추어져 있었다. 1967년 SOFA 발효 이후에도 미군 범죄가 끊이지 않아 700여 건의 관련 사건이 있었고, 미군 범법자에 대한 재판 관할권 문제가 계속 관심이 됐기 때문이다. 게다가 미군들의 범죄를 조장하는 한국인들을 비판하는 목소리도 적지 않았다.

또 다른 문제는 법적 기제의 미비였다. 1970년 6월 미군과 '양부인'들에게 '해피스모크'를 밀조해서 판 사람들이 검거됐는데, 적용 법규가 없어 판매대금으로 가지고 있었던 미화 120달러를 근거로 '외환관리법 위반'으로 입건했다. 대마초 규제가 어려웠던 것은 다른 마약성 식물과 달리 식물 전체에 마약 성분이 있는 것이 아니고 열매가 성숙하기 10여 일 전에만 열매에 잠시 마약 성분이 생기기 때문이었다.

대마초 밀매 사건은 1972년부터 서서히 증가하기 시작했다. 특히 개인 수준에서 밀매가 이뤄지는 것이 아니라 대규모 조직들이 나타나기 시작했다. 불법화는 희소성으로 인한 가격 상승을 이끌고, 이는 더 많은 이익을 보장했다. 이로 인해 1973년 6월 14일 처벌규정을 강화한 '습관성의약품관리법'이 발표됐다.

이런 상황에서 일제단속이 시작돼 1975년 11월부터 다음해 11월까지 1년간 1,000여 명이 검거됐다. 이 중 138명의 연예인이 구속 또는 불구속 기소됐다. 그러나 사형까지도 가능한 법안을 만들어놓고도 1,000여 명의 검거자 중 구속은 584명에 불과하고, 121명은 불구속 기소, 199명은 훈방, 외국인 97명은 조사기관 이첩, 중독 증세가 심한 6명은 의료기관 보호조치를 내렸다.

공산주의보다 더 무서운 대마초 사범에게 엄벌을 내리라는 박정희 대통령의 지시가 있었음에도 대마초 가수들은 1978년 4월 초 장충체육관에서 열린 '새봄맞이 대연예제전'을 통해 다시 활동을 시작했다. 그러나 그들에게 새겨진 '주홍글씨'는 지워지지 않았다. 대마초 가수들은 억울함을 호소했다. 윤형주는 친구에게 받았을 뿐 실제로 피우지는 않았다고 진술했고, 신중현은 유신을 찬양하는 노래를 거절한 이유 때문에 단속된 것 같다고 항변했다(이영미, 〈대마초 사건, 그 1975년의 의미〉, 2015).

당시 연예인 대마초 사건에 대한 사회적 반응은 냉소적이었다. 19세기 말 청을 몰락시킨 것이 아편이었다는 박정희 대통령의 언질이 있었고, 대마초 사건을 비판하는 일부 목소리도 있었지만, 사회적으로는 대마초 사건을 의혹의 눈초리로 바라보고 있었다. 혹시 이러한 사건들이 무언가 다른 정치적 사건을 덮기 위한 것은 아닐까?

당시 신문에 미국 뉴욕 주지사가 마리화나 소유를 합법화하는 법안을 주 의회에 제출할 것이라는 기사가 게재됐던 것도 흥미롭다. 마리화나 단속에 투입되는 경찰 및 검찰의 인력자원을 보다 많은 해독을 사회에 끼치는 다른 범죄의 단속에 전용하기 위한 것이라는 설명과 함께 실린 이 기사는 우회적으로 대마초 사건과 정책에 대한 항의의 표시가 아니었을까?(〈대마초 소유 합법화〉,《경향신문》 1975년 12월 12일자)

계속되는 연예계 대마초 사건

유신 체제가 무너지자마자 대마초 연예인에 대한 형벌이 지나쳤다는 목소리가 나왔다. 대마초 연예인들은 다시 활동을 시작했지만 얼마 가지 못했다. '서울의 봄'이 신군부의 쿠데타로 막을 내리자마자 대마초 사건이 다시 신문지면을 장식하기 시작했다. 보컬그룹 '사랑과 평화'(1980년 8월 12일), 국악인 5인(1980년 10월 2일)이 대마초 흡연 혐의로 구속됐다.

학원안정화 계획이 한창 논의 중이었던 1983년 10월 초 연예인 17명이 연루된 대마초 사건이 터지기도 했다. 일부 연구자들은 연예인 대마초 사건을 서구 반전운동에서 나타난 히피와 마리화나 문화에 비교해 독재에 대한 '소극적 저항'의 표현으로 해석하기도 한다. 또 자유주의마저도 용인하지 못하는 독재의 속성을 보여주는 것이라는 견해도 있다. 그러나 비판적 검증이나 성찰 없이 정권에 대한 저항으로 해석했다는 비판도 있다. 특히 후자의 입장은 미국과는 다른 한국의 상황에서 대마초 사용을 사후 합리화하거나 자유주의의 저항성이 과장됐다고 주장한다.

대마초 가수들이 대체로 서구적인 노래를 불렀다는 점을 감안한다면 한국적 민주주의를 추진한 유신 체제가 서구의 대중문화를 '서구 추종', '타락한 삶'의 문제로 해석했을 가능성도 있다. 이는 1973년에 제정된 경범죄처벌법에서 미니스커트와 장발을 단속한 점에서도 잘 드러난다.

그렇다고 향락·퇴폐문화 처벌을 통한 범죄 예방의 효과를 폄훼할 수도 없고, 반대로 예방을 목적으로 범죄에 대한 '선제공격(pre-emptive attack)'을 합리화할 수도 없다. 그럼에도 마약을 어떻게 정의할 것인지, 범죄와 연결되지 않은 경우 처벌이 우선인지, 치료가 우선인지 등에 대한 사회적 논의와 함께 대마초 사건이 항상적으로 존재하고 있음에도 불구하고 왜 특정한 시기에만 터져 나오는지에 대한 고찰도 필요할 것이다.

■ 대마초가 불러온 가요계의 지각변동

연예인 대마초 사건은 1975년 이후 가요계의 풍속도를 바꿔놓았다. 서구 대중문화와 유사한 포크송 가수들이 대마초 사건으로 활동이 중지되자 가요계의 인기 판도에 큰 변화가 나타났다. 포크송의 등장과 함께 쇠퇴했던 트로트 계열의 가요가 다시 머리를 들기 시작했다. 대마초 사건이 터진 지 한 달이 지난 1976년 1월 23일, 경향신문에는 "4~5년 전에 꼬리를 감추었던 가수들이 다시 인기순위의 상위권을 오르내리고 있다"고 보도되기도 했다.

방송도 걱정이었다. 출연시킬 가수가 없었다. 윤항기와 남진 등 몇몇 정상급 가수들이 '장발'로 방송 출현이 자유롭지 못했고, 괴상한 의상과 제스처로 퇴폐의 요소를 풍기고 있다는 평가를 받고 있었던 가수들, 즉 장미화·옥희·소연·윤복희·박경희·김세나·문주란 등도 출연이 쉽지 않았다(〈방송가의 새 고민, 가수 고갈〉,《경향신문》1976년 2월 26일자).

부득이하게 이들을 출연시켜야 할 경우 PD가 의상이나 몸짓을 간섭해야만 했다. 당시 방송 관계자에 따르면 "빨간 줄이 쳐져 있는 가수들을 빼고 나면 비중 있는 가수들 가운데 마음 놓고 출연시킬 수 있는 경우는 10명 남짓한 정도"였다고 한다. 아울러 대학생들이 즐겨 부르던 노래는 금지곡이 됐다. 그러나 〈아침이슬〉과 〈친구〉는 1970년대 이후 최고의 히트곡이 됐고, 새로운 음악에 목말라 했던 대중들은 조용필을 당대 최고 가수의 반열에 올려놓았다.

(박태균)

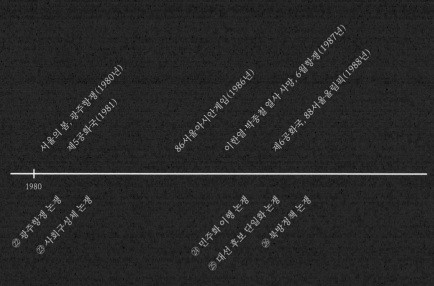

서울의 봄, 광주항쟁(1980년)

제5공화국(1981)

86서울아시안게임(1986년)

이한열 박종철 열사 사망, 6월항쟁(1987년)

제6공화국, 88서울올림픽(1988년)

1980

㉒ 광주항쟁 노정

㉓ 사회구성체 노정

㉔ 민주화 이행 노정

㉕ 대선 후보 단일화 노정

㉖ 북방정책 노정

제3부

민주화시대의
개막과 진전
(1980~1996)

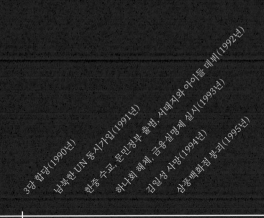

3당 합당(1990년)

남북한 UN 동시가입(1991년)

한중 수교, 문민정부 출범, 서태지와 아이들 데뷔(1992년)

하나회 해체, 금융실명제 실시(1993년)

김일성 사망(1994년)

삼풍백화점 붕괴(1995년)

1990

㉗ 신세대 논쟁

㉘ 시민사회와 시민운동 논쟁

㉙ 주사파 발언 논쟁

㉚ 분단 체제 논쟁

1980년 5월 광주항쟁 당시 시민들이 전남도청 앞 분수대에 모여 계엄령 해제를 요구하고 있다.

22. 광주항쟁 논쟁

　　1980년 5월 17일자 신문에는 최규하 대통령의 〈중동 순방 성과〉 (경향신문)와 〈중동 진출의 새 방향〉(동아일보)에 대한 사설이 실렸다. 주요 뉴스는 최 대통령과 야당 지도자들 간의 만남을 통한 시국 수습안, 경제위기에 대한 미국의 지원 가능성, 미국과 한국을 포함한 자유진영의 모스크바 올림픽 불참 소식 등이었다. 원·달러 환율이 사상 처음으로 달러당 600원에 근접했으며, 1980년 들어 실업자가 26만 명 늘었고, 1분기 실업률도 5.7%로 1년 전보다 1.7% 증가했다는 소식도 눈에 띄었다.

　　이날 신문 기사는 다음 날부터 벌어질 '비극'을 전혀 예상할 수 없도록 했다. 5월 18일은 일요일이었지만, 신문사들은 호외(號外)를 발행했다. 경향신문을 보면 앞면에는 시위를 선동한 정치인들과 부패 정치인들의 활동을 금지했다는 소식이, 뒷면에는 비상계엄이 전국으로 확대됐고 모든 대학에 휴교령이 내려졌다는 내용이 실렸다.

또 '북괴'의 선동과 전국적인 '소요사태'로 옥내외 집회 및 시위를 허가하지 않고, 영장 없는 체포와 언론 검열 등이 가능한 비상계엄이 내려졌다는 소식도 전했다.

신문으로 본 10일간의 항쟁

다시 경향신문을 보면 그해 5월 20일 주미 한국대사는 미 국무부 동아시아·태평양 담당 차관보와 두 차례에 걸친 회담을 가졌고, 주한미국대사는 박동진 외무부 장관과 요담을 가졌다. 하지만 대화 내용은 전혀 보도되지 않았다. 미국 국제무역위원회가 한국과 대만에서 수입되는 컬러 TV에 대해 쿼터제를 계속 적용하고, 일본에 대해서는 이를 폐지할 것이라는 소식과 함께 경제난국 타개를 위해 국제수지 방어가 중요한 과제라는 기사가 1면 하단과 2면 1단으로 실렸다.

계엄사 발표를 인용해 광주의 상황이 처음으로 보도된 것은 5월 21일이었다. '지난 18일부터 광주 일원에서 발생한 소요사태가 아직 수습되지 않고 있다'며 '지역감정을 자극하는 터무니없는 각종 유언비어가 유포돼 이에 격분한 시민들이 시위대열에 가세함으로써 사태가 더욱 악화되었다'는 계엄사의 보도를 인용했다. 3일간 군인과 경찰 5명, 민간인 1명이 사망했다는 소식도 전했다. 이 시위는 계엄이 선포되자 서울을 이탈한 학원 소요 주동 학생과 깡패 등 현실 불만 세력이 벌였다는 진단도 내렸다.

이날 계엄사가 밝힌 유언비어 내용도 주목할 만하다. '경상도 군인이 전라도에 와서 여자고 남자고 닥치는 대로 밟아 죽이고 있다.'

'18일 40명이 죽었고 금남로는 피바다가 됐으며, 군인들이 여학생들의 브래지어까지 찢어버린다.' '공수부대가 몽둥이로 머리를 무차별 구타, 눈알이 빠지고 머리가 깨졌다.' '데모 군중이 휴가병을 때리자 공수부대 요원이 군중을 대검으로 찔러 죽였다.' 마침 이날은 '부처님 오신 날'이었다.

5월 22일부터 광주 상황이 신문 1면에서 다뤄지기 시작했다. 소년체전도 연기됐다. 같은 날 판문점에서는 남북 총리회담을 위한 실무접촉이 있었다. 북한 측에서 남한의 국내 상황을 언급하면서 회담은 결렬됐다. 5월 24일에는 김재규의 사형집행 소식이 신문 1면을 차지한 가운데 광주 문제의 평화적 해결을 촉구하는 지미 카터 미국 대통령의 뜻이 주한미국대사를 통해 발표됐다. 북한의 도발 가능성에 대비해 미국 항공모함 코럴시호가 한국으로 출발했고, 공중조기경보 통제기 2대가 경계태세에 들어갔다는 내용도 보도됐다.

이날 처음으로 광주의 상황이 사진으로 공개됐으며, 같은 날 동아일보에는 주목되는 기사 하나가 실렸다. '광주 잠입기도, 시위 선동 간첩 검거'라는 기사다. 서울시 경찰청에 따르면 평양시 중구역 경림동 36번지에 사는 남파간첩 이창용이 시위 군중 속에 들어가 살인·방화 등을 조장할 목적으로 남파됐으며, 순천에 도착해 광주 잠입을 시도했지만 여의치 않자 서울로 상경했다가 붙잡혔다는 것이다.

광주항쟁 막바지이던 5월 26일 경향신문은 1면에 〈이성과 감정〉이란 칼럼을 실었다. '사실을 사실대로 보고 알아 진실이 무엇인가를 파악해야 한다.' '진실을 모르거나 진실에 입각하지 못한 판단은 반드시 과오를 범할 가능성이 크다.' '객관적 가치란 우리 모두의 앞

날을 위해 무엇이 이뤄져야 하겠는가를 묻고, 그 확실한 대답을 얻는 일이다.' 당시 언론은 진실과 객관적 사실만을 보도하고 있다는 기사를 앞다투어 냈다.

5월 27일 계엄군이 광주를 장악했다. "다시는 이런 비극이 없도록 하겠다"는 문공부 장관의 담화 보도와 함께 언론에서 광주 관련 기사는 거의 사라졌다. 같은 날 경향신문의 4단 만화 청개구리의 주인공은 넋을 잃고 있다가 아들에게 정신 차리라는 말을 듣는 장면을 보여주고 있다. 31일자 신문에는 광주에서 열흘간 민간인 144명과 군경 26명이 사망했다는 계엄사 발표가 보도됐다.

광주항쟁의 진실

1980년 5월 17일부터 10일간의 신문 기사는 지난 35년간 진행된 모든 논쟁을 담고 있다. 광주항쟁에서 얼마나 많은 희생자가 발생했는가? 항쟁은 왜 발생했고, 왜 그렇게 많은 사람들이 희생됐는가? 많은 인명 살상의 직접적 원인이 된 과잉진압과 그 발포 책임자는 누구였는가? 시민들과 진압군 사이의 협상은 왜 결렬됐는가? 미국이 민주주의를 옹호한다고 하면서도 결국 신군부의 손을 들어준 이유는 무엇인가? 경제위기와 관련된 기사가 같은 시기에 왜 그렇게 많이 실렸을까?

이같은 모든 논란의 시작은 광주의 진실을 감추고 왜곡하려고 했던 독재 정부로부터 비롯됐다. 1980년대 학생운동은 '광주의 진실 밝히기'에서 시작됐고, 계엄사가 발표한 유언비어는 1980년대 내내 한국사회를 떠돌아다녔다. 모든 대학가에서 5월 축제의 주제는 광주였다. 광주의 사진이 걸리고, 광주의 모습을 찍은 독일과 일본 기자의 다큐멘터리가 방영됐다. 광주의 진실을 알게 된 대학생들은 반정부 운동에 나섰고, 반미운동도 확산되기 시작했다.

민주화와 함께 시작된 1988년의 5공 청문회와 이후 많은 학술연구, 김영삼정부의 '역사 바로 세우기' 재판 등을 통해 광주와 관련된 많은 의혹들이 그 진실에 다가갈 수 있었다. 한국의 시민사회와 국회는 광주 시민들을 진압하기 위해 한국군 이동을 미국 정부가 승인했는가를 질문했고, 이에 대해 미국 정부는 자신들에게는 책임이 없다는 성의 없는 답변을 보내왔다. 이에 대해 미국《통상저널(Journal of Commerce)》팀 셔록 기자는 '체로키 파일'을 발굴 및 공개했다. '체로키 파일'에는 미국 정부가 광주로의 한국군 이동을 승인했으며, 한국사회의 안정을 위해 결국 신군부의 손을 들어주었다는 자료가 포함돼 있었다. 미국은 친미왕정을 몰아내고 반미정권이 들어선 이란의 상황이 냉전의 최전선인 한국에서 또다시 재현되는 것을 보고 싶지 않았던 것이다. 인권 외교를 내세웠던 카터 행정부는 스스로 '인권'을 포기했다.

그렇다고 모든 논란이 해명된 것은 아니다. 지금도 광주에서 발포의 최종 책임자가 누구인지 정확히 밝혀지지 않았다. 당사자들이 아직 생존해 있지만, 누구도 입을 열지 않고 있다. 광주항쟁이 진행 중이던 시기에 잡힌 남파간첩 이창용에 대해선 민주화 이후에도 그 진상이 밝혀지지 않고 있다. 단지 그를 신고한 의문의 두 여인이 당시로서는 거금인 5,020만 원의 포상금을 받았다는 사실만이 보도되었을 따름이다(〈광주 잠입기도 시위 선동 간첩 검거〉,《동아일보》1980년 5월 24일자). 이뿐만 아니라 1969년과 1997년, 2008년 우리 사회의 화두가 됐던 '경제위기'라는 단어가 광주항쟁이 진행되던 1980년에 왜 이슈로 떠올랐는지 아무도 기억하지 못하고 있다.

최근 '일간베스트저장소' 회원들에 의해 광주항쟁의 진실에 대한 심각한 왜곡이 있었다. 이에 따라 일부 인터넷 사이트에서는 1980년 광주에서의 '소요'는 북한의 특수부대가 잠입해서 일으킨 사건이었다는 주장도 제기되고 있다. 이러한 주장들이 근거가 없는 주장임에도 불구하고 사회적 이슈가 됐던 점을 감안한다면 광주는 여전히 현재진행형이다. 그리고 2019년 이 문제는 또 한번 논란의 중심에 서게 된다.

■ 광주항쟁과 미국

1983년 세계 청소년 축구대회에서 박종환 감독이 이끄는 한국 청소년 대표팀이 빨간색 유니폼을 입고 개최국이던 멕시코를 누르고 4강에 올랐다. 아쉽게 브라질에 패해 4강에 만족해야 했지만, 붉은 악마의 신화가 시작된 것이다. 그런데 당시 4강에 오른 한국을 포함한 4개국이 세계 4대 채무국이었다는 사실을 기억하고 있는 사람들은 많지 않았다. 1970년대 베트남전쟁특수, 중화학공업을 통한 고도성장, 1인당 국민소득 1,000달러와 100억 달러 수출 등을 이룩했는데도 한국은 왜 세계 4대 채무국이 됐을까?

경제위기의 징후는 1978년부터 본격화됐다. 박정희정부의 경제 성장 모델이 그 효력을 다한 것이었다. 1970년대에 들어와 두 차례의 오일쇼크가 있었고, 개발도상국의 보호무역을 더 이상 용인하지 않는 새로운 무역 질서가 시작된 것이다. 청와대는 한국은행과 한국개발연구원(KDI), 경제과학심의위원회에 새로운 무역질서에 대처하면서 경제위기를 극복할 수 있는 방안을 마련할 것을 지시했다. 박정희정부의 경제정책 자문을 했던 경제과학심의위원회와 KDI 간의 의견 차이가 있었지만, 그 결과 나온 보고서가 '안정화 대책'이었다.

정부의 지나친 개입과 보호무역주의에 대한 비판을 골자로 하는 경제위기 극복안은 1979년 초 논의됐지만, 10·26사태 이후에야 본격적으로 채택됐다. 안정화 정책을 통해 자본 도입과 은행의 점진적 자유화가 추진되면서, 1980년대 초 외국의 자본 도입에 의해 한미은행과 신한은행이 처음으로 설립됐다. 모든 은행이 정부에 의해 운영됐고, 수입과 외자도입이 제한됐던 1970년대의 상황과 비교하면 경제정책의 큰 변화였다고 할 수 있다.

최근 조지 카치아피카스 미국 웬트워스 공대 교수는 1980년 미국이 신군부의 손을 들어준 이유는 미국이 신군부를 도와주는 대가로 신군부가 박정희정부의 보호무역주의를 해체하도록 결정했기 때문이었다는 주장을 내놓았다. 즉, 미국 정부는 다국적 기업들이 한국에 진출할 수 있는 길을 터주려 했다는 주장이다.

실제 광주항쟁 직후 미국의 다국적 기업 관계자들이 대거 방한해 한국에 대한 투자를 타진했다. 1980년 6월 말 사상 최대 규모의 한미 경제협의회가 개최됐고, 여기에는 칼텍스 사장을 비롯한 미국의 유력 실업인 64명이 참가했으며, '자유무역의 기조 아래 더 넓은 경협 분야가 개척될 수 있기를 희망한다'는 것이 이들의 입장이었다. '한국에서의 외국인 투자 정책' 역시 중요한 논의 사항 중 하나였다(〈한미 경제협의회 합작, 교역 증대 중점 논의〉, 《경향신문》 1980년 6월 9일자). 아직은 더 세밀한 연구가 필요하겠지만, 1970년대 말부터 1980년대 초까지 국내외 경제적 조건들이 변화하기 시작했다는 점을 감안한다면 1980년 광주항쟁을 전후한 시기에 대한 연구는 이제부터 본격적으로 시작돼야 할 것이다.

(박태균)

23.　사회구성체 논쟁

　　1980년대는 '사회과학의 시대'였다. 딱딱한 사회과학이 일반 시
민들에게도 큰 관심을 모은 것은 한국 지성사에서 이례적인 현상이
었다. 그 이유는 두 가지였다. 첫째, 1980년대는 산업화시대에서 민
주화시대로 이행하던 시기였다. 어떤 민주주의와 사회체제를 열 것
인지에 대한 관심이 개혁과 혁명을 포함한 사회과학의 변혁 담론을
활성화시켰다. 둘째, 1980년대는 학생운동의 시대이기도 했다. 학생
운동세력과 이와 연관된 진보적 연구자 그룹들은 그동안 학계에서
금기시돼왔던 마르크스주의 연구를 개화시킴으로써 군부독재 아래
서 억눌려온 시민사회의 관심을 촉발시켰다.

　　이런 사회과학 시대를 이끈 것이 '사회구성체 논쟁'이다. 이 논
쟁은 1985년《창작과비평》지면을 통한 경제학자 박현채와 경제학
자 이대근 간의 논쟁으로 본격화한 후 진보적 사회과학계 전반으로
파급됐다. 박현채는 당시 우리 사회를 '국가독점자본주의' 사회로

1980년대는 '사회과학의 시대'라 불렸다.

사회구성체 논쟁은 사회과학의 시대를 상징하는 학문적 사건이었다. 진보적 사회과학의 '학문적 시민권'을 획득하게 한 학술적 운동이었다. 냉전분단체제 아래서 불허됐던 '마르크스주의의 르네상스'를 가져왔다.

하지만 대외 환경의 변화와 담론의 추상적 급진성으로 인해 논쟁은 영향력을 잃어갔고 서서히 잊혀졌다.

파악한 반면, 이대근은 '주변부 자본주의' 사회로 이해했다.

사회구성체 논쟁의 전개 과정

　박현채와 함께《사회구성체 논쟁 1·2·3·4》를 편집한 사회학자 조희연은 사회구성체 논쟁 시기를 논쟁의 준비기(1980년대 전반기), 소시민적 이론 대 마르크스주의 이론의 대립을 기본 축으로 하는 1단계 논쟁기(1980년대 중반), NL(민족해방파) 대 CA(제헌의회파)의 대립을 기본 축으로 하는 2단계 논쟁의 제1소시기(1986~1987년), NL 대 PD(민중민주파)의 대립을 기본 축으로 하는 2단계 논쟁의 제2소시기(1988~1989년), 구(舊)소련 및 동유럽 사회주의의 붕괴를 계기로 하는 마르크스주의 이론의 견지 대 수정 변화를 기본 축으로 하는 3단계 논쟁기(1989년 이후)로 구분한 바 있다. 10년이란 비교적 짧은 시간 안에 백가쟁명의 사회변혁 이론과 노선들이 치열하게 경쟁했던 게 사회구성체 논쟁이었다.

　사회구성체 논쟁을 전체적으로 돌아볼 때, 한국사회의 성격을 규명하려 했던 '식민지 반(半)봉건사회론(혹은 반(半)자본주의론)'과 '신식민지 국가독점자본주의론'은 논쟁의 양대 기본 축을 이룬 견해였다. 식민지 반봉건사회론은 한국사회의 구조를 이해하는 데 자본주의의 전근대성과 왜곡성, 제국주의의 정치·군사적 지배, 남한 국가권력의 본질적 예속성을 강조하고, 그 실천전략으로 변혁운동 역량에 대한 전 한반도적 시각, 반제자주화와 민족해방운동을 포괄한 민족해방 민중민주주의 변혁전략을 제시했다. 반면에 신식민지 국가독점자본주의론은 한국사회의 구조를 신식민지 특수성을 가진 국가독점자본주의로 이해하고, 그 정치적 상부구조로서 신식민지 파시즘의 성격을 부각시켰다. 진보학계에 상대적으로 큰 영향력을 행사한 것으로 평가되는 이 이론은 한국사회의 발전 경향을 '독점강화·종속심화'로 파악하고, 정통 마르크스-레닌주의에 기초한, 노동운동을 중시한 반제·반독점의 사회변혁을 제시했다.

사회구성체 논쟁에서 주목할 연구 가운데 하나는 사회학자 서관모가 주도한 계급 연구였다. 서관모는 한국사회 계급구성의 추이를 통계적으로 관찰하면 프티부르주아지의 감소 경향, 노동자계급의 증대 경향이 명확히 드러난다고 주장했다. 한국사회 계급구조는 자본가계급 대 노동자계급의 양극화를 축으로 하여 프티부르주아지, 중간 계층들, 반 프롤레타리아트층으로 이뤄지는 자본주의 계급구조의 보편적인 양상을 보여준다는 것이 서관모의 결론이었다.

논쟁의 빛과 그림자

사회구성체 논쟁이 갖는 의의를 사회학자 김진균과 조희연은 다음과 같이 정리했다. 첫째, 이 논쟁은 한국 근현대를 연구하는 동시에 그 이전 시기에 잠재적으로 대립했던 입장을 명확히 해 각각의 논리체계로 정립시켰다. 둘째, 이 논쟁은 민족·민중적 사회과학의 이론적 및 방법론적 기초, 즉 경제학자 윤소영과 이병천이 말한 '단절된 정치경제학적 전통 복원의 올바른 방법론적 원칙'을 제시했다. 셋째, 이 논쟁은 민족·민중적 학문으로서의 학술 연구가 실천운동과 변혁운동에 중대한 함의를 안겨준 이론과 실천의 변증법적 통일을 목표로 한 것이었다.

이런 사회구성체 논쟁은 1990년대에 들어와 갑자기 쇠퇴했다. 여기에는 안과 밖의 요인이 동시에 작용했다. 먼저, 1980년대 후반 동구 사회주의의 위기와 붕괴라는 대외적 변화가 지대한 영향을 미쳤다. 국제 공산주의 운동의 중심이 해체됨에 따라 마르크스주의에 대한 근본적인 의문이 제기됐다. 이와 연관해 구소련의 신사고론과 페레스트로이카에 대한 논의가 소개되고, 사회민주주의·유로코뮤니즘·신사회운동론 등에 대한 관심이 높아졌다.

한편 대내적으로는 논쟁이 격화되면서 구체적 현실에 대한 추상적 논의와 정통성 시비가 성행했다. 이러한 경향은 결국 논쟁의 때 이른 쇠퇴를 가져오게 했다. 사회구성체 논쟁은 1987년 6월항쟁과 노동자대투쟁에 상당한 영향을 미치는 동시에 이런 사회운동들은 논쟁을 더욱 확산시켰지만, 식민지 반봉건사회론의 감상적 민족지상주의나 신식민지 국가독점자본주의론의 협애한 계급주의는 관념적인 편향을 벗어나지 못했다.

마르크스의《자본론》을 번역한 경제학자 김수행은 사회구성체 논쟁의 한계를 다음과 같이 지적했다. 첫째, 이 논쟁을 통해 제시된 다양한 견해들은 그것이 식민지 반봉건사회론이든 신식민지 국가독점자본주의론이든 중진자본주의론이든, 현실의 역동성을 왜곡·부정하고 역사과정에 대한 목적론적이고 고정된 관점을 강조했다. 둘째, 이 논쟁은 한국사회가 나아가야 할 종착점, 예를 들어 식민지적 정체 상태·선진자본주의·사회주의에 대한 구체적이고 과학적인 분석을 결여하고 있었다. 셋째, 이 논쟁은 미래의 사회변동을 경제주의적으로 예단하는 경향이 강했고, 따라서 현실의 변화에 내재된 계급갈등의 복합성을 간과했다.

현재의 시점에서 보면 1980년대 사회구성체 논쟁은 사회학자 조희연과 김동춘이 지적하듯 진보적 사회과학의 '학문적 시민권'을 획득하게 한 학술운동이었다. 이 논쟁은 우리 사회에서 냉전분단 체제 아래서 불허됐던 '마르크스주의의 르네상스'를 가져오게 했다. 1980년대에 대학을 다닌 이들은 NL, PD, 변증법, 사구체(사회구성체의 약어) 등의 개념들을 공부하고 토론하며 학창 시절을 보냈던 기억이 선명할 것이다.

하지만 이 르네상스는 오래가지 못했다. 앞서 말한 대외적 환경의 변화와 논쟁에 내재된 추상적 급진성이 그 원인을 제공했다. 1987년 6월항쟁으로 열린 민주화시대는 한국사회를 새로운 방향으로 이끌어가기 시작했다. 사회구성체 논쟁의 줄기를 이룬 여러 이론들은 민주화시대의 사회변동에 대응해 새로운 변화를 모색할 수밖에 없었다. 포스트 마르크스주의론, 포스트 포드주의론, 진보적 시민운동론 등은 그 대표적인 시도들이었다.

■ 포스트 마르크스주의의 도전

사회구성체 논쟁을 주도했던 이병천은 1990년대에 들어와 기존 마르크스주의를 비판하고 한국식 포스트 마르크스주의를 주창했다. 그는 마르크스주의 역사관을 초월론적·본질주의적·합리주의적·목적론적·결정론적 역사철학으로 이해하고, 유물변증법에 기반을 둔 토대-상부구조론·자본주의론·공산주의론·프롤레타리아 독재론을 전면적으로 비판했다. 전통적인 마르크스주의 이론에 기반을 둔 변혁운동은 더 이상 유효하지 않으며, 따라서 노동운동의 중심성을 탈피해 다양한 사회운동들이 유연하게 연대하는 급진 민주주의를 새로운 정치적 기획으로 모색해야 한다는 게 이병천이 제시한 새로운 대안이었다. 이러한 대안은 영국에서 활동해온 정치이론가 에르네스토 라클라우와 샹탈 무페의 이론에서 큰 영향을 받았다.

이병천의 주장은 진보적 사회과학계 안에서 격렬한 논쟁을 불러일으켰다. 그의 문제 제기는 마르크스주의의 핵심인 노동가치론·잉여가치론의 폐기와 혁명적 전망의 포기를 부각시켰기 때문이다. 또한 그 자신이 사회구성체 논쟁의 한 주역이었기 때문에 논쟁에 참여한 이들을 적잖이 당황시켰다.

포스트 마르크스주의의 주장은 우리 현실을 돌아볼 때 결과적으로 노동운동의 중요성을 과소평가한다는 점에서 서구의 진보 이론을 무매개적으로 수용하는 한계를 갖고 있었다. 하지만 6월항쟁 이후 폭발적으로 성장한 시민·환경·여성·평화운동 등을 지켜볼 때 변화된 현실에 대한 새로운 이론적 모색이라는 고민 또한 담고 있던 것으로 평가할 수 있었다.

(김호기)

1987년 6월항쟁 당시 서울시 명동에서 시민들이 호헌철폐 구호를 외치며 집회를 갖고 있다.

24. 민주화 이행 논쟁

　민주화는 산업화와 함께 광복 70여 년을 관통했던 시대정신이다. 이 시대정신이 우리 사회를 움직이는 중심적 조정 원리로 자리잡은 것은 1987년 6월항쟁을 통해서였다.

　1984년 이래 유화국면이라는 전두환 정권의 제한적 개방이 진행되면서 시민사회 안에서는 학생운동을 비롯해 다양한 사회운동들이 더욱 활기를 띠었다. 1985년 2·12 총선을 통해 선명한 야당인 신민당이 등장하게 됨에 따라 군부정권 지배블록과 시민사회 반대세력 간의 갈등은 직선제 개헌을 쟁점으로 달아올랐다. 팽팽한 대치 국면에서 1987년에 들어와 전두환 정권의 호헌 조치 선언과 박종철 고문치사 은폐기도 폭로 사건을 계기로 6월에는 군부독재에 맞선 전 국민적 저항이 폭발했다. 우리 역사를 바꾼 6월항쟁은 이렇게 시작됐다.

　6월항쟁을 이끈 것은 일차적으로 전두환 정권에 맞선 학생운동 세력과 재야로 대표되는 민주화운동 세력이었다. 이 점에서 6월항쟁은 멀리는 1960년 4월혁명, 가까이는 1970년대 민주화운동의 연속선상에서 일어난 것이었다. 하지만 한국 자본주의 발전에 따른 시민사회의 점진적인 성장은 전 국민적 항쟁을 가능하게 했던 사회적 조건을 제공했다. 6월항쟁은, 그 규모가 전국적이었고 그 주체로서 '넥타이 부대'라 불린 신중산계층이 대거 참여했다는 점에서, 정치학자 기예르모 오도넬과 필립 슈미터가 개념화한 '시민사회의 부활'로 부를 수 있었다.

6월항쟁은 지배블록과 반대세력 간의 합의인 6·29선언을 가져왔다. 6·29선언은 8개 항목으로 이뤄져 있었다. 대통령직선제 개헌안에 의한 연내 대통령선거, 대통령선거법 개정, 김대중 의원의 사면복권, 국민 기본권 신장, 언론의 자유 창달, 지방자치제의 실시와 대학의 자율화, 정당의 자유로운 활동 보장, 과감한 사회정화 조치가 그것이었다. 6·29선언에 입각해 12월에는 직접선거에 의한 대통령선거가 치러졌다.

민주화 이행의 다양한 이론들

6월항쟁은 민주화시대를 연 만큼 사회과학 안에서 다양한 연구들을 촉발시켰다. 정치학자 손호철은 〈한국 민주화 이론 비판〉(1996)에서 민주화시대의 개막에 대한 인과적 분석을 시도한 연구들을 검토하고 비판했다. 정치학자 임혁백의 '전략선택이론', 사회학자 성경륭의 '사회운동론', 사회학자 김호기의 '조절이론', 브루스 커밍스의 '세계체제론'이 그것이었다.

임혁백은 6월항쟁과 그 결과인 '민주화 이행'을 지배블록 개혁파와 반대세력 온건파 간의 '타협에 의한 민주화'로 파악했다. 군부세력 안의 개혁파와 민주화운동 세력 안의 온건파가 주도해 6·29선언을 이끌어냈다는 게 그의 분석이었다. 전략선택이론은 행위자들의 전략적 선택에 초점을 맞춰 민주화 동학을 게임이론의 틀에서 설명했다는 장점을 갖고 있었다.

성경륭은 전략선택이론을 비판하고 민주화가 아래로부터의 압력을 통해 이뤄졌다고 주장했다. 구체적으로 지배세력 안에 강경파와 온건파 간의 분열은 없었고, 민주화는 타협의 결과가 아니라 사회운동이 지배세력을 강제한 결과라는 점을 강조했다. 더불어 88서울올림픽 개최와 미국의 압력이 민주화 이행에 영향을 미쳤다는 점을 주목했다.

김호기는 구조와 전략의 변증법이라는 착상 아래 민주화 이행 과정을 분석했다. 1960년대 이후 진행된 자본주의 산업화는 시민사회의 발전을 가져왔다. 특히 주변부 포드주의의 정착은 계급갈등을 제도권 안으로 포섭시키는 헤게모니 프로젝트를 추진하게 했다. 이 헤게모니 프로젝트가 6·29선언이라는 타협에 의한 민주화로 구체화됐다는 주장이었다.

브루스 커밍스는 한국을 포함한 제3세계의 민주화가 억압적 구조의 해체 없이 진행돼온 '유산된 민주화'임을 강조했다. 그는 유산된 민주화는 '자본주의 세계경제를 주도하는 미국 자본의 이해에 따른 미국의 민주화 프로젝트'라는 새로운 전략의 결과임을 부각시켰다.

이런 분석들에 대해 손호철은 각각 비판을 시도했다. 그에 따르면, 전략선택이론이 1987년 당시 군부세력 대 민주화세력 간의 힘의 구도를 잘못 이해했다면, 사회운동론은 민주화 이행에 내재된 구조적 측면을 간과했다. 또 조절이론이 국가·경제·시민사회의 관계에 대해 애매한 주장을 적용하는 문제를 안고 있었다면, 세계체제론은 국내의 계급 동학을 경시하는 한계를 갖고 있었다는 게 그 핵심이었다.

6월항쟁에 대한 재평가

손호철의 비판에 대한 반비판은 이뤄지지 않았다. 6월항쟁에 대한 대안적 분석을 제시하지 않았더라도 손호철의 지적에는 역사적 사실에 부합하고 이론적으로 수긍할 수 있는 점들이 적지 않았다. 하지만 전략선택이론을 포함한 민주화 이행에 관한 토론들은 한국 민주화 과정이 갖는 보편성과 특수성을 분석하는 데 나름대로 기여했던 것으로 보인다.

6월항쟁과 민주화 이행에 대한 포괄적 분석은 정치학자 정해구에 의해 이뤄졌다. 정해구는 1980년 '서울의 봄'에서 노태우정부까지 다룬 《전두환과 80년대 민주화운동》(2011)에서 한국 민주화가 갖는 두 가지 특징을 주목했다. 첫째, 6월항쟁은 오랜 기간 성장해온 민주화운동이 박종철 고문치사 은폐기도 폭로 사건 등을 포함한 일련의 계기들을 통해 발전한 대규모 대중 참여의 민주화 항쟁이었다. 이 항쟁에는 누구보다 민주화운동 세력이 결정적 역할을 했다. 둘째, 민주화 이행 과정에서 치러진 '정초 선거'인 12월 대통령선거에서 민주화운동 세력이 패배했다는 점은 또 다른 특징이었다.

이렇듯 1987년은 우리 사회의 분수령을 이뤘던 한 해였다. 6월항쟁으로 열린 민주화시대는 노태우정부에서 박근혜정부에 이르기까지 계속돼왔다. 군부독재에서 민주주의 정상국가로의 전환은 6월항쟁이 우리 사회에 가져다준 가장 큰 선물이었다. 한국 민주화는 이후 아시아 국가들의 민주화에 중대한 영향을 미쳤다. 하지만 민주화시대는 지역주의 정치의 강화, 사회·경제적 민주화의 지체, 사회갈등의 분출이라는 또 다른 그늘을 갖고 있었다.

■ 박종철과 이한열, 그리고 강경대

민주화시대의 사회운동에서 학생운동이 맡은 역할은 다른 나라와 비교할 때 매우 컸다. 학생운동이 사회운동의 선두를 이룬 전통은 1960년 4월혁명 이후 한국 민주화 과정에서 관찰할 수 있는 중요한 특징 중 하나였다.

6월항쟁에서 결코 잊을 수 없는 두 명의 대학생은 박종철과 이한열이다. 1964년 부산에서 태어나 서울대 언어학과를 다니던 박종철은 1987년 1월 치안본부 남영동 대공분실에서 경찰의 물고문으로 사망했다. 2월부터 박종철을 추모하는 시위가 전국적으로 확산되는 과정에서 5월 천주교 정의구현사제단의 김승훈 신부에 의해 박종철 고문치사 사건에 대한 전두환 정권의 은폐 · 축소 조작이 폭로됐다. 이 폭로는 6월항쟁으로 가는 결정적인 계기가 됐다. 박종철의 아버지가 임진강에서 박종철의 유해를 뿌릴 때 했던 말은 "철아, 잘 가그래이. 이 아부지는 아무 할 말이 없데이"였다. 이 말은 당시 군부독재의 잔인한 폭력성과 아들을 잃은 부모의 더없는 슬픔을 생생히 전달했다.

1966년 전남 화순서 태어나 연세대 경영학과를 다니던 이한열은 6월항쟁이 진행 중이었던 6월 9일 최루탄에 피격돼 사경을 헤매다 7월 5일 사망했다. 정해구는 《전두환과 80년대 민주화운동》에서 이한열의 죽음에 대해 다음과 같이 썼다. "6월항쟁의 고난을 상징했던, 그럼으로써 6월항쟁의 한 동력을 제공했던 그였다. 7월 9일 연세대에서 행해진 그의 장례식은 6월항쟁 성공의 시점에서 민주화의 고난을 새삼 기억하고 그 희생을 기리는 행사가 됐다. 이날 연세대를 출발해 시청 앞 노제를 거쳐 광주 망월동으로 향하는 그의 장례식에는 전국적으로 150만 명이 참여했다."

6월항쟁 이후에도 학생운동은 전대협(전국대학생대표자협의회)이 중심이 돼 사회운동의 선도적 역할을 맡았다. 전대협은 통일운동에 주력했으며 3당 합당에 적극적인 반대 운동을 펼치기도 했다. 1972년 서울에서 태어나 명지대 경제학과에 다니던 강경대가 경찰에 의해 구타당해 사망한 사건을 계기로 일어난 1991년 '5월투쟁'은 학생운동에서 또 하나의 분수령을 이뤘다. 하지만 5월투쟁은 6월항쟁처럼 성공적이지 못했고, 이후 학생운동은 서서히 영향력을 잃어갔다.

(김호기)

25. 대선 후보 단일화 논쟁

1987년 대통령선거는 한국 시민사회에 큰 충격을 던졌다. 1960년 4.19혁명 이후 근 30년간 이 땅에서 사라졌던 민주 정부를 세울 수 있는 절호의 기회가 눈앞에 왔음에도 불구하고 그 기회를 야당 지도자들의 분열로 날려버렸기 때문이었다. 1987년 6월항쟁은 소수 운동권 학생들만의 잔치가 아니라 화이트칼라를 비롯한 범시민적인 지지 속에서 진행된 결과 새로운 민주적 헌법을 쟁취한 '아래로부터의 변혁'이었다. 따라서 대통령선거에 대한 국민적 기대는 클 수밖에 없었다. 지도자가 부재했던 4·19혁명과 달리 1987년에는 30년간 반독재 투쟁을 이끌어왔던 야당의 지도자가 존재했고, 이들이 6월항쟁에서 했던 역할 역시 적지 않았기 때문에 새로운 시대를 열 수 있는 가능성이 매우 높은 시점이었다.

문제는 두 가지였다. 하나는 냉전 체제와 독재 체제 아래서의 기득권 세력들이 쉽게 정권을 내놓지는 않을 것이라는 점이었다. 새

1987년 한국사회는 민주 정부를 부활시킬 기회를 맞이했다. 하지만 김대중과 김영삼은 결국 후보 단일화에 실패했고 6월항쟁을 주도했던 세력은 새로운 분열, 새로운 논쟁에 직면해야 했다.

김대중과 김영삼은 단일화에 이르지 못할 만큼 감정의 골이 깊었는가?

김영삼 진영은 김대중 후보를, 김대중 후보는 김영삼 진영을 어떻게 평가하고 있었는가?

민주화운동 세력이 분열된 이후 치른 선거에서 왜 지역주의가 나타나기 시작했는가?

시스템이 들어설 경우 독재시대의 기득권 세력은 청산 대상이 될 수밖에 없었다. 해방이 부일 협력자들에게 큰 위기가 됐듯이 민주화는 독재 정부 하에서 민주화 운동과 인권을 탄압했던 세력들에게 위기가 될 수밖에 없었다.

김영삼과 김대중이 걸었던 '다른 길'

두 번째 문제는 야당 지도자가 둘이었다는 사실이다. 1979년의 이란과 니카라과, 1986년의 필리핀, 1990년의 폴란드에는 이견의 여지가 없이 한 명의 지도자가 새로운 사회를 열었다. 그러나 한국의 상황은 달랐다. 게다가 두 명의 지도자, 김영삼과 김대중은 모두 1970년대의 한 야당 출신이었음에도 불구하고 정치 경력의 출발점에서부터 활동 경력까지 서로 다른 배경을 갖고 있었다.

1970년대 초 김영삼은 민주당의 구파, 김대중은 민주당의 신파를 잇고 있던 40대 기수였다. 두 사람은 1960년대 이후 보수 야당에서 함께 활동했지만 김영삼이 원내총무와 총재를 역임하면서 원내의 주류로 활동했다면 김대중은 1971년 대통령선거 이후 당 밖에서 활동하면서 재야와 함께했다. 게다가 1972년 이후 김대중은 스스로가 원해서가 아니라 일본 도쿄에서의 납치와 가택연금, 내란음모 사건으로 인한 사형선고, 미국 망명 등으로 인해 당에서 활동하기 어려운 상황이었다. 김영삼도 초산테러 사건, 가택연금, 용팔이 사건 등 테러를 포함해 심각한 탄압을 받았지만, 국내에서 당을 중심으로 한 활동을 지속할 수 있었다.

이들은 또한 서로 다른 지역의 상징적 존재였다. 1950년대 민주당 내 구파와 신파 사이의 대결이 지역적 배경과 무관했던 것과는 다른 현상이었다. 지역적인 지지와 열망으로 인해 정치적 목표의 달성을 연기하려고 하더라도 그 자체가 불가능한 상황이었다. 두 지도자는 이런 배경 하에서 1971년의 대통령선거와 1980년 서울의 봄 시기에 이미 심각하게 분열됐던 경험을 갖고 있었다.

그럼에도 대통령선거 초기 국면에서 국민들은 두 후보가 단일화할 것으로 예상했다. 이는 두 지도자가 모두 단일화를 공언했기 때문이었다. 1983년 민주화추진협의회와 1985년 신민당을 만들면서 두 사람은 1980년 봄 야당의 분열에 대해 반성하는 공동선언문을 발표했다. 따라서 누구도 단일화를 의심하지 않았다. 게다가 1986년 11월 김대중은 개헌이 되고 복권이 되더라도 대통령에 출마하지 않겠다고 선언했다.

그러나 6·29선언이 있은 지 20일도 지나지 않아 김대중은 대통령선거 불출마 선언이 무효화됐다고 발표했고, 그의 지지 지역을 돌며 세를 과시하면서 두 야당 지도자가 각각 대통령 후보로 나서게 됐다. 김영삼과 김대중은 수차례 회동을 통해 후보 단일화를 모색했다. 김수환 추기경의 노력도 있었지만 모두 실패로 돌아갔다.

비판적 지지론, 후보단일화론, 독자후보론

논쟁은 여기서부터 시작됐다. 시민사회는 민주화운동의 결과로 얻은 이 기회에 누구를 지지해야 하는가의 문제로 분열되기 시작했다. 6월항쟁을 주도했던 세력들은 '비판적 지지론'과 '후보 단일화론', '독자후보론'으로 분열됐다. 재야는 '비판적 지지론'을 내세우며 김대중 후보를 중심으로, 온건보수 세력은 '후보 단일화론'을 펴며 김영삼 후보를 중심으로 단일화해야 한다고 주장했다. 제3의 후보를 통해 단일화를 이루자는 '독자후보론'도 등장해 백기완을 독자적인 후보로 내세우기도 했다.

문제는 이러한 분파가 단일화를 추진하고자 했던 시민사회의 의도와는 다르게 각각의 후보에 대한 지지 기반이 됐다는 점이다. 후보 단일화를 둘러싼 이견은 기존 운동권 내부에 있었던 민족해방(NL) 계열과 민중민주(PD) 계열 사이의 분열과 연결되면서 오히려 후보 단일화를 어렵게 하는 요인이 됐다. 그러나 무엇보다도 중요한 것은 특정 지역의 정서였다. 운동권의 계파 내에서도 후보와 지역에 따라 헤쳐 모이는 현상이 나타났다.

결국 후보 단일화 논쟁을 통해 어떠한 결실도 이루지 못한 채로 대통령선거가 끝났고, 6월항쟁을 주도했던 세력들이 정권 창출에 실패하면서 또 다른 논쟁이 촉발됐다. 누군가는 후보 단일화를 이루지 못한 책임을 져야만 했다. 후보 단일화가 이뤄지지 못했던 근본적 원인은 김영삼과 김대중의 정치적 목표와 개인적 성격 때문이라는 점에 대해서는 모두가 동의했지만, 사회적으로 너무나 중요한 국면에서 조정이 이뤄지지 않을 정도로 감정의 골이 깊었는가에 대해서는 물음표를 던졌다.

문제는 정책이 아닌 두 지도자를 중심으로 조직돼 있었던 보수 야당의 구조, 그리고 야당의 분열을 통합할 수 있는 시민사회의 힘이 약했다는 데 있다는 주장이 제기됐다. 물론 비판적 지지의 입장을 먼저 내놓음으로써 시민사회 분열의 원인을 제공했던 일부 재야

정치인들의 책임, 당시 정부와 군부의 부적절한 개입과 부정선거가 후보 단일화를 어렵게 하고 결과적으로 노태우가 당선되는 결과를 가져왔다는 주장도 있다(정상호, 〈1987년 대선과 후보 단일화 논쟁의 비판적 재평가〉, 2012).

그러나 주목해야 할 점은 1987년 후보 단일화를 둘러싼 논란과 시민사회의 분열이 가져온 영향이다. 민주화운동 세력이 분열된 채 이뤄진 선거는 뚜렷한 지역주의를 만들어냈다. 1971년 대통령선거에서도 볼 수 없었던 극단적 지역주의가 나타나기 시작한 것이다. 1988년 총선거에서 지역주의는 더 심화됐고, 지금까지도 그 영향이 계속되고 있다. 또한 결선투표제가 없음으로 인해 제왕적이면서 동시에 허약한 대통령이 탄생했다. 1987년 이후 어떤 선거에서도 압도적으로 승리한 대통령이 없었고, 이로 인해 선거에서 패배한 또 다른 다수가 소수로 전락하면서 수많은 사표(死票)가 양산되는 결과를 낳았다. 특히 1987년 이후 대통령선거는 진보와 보수를 막론하고 정책 대결보다는 후보 단일화가 승리를 보장한다는 신화를 자리 잡게 했다.

권력이 눈앞에 다가왔다고 느꼈을 때 나타나는 오판은 1945년 해방정국이나 1980년 서울의 봄, 1987년 대선까지 계속돼왔다. 자신이 대결해야 할 대상은 다른 곳에 있지만, 권력을 잡을 수 있다고 생각하는 순간 같은 진영의 라이벌을 고립시키는 데 더 큰 노력을 기울이게 된다. 해방정국에서 박헌영이 여운형에게 그랬고, 1956년 대선에서 민주당이 조봉암에게 그랬고, 1987년 김대중과 김영삼이 그랬다. 1987년으로부터 30여 년이 지났건만, 후보 단일화 실패에서 교훈도 얻지 못한 채 한국 정치는 계속 후진화의 길을 걷고 있다.

▪ 1987년 대통령선거가 남긴 교훈

1987년 대통령선거뿐 아니라 그 이후에도 후보 단일화를 했다면 민주화운동 진영이 승리할 수 있었을 것이라는 주장이 대세를 점하고 있다. 후보 단일화를 했다면 민주화운동 세력이 지지하고 있었던 야당 후보가 승리할 수 있었을까? 김대중과 김영삼은 그렇게 믿고 있었다. 당시 시민사회의 열망을 감안하면 실제 그렇게 됐을 가능성도 있다.

김영삼 진영은 김대중이 단일후보가 되면 영남지역뿐만 아니라 군부의 반대에 부딪혀 또 다른 쿠데타가 일어날 가능성이 있다고 판단했다. 그래서 단일화로 대통령에 선출되어 평화롭게 전환기를 이끌 수 있는 유일한 야당 후보는 자신밖에 없다고 생각했다. 김대중 진영의 생각은 달랐다. 그는 재야의 지지를 받고 있었다. 1971년 대선 경험도 있었다. 다른 한편으로 단일화가 안 될 경우에도 이길 가능성이 있다고 판단했다. 노태우와 김영삼이 영남 표를 나누겠지만, 그는 호남 표를 독식할 수 있었기 때문이었다.

신군부의 생각은 어땠을까? 노태우는 6·29선언을 통해 김대중의 출마와 단일화를 막는 것을 가장 중요한 전략으로 여겼다. 그래서 양김 진영에 출마를 격려하고 여론을 조작했으며, 대통령 후보의 지역 유세에 폭력사태를 유발하도록 했다는 주장도 있다. 실제 선거 결과(노태우 36.6%, 김영삼

28.0%, 김대중 27.1%, 김종필 8.1%)와는 달리 매번 여론조사에서 2~5% 차이가 나도록 조작함으로써 두 후보가 모두 출마하도록 했다는 것이다. 이렇게 본다면, 야당의 두 후보가 단일화에 이르지 못하리라고 예상하지 않았을 경우, 전두환 대통령과 노태우 후보가 6·29선언을 결단하지 않았을 것이라는 추측도 가능하다.

단일화가 됐을 경우의 결과에 대해서는 그 누구도 정확히 예측할 수 없을 것이다. 문제는 그 이후 야당은 단일화 전략에만 매몰됐다는 사실이다. DJP연합, 노무현과 정몽준의 단일화, 문재인과 안철수의 단일화. 앞의 두 경우는 성공적이었지만 단일화가 됐는데도 50% 이상의 지지를 얻지 못했다. 마지막의 경우는 아예 선거에서 패배했다. 국민의 지지를 받을 수 있는 정책을 만들기보다 단일화를 통한 이벤트를 통해 선거에서 이기려 하는 꼼수는 통하지 않는다는 게 1987년 대통령선거의 진정한 교훈이 아닐까?

(박태균)

26. 북방정책 논쟁

　　1988년 7월 7일 노태우정부는 '7·7선언'을 발표했다. 7·7선언은 당시로서는 획기적인 내용을 담고 있었다. 이 선언은 '자주, 평화, 민주, 복지의 원칙'에 입각해 민족 구성원 전체가 참여하는 사회공동체를 이룩함으로써 통일번영의 새 시대를 열어가겠다고 전제한 뒤 구체적 실천 방안으로 6개 항을 제시했다. 실천 방안에는 남북 상호교류뿐만 아니라 재외동포들이 자유롭게 남북을 왕래할 수 있도록 문호를 개방한다는 내용을 포함해 이산가족 상봉, 남북 교역을 대외무역이 아닌 민족 내부 교역으로 간주한다는 것, 국제무대에서 남북간의 협력, 남북한이 서로 적대적이었던 주변 강대국들과의 관계 개선도 추진한다는 것이 그 주요 내용이었다. 1987년 대한항공 858편 폭파 사건이 발생한 지 1년도 되지 않은 상황에서 이뤄진 전향적 선언이었다.

노태우정부의 7·7선언은 1987년 대한항공기 폭발 사건으로부터 1년도 지나지 않아 발표된 것이었다. 이렇게 전향적인 선언이 나올 수 있었던 배경과 원인은 무엇이었을까? 7·7선언을 향한 보수 진영의 반발과 비준 미동의는 이후 대북 정책과 한국 사회의 변화에 어떤 영향을 미쳤을까?

7·7선언을 가능하게 했던 배경들

7·7선언은 여러 가지 측면에서 1970년의 8·15선언, 1973년의 6·23선언과 유사했다. 1968년의 청와대 습격 사건, 푸에블로호 사건, 울진·삼척 무장공비 침투 사건, 1969년의 EC 121기 격추 사건과 대한항공 납치 사건 직후에 발표된 1970년 박정희 대통령의 8·15선언은 안보위기 직후에 나온 남북 간 대화 제안이었다. 8·15선언은 이후 1971년 적십자 회담과 1972년 7·4공동성명, 6·23선언으로 이어졌고, 노태우 대통령의 7·7선언은 이후 남북 국회 회담 및 고위급 회담에 이은 남북기본합의서와 비핵화 선언, 동구유럽과 러시아 그리고 중국과의 수교로 이어졌다. 내용적으로도 북한이 국제기구에 참여하는 것을 반대하지 않는다는 것과 사회주의권 국가와의 관계 개선 추진을 선언한 1973년의 6·23선언과도 그 맥을 같이하는 것이었다.

어떻게 갑자기 이러한 상황 변화가 가능했을까? 먼저, 88서울올림픽이라는 상황이 매우 중요했다. 서울올림픽은 한국 역사상 가장 큰 국제행사의 하나였다. 게다가 소위 적성국이었던 공산주의 국가들이 대부분 참가했다. 1980년 모스크바올림픽과 1984년 LA올림픽이 신냉전으로 인해 '반쪽 올림픽'이 됐던 터라, 1988년 서울올림픽은 이데올로기를 넘어선 국제적인 축제가 될 수 있었다. 한국이 분단국가였기 때문에 그 의미는 더 클 수밖에 없었고, 이러한 상황에서 7·7선언이 나올 수 있었다.

둘째, 민주화의 열기가 무시할 수 없을 정도로 뜨거웠다. 노태우 정부는 1987년 민주화운동의 주도 세력이 아니라 오히려 신군부를 계승하고 있었지만 민주화를 갈망하는 사회적 요구에 부응해야 했다. 노무현 의원이 스타로 등장한 광주 청문회도 이러한 과정에서 가능했다. 노태우정부 집권 초기, 서경원 의원 방북 사건으로 공안정국이 조성되기도 했지만 강경책으로만 밀고 나갈 수도 없는 일이었다. 또한 봄부터 봇물처럼 터져 나온 통일운동의 기세도 높았다. 4·19혁명 이후 학생과 재야의 통일운동을 지켜보기만 하다가 표류하고 말았던 민주당 정부의 전철을 밟을 수는 없었다. 이러한 상황에서 나온 7·7선언은 노태우정부가 대북정책에서 주도권을 잡을 수 있는 중요한 계기가 됐다.

셋째는 한국 경제의 요구였다. 한국 경제는 1970년대를 통해 높은 성장을 이룩했지만 1980년대에 들어서자마자 경제위기를 경험했다. 성장은 둔화되고 외채는 쌓여만 갔다. 게다가 중화학공업에 대한 과잉투자의 부정적 효과가 나타나는 상황에서 미국의 시장 개방 압력은 그 강도를 더해 갔다. 이러한 상황에서 단비와 같이 맞이한 것이 '3저 호황'이었다. 전두환정부의 안정화 정책과 구조조정도 위기 극복의 중요한 계기가 됐지만, 3저 호황이 없었다면 한국 경제가 무너질 수도 있는 상황이었다. 한국 경제는 더 큰 시장을 필요로 하게 됐다. 신자유주의 시대를 맞이하면서 자유무역이 점차 확대됐고, 한국 기업들은 국제적 경쟁력이 떨어짐에도 불구하고 미국, 일본, 유럽의 기업들과 힘겨운 경쟁을 해야 했다. 이로 인해 무역의존도가 높은 한국의 기업들에게는 새로운 시장의 필요성이 더 커지게 됐다. 러시아와 동구권, 중국, 북한은 한국에 더없이 필요한 시장이었으며 값싼 노동력을 이용할 수 있는 생산기지이기도 했다.

7·7선언은 전향적 정책이었지만 이에 대한 논란이 적지 않았다. 민주화운동 세력들은 7·7선언을 단지 물타기에 지나지 않는다고 비판했다. 전향적 선언은 이뤄졌지만, 실상 1991년에 이르기까지 근 3년 동안 남북 관계가 진전되지 못하고 있었던 것이다. 1989년 문익환 목사와 임수경 씨의 방북은 이러한 상황에서 이뤄졌다.

7·7선언을 향한 보수 진영의 반발

보수 진영에서도 비판이 제기됐다. 보수 진영의 비판은 진보 세력의 비판보다 더 강력했다. 대북정책 변화는 보수 진영에 큰 위기감을 주었다. 반공, 반북한 이데올로기로 냉전시대 사회적 주류의 기득권을 갖고 있었던 보수 진영의 입장에서 노태우정부의 전향적인 정책은 자신들의 존재 기반 자체를 뿌리째 흔드는 것이었다. 보수 진영 내부에서 노태우정부를 비판하는 움직임이 본격화되기 시작했다.

1989년 초 민병돈 육군사관학교 교장은 노태우 대통령이 참석한 육사 졸업식에서 연설 전 군통수권자인 대통령에게 인사를 하지 않은 것은 물론 7·7선언에 대한 비판적 발언을 해 사회적 파장을 일으켰다. 당시 총무처 장관이었던 김용갑은 "좌경 세력이 우리 사회를 크게 혼란시키고 있다"면서 "침묵하는 보수를 일깨우고 대통령에게 국회 해산권을 부여해서라도 좌경 세력을 척결해야 한다"고 주장했다. 이들은 노태우 대통령에 대해서도 불만을 표출했고, 대통령을 보좌하고 있는 사람들을 좌경 세력으로 규정했다.

여기에 더해 극단적인 테러 사건까지 발생했다. 현역 기자에 대한 현역 군인들의 테러 사건이었다. 《월간중앙》 1988년 8월호에 〈청산해야 할 군사문화〉라는 제하의 글을 쓴 《중앙경제신문》 오홍근 부장에 대해 육군 제5616부대 이규홍 준장이 예하 장교와 하사관에게 명령해 테러를 가하도록 한 것이다. 치밀한 준비 끝에 1988년 8월 6일 구타 사건이 발생했고, 이 사건은 곧 조직적인 테러 사건임이 밝혀졌다(〈오부장 테러 사건 국방부 발표 전문〉, 《한겨레신문》 1988년 8월 31일자).

곧이어 한국정신문화연구원 교수 양동안이 쓴 〈이 땅에 우익은 죽었는가〉라는 글이 내무부에 의해 산하기관에 배포됐다. 양동안은 "모든 양심적 애국적 지식인이 좌익의 핍박이 두려워 좌익의 도전을 경고하지 못하고 우익의 궐기를 촉구하지 못한다면 이 나라의 장래가 너무 암담하다는 생각 때문에 이 글을 썼다"고 밝히면서 사회 각 분야에 침투해 있는 좌익을 제압하고 제거해야 한다고 주장했다. 그는 학계, 언론계, 정계, 법조계, 종교계에서 활동하는 속물적 리버럴리스트들의 영향력을 차단하기 위해서라도 "널브러져 흐느적거리는 우익들이 일어나야 한다"고 했다. 그의 글은 마치 1949년부터 한국과 일본에서 있었던 '레드퍼지(빨갱이 숙청)'를 재현해야 한다고 주장하는 것처럼 보였다.

노태우정부를 지지하고 있던 극단적 보수 세력의 반발로 인해 남북기본합의서라는 역사적 합의를 하고서도 남북 관계는 표류하기 시작했다. 급기야 남북 회담 과정에서 남한의 정부 관료가 청와대의 훈령을 조작하는 사건이 발생했다. 결국 7·7선언은 진보와 보수 사이의 비판 속에서 국회의 비준을 얻지 못한 채 그 빛을 보지 못했다. 하지만 이 시기 정부 안팎에서 남북 관계를 주도했던 세력들은 김대중정부 이후 남북 관계 개선에 큰 역할을 했다. 결과적으로 북방한계선(NLL) 문제를 해결할 수 있었던 당시의 남북기본합의서가 남한 국회에서 비준을 받지 못해 휴지조각이 되고 말았다는 점은 지금까지도 큰 아쉬움으로 남는다.

■ 문익환 목사의 방북 사건

1989년 3월 25일 문익환 목사가 평양을 방문해 김일성을 만났다. 정부의 허가를 받지 않고 북한을 방문한 것이다. 문 목사는 허담 조국평화통일위원회 위원장과 4·2공동성명을 발표하기도 했다.

문 목사의 방북은 진보 세력 내부에서 논란을 일으켰다. 당시에는 비판적 목소리가 먼저 제기됐다. 평양에 가서 얻을 게 없었다는 것이었다. 정부가 7·7선언을 발표해 남북 유화 국면으로 갈 수도 있는 시점에서 공안정국을 조성하는 명분을 주었을 뿐이라는 주장이었다. 즉 1987년 민주화운동 이후 고양되고 있던 사회운동을 위축시킬 수 있다는 비판이었다. 실제로 문 목사 방북 사건 이후 정부는 현대중공업 노동자들의 농성에 강경하게 대처했고, 공안합동수사본부를 설치해 재야의 전민련과 학생운동의 전대협 지도부를 대거 구속했다.

그러나 최근에는 문 목사 방북에 대해 긍정적 평가가 나오고 있다. 공동성명은 거의 대부분 문 목사의 주장이 반영된 것이고, 이후 정주영 회장의 방북, 6·15정상회담 등은 문 목사의 방북 때문에 가능했다는 것이다. 4·2공동성명의 자주·평화·민족대단결의 3대 원칙은 7·4공동성명과 맥을 이으면서 동시에 6·15공동선언과 10·4공동선언에도 그대로 반영됐기 때문이었다(〈문익환 목사가 방북하지 않았다면〉, 《한겨레21》 826호, 2010).

하나의 역사적 사건에 대한 평가는 단기적으로 보느냐, 장기적으로 보느냐에 따라 다르게 나올 수 있다. 그만큼 역사적 사건을 평가하는 것은 쉽지 않다. 역사에서 오비이락(烏飛梨落) 현상이 자주 나타나기 때문이다. 과연 역사는 필연적으로 움직이는 것일까, 아니면 우연의 연속일까?

(박태균)

27.   신세대 논쟁

　　1987년 6월항쟁을 통해 열린 민주화시대의 주역은 학생에서 노
동자에 이르는 시민사회였다. 정치사회의 분열로 대통령선거에서
민주화 세력이 패배했지만, 민주화 물결은 한국사회 전반을 변화시
키기 시작했다. 민주화와 사회변혁 담론이 번성하던 와중에 1990년
대에 들어와 돌연 '신세대 논쟁'이 벌어졌다.

　　신세대 담론의 등장에는 구조적 배경과 주체적·상황적 요인이
결합돼 있었다. 먼저 1980년대 중후반 이후 대내적 민주화와 대외적
탈냉전은 그 구조적 배경을 이뤘다. 민주화는 낡은 권위주의에 대한
거부로, 탈냉전은 과도한 이념주의에 대한 거부로 나타났다. 한편
주체의 관점에서 1990년대에 들어와 대학에 입학한 세대는 1980년
대 후반 이후 대량생산과 대량소비가 유기적으로 결합된 시기에 청
소년 시절을 보낸 만큼 소비와 욕망에 익숙해져 있었다. 또 민주화
가 가져온 정치적 개방 속에서 개인주의와 자유주의 문화에도 친화

1990년대 초반 민주화와 탈냉전은 '문화의 시대'를 열게 했다. '문화의 시대'의 자장 안에서 신세대 논쟁이 일어났다.

신세대 담론은 이후 세대 담론의 선구적 의미를 가졌다. N세대, R세대, 2.0세대 등에 이르기까지 지속적인 영향을 미쳤다.

신세대의 등장에 담긴 의미는 무엇이었을까? 신세대는 우리 현대사에서 개인주의로 무장한 첫 번째 세대로 볼 수 있을까?

적이었다. 386세대가 유신 체제와 전두환 정권 시기에 청소년 시절
을 보낸 것과는 다른 사회화 과정을 경험한 세대였다.

상황적 요인으로는 당시 분출하던 대중문화가 젊은 세대에게 작
지 않은 영향을 미쳤다. 1991년 출간된 유하의 시집《바람 부는 날
이면 압구정동에 가야 한다》는 새로운 소비문화의 등장을 알렸고,
1992년 가요계에 데뷔한 서태지와 아이들은 젊은 세대에게 선풍적
인 인기를 끌었다. 1980년대 '사회과학의 시대'에 뒤이어 다소 급작
스럽게 '문화의 시대'가 열렸다.

신세대 논쟁의 계보와 쟁점

신세대란 말이 선구적으로 쓰인 것은 1988년 한국일보의 기획
기사 〈신세대: 그들은 누구인가〉에서였다. 하지만 신세대의 등장이
사회적 관심을 모은 것은 1990년대 초반이었다. 1993년 미메시스가
《신세대: 네 멋대로 해라》를 출간하면서 신세대를 둘러싼 논쟁이 폭
발적으로 전개됐다.

신세대 문화는 탈권위주의·감성주의·소비주의를 특징으로 하
며, '한국적 개인주의'를 알리는 서곡이기도 했다(김호기, 〈한국 개
인주의의 역사적 기원〉, 2012). 신세대 담론은 세 가지 시기를 거쳐
발전해왔다. 첫 번째는 1992년, 서태지와 아이들의 등장으로 시작
된 신세대 담론이 출현한 시기였다. 이 시기의 신세대는 새로운 팬
덤 문화와 탈권위주의적이고 개인주의적인 성향을 가진 하위문화
세대로 규정됐다. 두 번째는 1990년대 중후반 정보사회의 도래와 진
전을 배경으로 'N(Net)세대론'이 본격화된 시기였다. 인터넷과 이

동전화, 온라인 게임 및 커뮤니티로 상징되는 디지털 문화의 확산이 신세대의 새로운 문화적 기반을 이룬 단계였다. 세 번째는 2002년 월드컵과 촛불시위, 대통령선거를 통해 세대문화의 현실적 힘이 발현된 시기였다. 가상공간과 현실공간, 개인과 공동체 사이를 매개하려는 새로운 사회 참여가 다른 세대와의 연대를 통해 정치·사회 변화를 적극적으로 모색하는 특징을 보인 단계였다.

신세대를 평가하는 데는 옹호론과 비판론이 첨예하게 맞섰다. 옹호론은 기성세대의 권위주의와 위선적 성격을 거부하고 신세대의 감성과 문화를 높이 평가했다.《신세대: 네 멋대로 해라》는 옹호론의 대표적인 저작이었다. '더 이상 탄원은 없다, 돌파하라'는 책의 부제처럼 1980년대 사회과학의 시대에 맞선 새로운 '문화의 시대', 이념의 시대에 맞선 새로운 '감성의 시대'를 선언했다.

비판론은 신세대가 갖는 부정적 측면을 주목했다. 비판론자들은 신세대가 버릇없고 이기적이며 찰나적이고 과소비적이며 향락적인 특성을 갖고 있다고 주장했다. 주목할 것은 신세대를 비판하는 시각을 보수적 견해와 진보적 견해로 나눠 볼 수 있다는 점이었다. 보수적 시각이 신세대가 갖는 반윤리적인 특성을 부각시켰다면, 진보적 시각은 소비자본주의에 내재된 상업주의적 경향에 초점을 맞췄다.

신세대론에 대한 평가

신세대 담론을 주도한 1990년대 학번 세대는 선배 세대인 386세대와는 사뭇 달랐다. 386세대가 군부독재에 맞서는 도덕주의적이고 이념주의적인 성향을 가졌다면, 1990년대 학번 세대는 정치·사회적 민주화가 진행되는 과정에서 성장했기 때문에 선배 세대의 도덕주의적이고 이념주의적인 구속성으로부터 벗어나 개인주의와 자유주의로부터 세례를 받았다.

신세대에 대한 경험적 연구를 수행한 사회학자 박재흥은 이 세대의 대표적인 특징으로 개인주의·탈권위주의·감성주의·소비주의를 주목했다(〈신세대의 일상적 의식과 하위문화에 관한 질적 연구〉, 1995). 개인주의와 탈권위주의가 신세대가 갖는 가치지향을 보여줬다면, 감성주의와 소비주의는 신세대가 갖는 생활 태도를 드러냈다. 신세대는 남들과 다르게 살고 싶어 했고 타인을 의식하기보다는 자기 자신에게 더욱 충실하고자 했다. 바로 이 점에서 신세대 문화는 '한국적 개인주의'의 등장을 알리는 서곡이었던 것으로 보인다.

세대의 사회학적 시각에서 보면 젊은 세대를 옹호하는 담론에는 1990년대 신세대 담론만 있었던 것은 아니다. 이 책에서 앞서 다룬 1970년대 청년문화론은 그 대표적인 사례였다. 하지만 청년문화론의 주요 관심사는 '통·블·생(통기타·블루진·생맥주)'에서 볼 수 있듯 대중문화와 소비양식에 머물러 있었던 것이지 자기 사회와 문화에 대한 근본적인 성찰을 요구하는 데까지 나아간 것은 아니었다. 1990년대 신세대 담론이 갖는 의의는 '제도정치'에서 정치개혁을 위해 자아정체성의 새로운 의미를 묻고 재구성하려는 '삶의 정치'로의 전환을 거칠고 서투른 방식으로나마 모색한 데 있었다.

이런 맥락에서 1990년대 신세대 담론은 이후 등장한 다양한 세대 담론들의 선구적 의미를 갖는다. 신세대 담론은 N세대, R세대

(2002년 월드컵 세대), 2.0세대(2008년 촛불집회 세대) 등에 이르기까지 지속적인 영향을 미쳤다. 우리 사회 변동에서 세대 변수를 과장할 필요는 없다. 그러나 민주화시대에 계급과 함께 세대가 우리 사회를 변화시켜온 중요한 원동력이었음을 과소평가해서도 안 될 것이다.

■ 서태지와 아이들의 등장

2013년 드라마《응답하라 1994》열풍이 불었다.《응답하라 1994》의 주인공들은 신세대였다. 1997년 외환위기에 의해 잊힌 세대가 TV 드라마를 통해 소환된 셈이었다. 1990년대 초반에 대학을 다닌 이들에겐 20대 초중반의 애틋한 추억을 돌아보게 했다. 어느새 30대를 훌쩍 넘겨버린 신세대의 '망탈리테(mentalite)'는 6070 산업화세대의 망탈리테와 4050·386세대의 망탈리테와 적잖이 다르다. 프랑스 역사학자 그룹인 아날학파가 주조해낸 망탈리테란 특정한 시대의 개인들이 공유하는 집단적 사고방식 및 생활습관인데, 간단히 말해 집단적 무의식 또는 심성을 뜻한다.

산업화세대의 시각에선 386세대와 신세대가 넓은 의미의 민주화세대로 함께 묶이지만, 386세대의 망탈리테와 신세대의 망탈리테 사이에는 상당한 차이가 존재했다. 신세대 정체성의 핵심은 민주화라는 가치에는 공감하지만 그 엄숙하고 권위적인 방식은 거부하는 데 있었다. 신세대는 독일 사회학자 울리히 벡이 개념화한 '자유의 아이들'과 닮아 있었다. 자유의 아이들이란 X세대이자 신자유주의 세대였다. 그 정체를 알기 어렵다는 점에서 X세대였다면, 개인주의적 성향이 두드러진다는 점에서 신자유주의 세대였다.

서태지와 아이들은 당시 신세대의 대변인 격이었다. 정신보다는 신체, 이성보다는 감성을 중시하는 서태지와 아이들의 노래는 신세대에게 커다란 호소력을 가졌다.

"난 알아요 이 밤이 흐르면 Yo! / 그대 떠나는 모습 뒤로하고 / 마지막 키스에 슬픈 마음 / 정말 떠나는가."

서태지와 아이들의 1992년 데뷔곡 〈난 알아요〉의 한 구절이다. 랩과 감각적 가사, 경쾌한 멜로디와 리듬을 앞세운 이들은 단숨에 젊은이들의 우상이 됐고 곧 전설이 됐다. 역사는 특정 세대에 의해 독점되지 않는다. 산업화세대가 386세대에 의해 교체됐듯, 신세대의 영향력이 갈수록 커져 왔다. 바야흐로 우리 사회는 1990년대 신세대 담론의 주역들이 주요 의사결정을 담당하게 되는 시점에 도달해 있다.

(김호기)

우리 시민사회는 국가·시장과 비교해 발전이 더뎠지만 민주화시대가 열리면서 크게 성장했다. 시민단체의 폭발적 증가는 그 증거였다.

시민사회와 시민운동 논쟁 구도는 어떻게 형성됐고, 그 핵심 쟁점은 무엇이었을까?

민주화시대 이후 진보적 시민사회 대 보수적 시민사회의 대립은 우리 사회를 어떻게 나눠왔을까? 우리 사회의 치열한 사회갈등의 배경 중 하나는 여기에 있는 것은 아닐까?

28.   시민사회와 시민운동 논쟁

1987년 이후 민주화시대에 우리 사회를 이끈 힘의 하나는 사회
운동이었다. 시민운동과 노동운동이 양대 축을 이뤘다. 경실련(경
제정의실천시민연합), 여연(한국여성단체연합), 환경련(환경운동
연합), 참여연대가 시민운동의 대표주자였다면, 민주노총(전국민
주노동조합총연맹)은 노동운동의 구심점을 이뤘다. 이런 사회운동
이 진행된 곳이 곧 시민사회다.

시민사회란 국가·시장과 함께 사회를 이루는 세 주체이자 영역
중 하나다. 미국 정치학자 진 코헨과 사회학자 앤드루 아라토는 시
민사회가 가족, 결사체, 사회운동, 공공 의사소통 형태로 이뤄져 있
다고 봤다. 우리 사회에서는 시민사회라고 하면 가장 먼저 시민단체
인 자발적 결사체와 환경·여성·평화운동 등의 시민운동을 떠올린
다. 시민사회와 시민운동 시대가 활짝 열린 시기는 1990년대였다.

당시 시민사회론이 각광을 받게 된 까닭은 두 가지다. 첫째, 대내

적으로 1987년 6월항쟁 이후 노동운동과 통일운동 이외에 환경·여성·지역·문화운동이 활발히 전개됐고, 이에 따라 안토니오 그람시의 헤게모니론에서 위르겐 하버마스의 공론장이론을 거쳐 포스트마르크스주의의 신사회운동론에 이르는 다양한 시민사회론이 이러한 운동들의 이론적 기반으로서 주목받았다. 둘째, 대외적으로 1980년대 후반 동구 사회주의의 몰락은 정통 마르크스주의에 대해 근본적인 의문을 제기했고, 그 결과 마르크스주의의 경제결정론을 극복하는 이론적 대안의 하나로 시민사회론이 부각됐다.

논쟁의 이슈와 내용

시민사회 논쟁의 대표격은 1992년에 진행된 정치학자 김세균과 정치학자 강문구의 논쟁이다. 먼저 김세균이 〈시민사회론의 이데올로기적 함의 비판〉을 통해 마르크스주의의 관점에서 시민사회론을 비판하자 강문구는 〈민주적 변혁운동 지반의 심화, 확장을 위하여〉를 통해 그람시적 관점에서 반론을 펼쳤다. 이에 김세균이 〈그람시를 넘어서 나아가야 한다〉로 재비판했고, 이어 강문구가 〈변혁 지향 시민사회운동의 가능성과 한계, 그리고 일 전망〉을 통해 재반론을 제시했다. 사회학자 유팔무와 김호기는 이 논쟁을 정리해《시민사회와 시민운동》(1995)을 펴냈다.

김세균의 주장은 시민사회론이 부르주아 이데올로기로 함몰돼 가는 잘못을 범하기 쉬워 시민사회를 대신해 '민중사회'라는 말을 써야 한다는 것으로 요약됐다. 강문구의 반론은 시민사회론을 개량주의로 파악하는 논리가 생산적이지 못하고, 변화된 현실에서 개혁

대 혁명의 이분법은 지양돼야 한다는 점에 맞춰졌다. 논쟁을 정리하면서 유팔무는 시민사회를 계급투쟁·계급타협·비계급적 생활이 동시에 진행되는 복합 영역으로 파악하고, 우리 현대사에서 시민사회가 '바깥에서 안으로', '위로부터 아래로' 형성 및 발전돼왔다는 분석을 내놓았다.

시민사회 논쟁의 배경에는 6월항쟁 이후 시민운동의 부상이 놓여 있었다. 1989년에 등장한 경실련과 1993년에 창립된 환경련, 1994년에 출범한 참여연대는 각각 금융실명제 요구, 동강 살리기 운동, 소액주주운동 등을 펼쳐 큰 관심을 모았다. 사회학자 조희연이 주장하듯 우리 사회의 민주화는 '사회운동으로서의 민주화'라는 특징이 두드러졌다. 이런 시민운동의 부상은 시민운동을 어떻게 볼 것인지에 대한 논쟁을 불러일으켰다.

학계 안에서 논쟁의 초점을 이룬 것의 하나는 시민운동이 갖는 신사회운동(New Social Movements)으로서의 성격을 둘러싼 것이었다. 신사회운동이란 1970~1980년대 서유럽과 미국에서 등장한 환경·평화·여성·문화운동 등의 다양한 사회운동들을 지칭한다. 그것이 '새로운' 사회운동으로 불린 이유는 전통적인 노동운동과 비교해 가치와 조직과 방식이 달랐기 때문이다. 신사회운동은 무엇보다 자아실현과 인권증진, 지속가능한 발전이라는 가치를 지향했다. 한국 시민운동에 대한 전통 좌파적 접근은 대체적으로 개량적인 부르주아 사회운동이라고 비판했다.

하지만 사회학자 이시재는 한국의 시민운동을 '시장 밖의 운동'이라는 점에서 신사회운동으로 파악했고, 사회학자 김성국은 탈자본주의·탈산업주의·탈국가주의·탈중앙집권적 권위주의와 같은 서구 신사회운동 이념과의 동질성이 점점 커지고 있다고 주장했다. 한편 조희연은 경실련·참여연대로 대표되는 '종합적 시민운동'이 노동운동과 대립되는 점에서 신사회운동에 가깝지만 개발독재의 민주적 전환을 요구하고 실천한다는 점에서 구사회운동과 유사하다는 견해를 내놓았다. 이와 더불어 시민운동의 영향력이 빠른 속도로 커지면서 '시민권력 과잉론', '시민 없는 시민운동론'에 대한 토론이 이뤄지기도 했다.

논쟁의 평가와 전망

1990년대 후반 이후 시민사회론은 시민사회 내의 '사회적 자본'에 관한 논쟁, '온라인 시민사회'와 '지구 시민사회'의 등장에 관한 토론으로 이어졌다. 특히 정보사회의 진전이 가져온 온라인 시민사회는《오마이뉴스》등 온라인 매체의 등장부터 페이스북·트위터 등 소셜 네트워크 서비스(SNS)의 활성화에 이르기까지 공론장의 또 하나의 중심을 이뤘다. 오늘날 우리 시민사회는 오프라인 영역과 온라인 영역이 유기적으로 결합돼 있고, 시민운동 역시 두 영역에서 동시에 진행되고 있다.

주목할 것은 2000년대에 들어와 진보적 시민운동의 영향력이 절정에 달했을 때 보수적 시민운동이 등장했다는 점이다. '자유주의연대'를 비롯한 다양한 뉴라이트 시민단체들이 그들이었다. 뉴라이트 시민단체들이 등장하면서 보수적 시민운동 대 진보적 시민운동의 대결 구도가 형성됐고, 새로운 사회 이슈가 제기될 때마다 두 운동

간의 경쟁은 치열해졌다.

돌아보면 우리 시민사회는 국가·시장과 비교해 발전이 더뎠지만 민주화시대에 들어와 크게 성장했다. 1990년대 이후 시민단체의 폭발적 증가는 이러한 성장의 증거였다. 시민사회의 성장은 진보적 시민운동의 발전을 가져왔는데, 한국의 시민운동은 자원봉사부터 시작하여 준(準)정당 역할에 이르기까지 정치·사회의 민주화를 이끌었다. 그 결과 우리 사회의 갈등 구도에는 '보수 대 진보' 못지않게 '국가 대 시민사회'가 큰 영향을 미쳤다.

이런 흐름 속에서 우리 사회에선 '보수적 시민사회 대 진보적 시민사회'의 대립 구도가 등장했고 또 공고화됐다. '이중적 시민사회'라 부를 수 있는 이런 대립 구도는 우리 사회를 '두 국민(two nations)' 사회로 나눠왔고, 결국 치열한 사회갈등의 배경을 이뤄왔다. 다원화된 사회에서 사회갈등을 부정적으로만 볼 필요는 없다. 하지만 시민사회의 지나친 분열과 사회갈등의 과도한 비용은 우리 사회의 민주주의와 사회발전에서 바람직한 현상만은 아닐 것이다.

■ **서경석과 최열, 그리고 박원순**

시민운동은 크게 '종합적 시민운동'과 '전문적 시민운동'으로 나눌 수 있다. 경실련과 참여연대가 종합적 시민운동을 대변했다면, 환경련과 여연은 전문적 시민운동을 대표했다. 경실련을 이끈 이가 목사 서경석이었다면, 환경련과 참여연대를 주도한 이는 사회운동가 최열과 변호사 박원순이었다.

경실련의 금융실명제 요구, 환경련의 동강 살리기 운동,

참여연대의 소액주주운동에서 볼 수 있듯 세 사람은 1990년 대 시민운동을 대표해온 인물들이었다. 특히 박원순과 최열은 2000년 낙천·낙선운동을 통한 정치개혁을 모색함으로써 시민운동의 존재와 역할을 널리 알렸다. 낙천·낙선운동을 전후로 한 시기가 진보적 사회운동의 전성기였다. 미국에 랄프 네이더가, 독일에 페트라 켈리가 있었다면 우리 사회에선 최열과 박원순이 있던 셈이었다. 이후 정치적 선택들은 달랐지만 민주화 과정에서 시민운동가인 세 사람의 기여는 기억돼야 할 것으로 보인다.

흥미로운 것은 세 사람의 직업이다. 서경석은 목사이고 최열은 사회운동가이며 박원순은 변호사다. 이런 사실은 시민운동 리더들이 종교계, 사회운동계, 법조계, 학계에서 주로 충원돼왔음을 보여준다. 1988년 공추련(공해추방운동연합)과 1993년 환경련의 창립을 주도한 최열은 평생 환경운동의 외길을 걸어온 시민운동의 산증인이기도 하다.

학계에서 시민운동에 참여한 대표적인 인물은 사회학자 조희연이다. 조희연은 진보적 시민운동의 이론적 기초를 제공했을 뿐만 아니라 시민운동과 노동운동 간의 적극적 연대를 모색하기도 했다.

(김호기)

29. 주사파 발언 논쟁

1994년 7월 9일 북한 최고지도자 김일성의 사망은 한반도 전체를 소용돌이 속으로 몰아넣었다. 그러나 역설적이게도 한국사회를 혼돈으로 치닫게 한 것은 김일성 사망을 둘러싼 논쟁이 아니라 박홍 서강대 총장의 주사파(주체사상파) 발언이었다. 박 총장은 1994년 7월 18일 청와대에서 열린 대학총장 간담회에서 "대학 내에 북한 김정일의 지령을 받는 학생들이 있다"고 말했다. 그는 이들을 '주사파'로 지칭하면서 이들 중에는 테러단체도 있다고 주장했다. 또 박 총장은 "북한은 우루과이라운드 비준 반대와 미군기지 반납 서명운동을 벌이도록 이미 지시를 내려놓고 있으며 (나는) 그 증거를 가지고 있다. 주사파 뒤에는 사노맹이 있고, 그 뒤에는 북한 사노청, 그 뒤에는 김정일이 있다"고 했다.

박 총장의 발언은 김일성 주석 사망 이후 대학가에 분향소가 설치되고, 야당인 민주당이 정부의 조문 필요성을 제기한 직후 나왔

김일성이 사망한 이후 한국사회는 박홍 서강대 총장의 주사파 발언으로 혼란에 휩싸였다.

박 총장은 연일 대학생과 사노맹 나아가 야당과 진보진영 정치인들을 공격했고 보수 언론은 대대적으로 보도하기에 바빴다.

철 지난 매카시즘이 한국에서 불타오르기 시작한 순간이었다.

이후 진보진영 인사들이 북한 추종세력으로 간주되기 시작했다. 친북좌파나 종북, 좌빨과 같은 용어가 횡행했고 지금까지도 이어지고 있다.

바야흐로 세계는 탈냉전으로 가고 있었지만, 한국사회는 다시금 냉전으로 얼어붙기 시작했다.

다. 사노맹은 주사파와 대립하고 있었던 민중민주 계열(PD)이 만든 조직이었다는 점에서 박 총장의 발언은 기본적인 사실 파악조차 돼 있지 않은 주장이었지만, 그는 "증거를 갖고 있다"고 했다. 주사파 발언이 나온 직후 동아일보는 박 총장과 인터뷰를 했다. 그는 베를린, 베이징, 도쿄, 타슈켄트 등에서 만난 사람들로부터 남북한 학생들이 서로 연계돼 있다는 말을 들었으며, 베이징에서 만난 김일성 대학 이관수 교수에 의하면 남한에서 보내온 팩스가 평양에 수북이 쌓여 있다고 말했다. 3년 전인 1991년 5월 박홍 총장은 사회운동가였던 김기설 분신 사망 사건에 배후세력과 분신조가 있었다고 말해 사회적 물의를 일으켰는데, 그는 1994년 다시 그 사건을 언급하면서 분신의 배후 세력들이 북한과 연계돼 있다고 주장하기도 했다.

한국사회를 뒤흔든 박홍 총장의 주사파 발언

주사파 발언은 박 총장을 납치하려 한다는 정보가 입수돼 신변 보호가 필요하다는 경찰의 발표를 통해 그 파장이 증폭됐다. 보수 언론들은 "대다수 시민들은 박 총장이 '용기 있는 발언'을 했다고 평가하고 있다"고 보도했다.

언론은 박 총장 발언 띄우기에 나섰다. 동아일보는 박 총장의 발언이 나온 지 일주일도 안 된 시점이자, 대학교육협의회가 합의문을 내기도 전인 7월 23일에 〈23개 대학 총장 박 총장 발언 지지〉라는 기사를 실었다. 또한 같은 날에 〈대북 교신 각계 반응〉이란 기사도 게재했다. 이 기사는 당시 YMCA연맹 사무총장, 교수, 작가, 정의구현사제단 신부, 우리농업지키기범국민운동본부 간사, 변호사(4월회

회장), 삼성전관 이사, 보험감독원장 등과 함께 회사원, 주부, 자영업 종사자, 학생 등 16명을 인터뷰한 내용을 담고 있다.

그런데 16명의 인터뷰 중 박홍 총장과 검찰의 발표를 무조건적으로 지지하는 발언을 한 이는 5명도 채 되지 않았다. 나머지 사람들은 명확한 근거를 제시해야 하고, 박홍 총장과 검찰 발표를 통해서 학생운동 전체를 매도하거나 공안정국으로 몰고 가서는 안 되며, 아울러 남북 관계에 악영향을 미치지 않았으면 좋겠다는 내용의 인터뷰를 했다. 그런데 동아일보는 이 기사에 대해 '무분별한 행동 잘못-통일정책 혼선 불러, 친북성향 충격-박홍총장 발언 시기 적절'로 부제를 뽑았다.

주사파 발언의 파장은 정부와 국회까지 확산됐다. 그러나 민자당의 손학규 부대변인은 청와대 내 김정남 교육문화수석비서관을 포함한 일부 수석 비서관의 전력과 사상에 시비가 있었다는 주장에 대해 반박하면서 "김수석이 단지 '운동권'이었다는 이유 하나만으로 그를 끝까지 좌우 어느 한편에 세우려 한다면 그것은 사물을 '흑 아니면 백'으로 보는 분화되지 못한 이분법적 단순사고의 전형"이라고 반박했다. 그럼에도 불구하고 안기부는 박홍 총장의 발언 시기에 맞추어 북한에 5개의 핵탄두가 이미 개발됐다고 주장하는 강명도(북한 총리 강성산의 사위)의 망명을 발표했다.

그해 8월 중순 박 총장은 야당에 750여 명의 주사파가 있다고 발언했다. 그러나 이 발언이 야당의 강한 반발로 이어지면서 그는 야당뿐만 아니라 언론, 종교계까지 모두 합한 숫자라고 말하면서 발언을 수정했다. 박 총장은 야당에 대한 발언이 강한 역풍을 받으며 밀리게 되자 주사파의 99.95%가 공산주의자가 아니라고 하면서 이들이 북한에 이용당하지 않도록 하고자 하는 것이 자신의 발언 목적이라고 한발 물러섰다.

검찰 조사과정에서 박 총장은 국회의원 보좌관의 다수가 주사파이지만, 사제로서 선서를 했기 때문에 제보자를 밝힐 수 없다고 했다. 또 그는 주사파에 대한 새로운 자료를 제시하지 못하고 제3자에게서 들은 것이거나 시위 현장의 유인물, 학회 자료 등이 전부라는 입장을 밝히기도 했다.

박 총장의 주사파 발언이 불러온 매카시즘

박 총장은 남한의 해외 유학생들이 북한 돈을 받고 있다는 발언도 했다. 이 때문에 유학생(당시 베를린자유대 석사과정 수료)과 함께 현직 교수 2명이 안기부로 연행돼 조사를 받았다. 독일 유학 때이른바 '김일성 장학금'을 받았다는 것이다. 안기부는 이들 교수에게 뚜렷한 혐의가 있다기보다는 이를 확인하기 위해 연행했다고 밝혔지만 언론에는 실명이 거론됐다. 사실 규명이 되지 않은 상황에서보수 언론은 박 총장의 발언이 마치 증명된 것처럼 비중 있게 다뤘다. 특히 체포된 사람 중에는 진보적 사회 활동에 적극 참여했던 교수가 포함돼 언론의 집중 조명을 받았다. 결국 실명이 거론된 두 교수는 무혐의로 풀려났다. 하지만 이미 주요 언론에 이 사건이 사실인 것처럼 보도되면서 박 총장의 발언이 모두 증명된 것처럼 여론이형성됐다. 두 교수는 언론사를 상대로 소송을 제기해 승소했다. 보수언론들은 독자들이 알아볼 수 없을 정도로 작게 사과문을 게재했다.

이후에도 박 총장은 독일 유학생 간첩 사건 증인으로 법정에서 진술했으며, 재판 이후에는 안기부에 자수한 독일 유학생이 자신을 암살하려 했다고 밝혀 또다시 파문을 일으켰다. 그는 또 북한이 한국통신의 노조원을 조종했다고 주장했다가 말을 바꿔 "표현의 의미가 잘못 전달되었다"고 해명하기도 했다.

박 총장 발언 파동이 갖는 의미는 주사파 존재 여부가 아니었다. 아무런 근거도 없는 그의 발언이 여론을 흔들어 놓았다는 점이었다. 이후 진보 인사들을 북한 추종세력으로 모는 사회 분위기가 만연했다. 사회적으로 막강한 영향력을 갖고 있는 보수 언론들은 박 총장 방식의 여론몰이를 시작했다. 그때부터 한국사회에서 매카시즘(극단적 반공주의)이 횡행하기 시작했다. 증거는 필요하지 않았다. '친북 좌파', '좌빨(좌익 빨갱이)', '종북(북한 추종)'이란 용어가 남발되기 시작했다. 이로부터 한국사회에서는 '상식'이 사라졌다.

■ 김일성 조문 파동

1994년 7월 북한 최고지도자 김일성이 갑작스레 사망하자 조문 여부를 둘러싸고 격렬한 논쟁이 벌어졌다. 당시 야당 의원들은 국회에서 "정부는 북한에 조문단을 파견할 의사가 있느냐"고 질의해 큰 반향을 일으켰다. 이부영 의원은 국회 외무통일위원회에서 "북한을 협상의 상대로 본다면, 북한 권력층이 문제가 아니라 북한 주민의 심리적 상태를 고려해 조문단을 파견할 의사가 있는가"라고 질의했고, 임채정 의원도 '장제스와 마오쩌둥 사이의 상호 조문'을 예로 들면서 조문단 파견 의사를 물었다.

야당 의원들은 조문단을 파견하자는 것이 아니라 파견할 계획이 있는가에 대한 질문이었다고 주장했다. 그러나 보수 언론들은 야당 정치인들이 김일성 조문에 나서려 한다고 비판하기 시작했다. 그러고 나서 언론은 '전범인 김일성을 잊어서는 안 된다', '숙청과 테러, 탄압 등 인권유린에 주목해야 한다' 등의 주장을 제기하면서 "조문은 있어서는 안 된다"는 논지를 폈다. 김일성 사망에 대한 글을 썼던 공보처 산하 간행물제작소의 한 전문위원은 글의 마지막에 '평안히 눈감으시라'라는 표현을 썼다는 이유만으로 사표를 제출해야 했다. 김일성에게 사용되던 '주석'이라는 호칭도 곧 사라졌다.

김일성 사망에도 불구하고 남북정상회담은 계속 추진해야 한다는 여론이 지속됐다. 하지만 보수 언론은 조문이라는 단어를 꺼내는 세력들을 무조건 친북 좌파로 몰아갔다. 학생운동권은 대학 내에 김일성 분향소를 설치해 논란에 기름을 부었다. 게다가 그해 7월 14일 북한 조국평화통일위원회가 남한 사람들의 조문을 환영한다는 담화를 발표한 직후 이념적 대립은 더욱 심화됐다. 정부는 조문단 파견이 불가하다고 밝혔고, 안기부는 7월 19일 김일성종합대학 조명철 교수의 귀순을 발표했다. 이튿날에는 한국전쟁 발발 직전에 작성된 옛 소련 문서들을 외무부가 공개했다. 북한의 남침을 확인해 주는 문서들이었다.

조문 파동은 박홍 서강대 총장의 주사파 발언 못지않게 한국사회에서 매카시즘이 기승을 부리는 데 중요한 계기가 됐다. 김일성 조문은 정부가 고민해야 할 사안이었으나 조문 여부를 질의한 야당 의원들은 친북 좌파로 낙인찍혔다. 탈냉전 이후 한반도의 시계는 거꾸로 가고 있었다.

(박태균)

30. 분단 체제 논쟁

  광복 이후 우리 현대사에서는 결코 적지 않은 학술적 논쟁이 진행됐다. 인문학이든 사회과학이든 어떤 논쟁이라 하더라도 현실과 무관한 논쟁은 없다. 인문·사회과학 논쟁들 가운데 첫 번째로 꼽을 만한 논쟁은 '분단 체제 논쟁'이다.

  그 이유는 다음과 같다. 1945년 8월 15일 일본 식민지배로부터 광복을 이루자마자 한반도는 분단됐다. 70여 년간 분단 상태가 한국 사회 전반에 미쳐온 영향은 아무리 강조해도 지나침이 없다. 분단의 특수성을 고려하지 않고서는 광복 70년의 우리 역사와 사회를 온전히 이해하기 어렵다. 분단 체제 논쟁이 갖는 의미는 여기에 있다.

  논쟁은 이렇게 진행됐다. 영문학자 백낙청이 1980년대 후반부터 1990년 초반까지 분단이 한반도에 미치는 영향에 주목해 그것을 분단 체제로 개념화했다. 이에 정치학자 손호철이 1994년 계간지《창작과 비평》에 게재한 〈분단 체제론에 대한 고찰〉이라는 논문을 통

1990년대 중반 분단체제론을 둘러싸고 영문학자 백낙청과 정치학자 손호철의 논쟁이 벌어졌다.

남북 관계는 외생 변수가 아니라 계급·지역·세대와 함께 하는 사실상의 내생 변수다. 분단을 둘러싼 논쟁이 중요한 까닭이 여기에 있다.

분단에 대한 다각적 분석과 통일에 대한 적극적 전망은 한국사회의 지식인들에게 부여된 가장 중요한 학문적 과제의 하나다.

해 비판을 가하자 백낙청이 반비판으로 대응(〈분단시대의 최근 정세와 분단 체제론〉)하고, 다시 손호철이 재비판으로 응답(〈분단 체제론 재고〉)한 것이 논쟁의 줄거리를 이룬다.

백낙청과 손호철의 논쟁

백낙청이 제시한 분단 체제론의 핵심적 내용은 두 가지로 요약됐다. 첫째, 분단된 남북한의 관계는 한반도 전체 및 남과 북 각각의 역사와 현실을 효과적으로 설명할 수 있다. 둘째, 분단 체제는 월러스틴이 말한 근대 세계 체제의 하위 체제로, 자본주의 세계경제와 한국사회라는 국민국가 사이에 존재하는 동아시아 지역의 특이한 체제로 볼 수 있다. 이런 역사적 현실에 주목해 백낙청은 한국사회운동이 다른 나라 사회운동과 구별되는 분단 체제 변혁운동이라는 중대한 과제를 안고 있다고 주장했다.

분단 체제론에 대해 손호철의 비판은 이론적 차원을 주목할 때 두 가지로 요약됐다. 첫째, 분단 체제는 세계 체제와 같은 자기 완결성과 내적 노동분업을 갖고 있지 못하기 때문에 엄격한 의미의 체제로 파악하기 어렵다. 둘째, 분단 모순이 민족·계급·진영 모순과 비교할 때 불명확한 개념이고, 분단 모순을 한국사회의 주 모순으로 볼 경우 계급 모순과 민족 모순을 소홀히 하는 문제를 안게 된다. 이런 비판에 대해 백낙청은 분단이 갖는 특수성과 국민국가적 관점의 한계를 다시 한번 강조했고, 이런 반비판에 대해 손호철은 분단 변수를 과도하게 중시하는 것에 우려를 표명했다.

1990년대 초반이라는 당대의 시점에서 볼 때 분단 체제 논쟁은 이론적이자 실천적 논쟁이었다. 이론적 쟁점의 핵심은 분단이 갖는 특수성을 세계 체제와 한국사회 사이에 중범위적 분석 단위로 설정하는 것의 타당성에 있다면, 실천적 쟁점의 핵심은 노동·시민운동으로 대표되는 사회운동에서 통일운동이 갖는 위상에 대한 평가에 놓여 있었다. 현재 시점에서 볼 때 통일운동의 위상에 관한 논의는 논쟁 이후 북핵 실험 등으로 빛이 바랬지만, 분단에 대한 체제론적 이론화는 여전히 주목할 만하다.

분단 체제가 빚은 남남갈등

학계에서 분단과 한국사회의 관계는 역사학자 강만길의 오랜 관심사였다. 강만길에 따르면 해방 이후 한국사회는 분단시대를 맞이했다. 그는 기념비적 저작인 《분단시대의 역사인식》(1978)에서 분단이라는 역사적 사실을 정확하게 이야기해야만 통일을 지향할 역사인식을 가질 수 있다고 주장했다. 강만길은 분단시대 극복에 역사학이 기여할 세 가지 길이 존재한다고 역설했다. 분단시대를 외면할 게 아니라 현실로 직시하고 대결해야 하며, 철저히 객관화하고 비판해야 하며, 분단시대를 반드시 극복해야 한다는 게 그것이었다.

백낙청의 분단 체제론은 이러한 강만길 연구의 연장선상에서 이뤄진 것이었다. 강만길이 광복 이후 현대사의 새로운 시대구분을 시도한다면, 백낙청은 세계사회적 차원과 국민국가적 차원 사이의 새로운 분석 단위를 설정함으로써 분단시대를 이론적으로 정교화한 셈이다.

분단 체제라는 중범위적 분석 단위의 설정은 논쟁에서 선명히 드러났듯 양면성을 갖는다. 한편에서 손호철이 지적하듯 분단 체제는 노동 분업과 자기완결성이 부재하기 때문에 이론적 엄밀성이 취약한 개념으로 볼 수 있다. 그러나 다른 한편에선 남북한 관계가 갖는 정치·사회적 상호 규정력을 생각하면 분단 체제라는 개념에 담긴 분석적 설명력은 높은 것으로 보인다.

지난 70여 년을 돌아볼 때 분단이 미치는 영향력은 한국사회의 구조적 강제와 경로의존성에 대한 분석에서 매우 중대한 변수다. 분단 모순, 다시 말해 분단 변수를 과장할 필요는 없다. 하지만 분단이 미치는 영향력을 과소평가해서도 안 된다. 선거 때만 되면 등장하는 북풍 논란, 분단으로부터 영향을 받는 '코리아 디스카운트', 남북갈등에 짝하여 발생하는 '남남갈등' 등과 같은 분단 체제와 연관된 사건과 현상들은 한국사회 전반을 규정하는 구조적 강제뿐만 아니라 냉전 분단 체제라는 경로의존성도 적절히 설명해주는 사례들이다. 남북 관계는 외생 변수가 아니라 계급·지역·세대와 함께하는 사실상의 내생 변수로 볼 수 있다.

바로 이 점에서 분단 체제는 여전히 유용한 개념이다. 광복 이후 남과 북이 벌인 자본주의와 사회주의라는 체제 경쟁과 민주화운동의 한 축을 이룬 통일운동은 분단 체제와 긴밀히 연관돼 있다. 또 분단 체제는 시민사회 안에서 분단의식을 주조해왔다. 탈냉전에 대응하는 이념적 통섭이 지구적으로 진행돼왔음에도 불구하고 여전히 한국사회에선 사회주의, 사회민주주의와 같은 말들이 적잖이 낯설다. 이는 분단 현실이 강제하는 자기검열이 시민 다수의 의식 및 무의식에 직간접적으로 영향을 미쳐왔기 때문이다.

분단 체제가 가져온 가장 중요한 결과 중 하나는 남남갈등이다. 북한체제와 대북정책을 어떻게 볼 것인가를 놓고 진행돼온 남남갈등은 한국사회 이념논쟁의 가장 뜨거운 지대를 이뤄왔다. 천안함 침몰, 서해 북방한계선(NLL) 논쟁, 대북전단 살포 등에 이르기까지 남북 관계 쟁점은 한번 불거지면 다른 모든 이슈들을 잠재우는 이념논쟁의 블랙홀이다. 북한을 적으로 보지 않는 이들은 종북 좌파로, 북한을 같은 민족으로 보지 않는 이들은 반공 우파로 인식되는 상황이 바뀌지 않는 한 이 블랙홀에서 빠져나오기 어렵다.

분단 상황에 대한 분석과 토론이 중요한 이유는 분단의 극복인 통일이 경제발전, 민주주의와 함께 한국사회를 이끌어가는 시대정신이라는 데 있다. 보수 세력이 '통일대박'을 제시한 까닭도, 진보 세력이 '한반도 평화'를 강조한 까닭도 여기에 있다. 분단에 대한 다각적인 분석과 통일에 대한 적극적인 전망은 한국사회를 살아가는 지식인들에게 부여된 가장 중대한 과제 중 하나다.

▪ 과정으로서의 통일론 대 선진화 통일론

분단과 쌍을 이루는 주제인 통일에 관한 대표적인 연구로는 백낙청과 박세일의 저작이 주목된다.

먼저 백낙청은 《한반도식 통일, 현재진행형》(2006)에서 독자적인 '과정으로서의 통일론'을 체계화한다. 구체적으로, 첫째, 누구나 쉽게 동의할 수 있는 분단 극복이라는 대원칙에 합의하면서, 둘째 쌍방 정권이 결코 합의할 수 없고 민중으로서는 지금 저들끼리 합의하는 게 달가울 바 없는 통일

국가의 최종 형태나 주도층의 문제를 열어둔 채, 셋째 통일 국가 형성의 잠정적이고 가장 초보적 형태에 동의하는 수순을 제안한다. '과정으로서의 통일론'은 흡수통일의 독일, 무력통일의 베트남, 담합통일의 예멘 사례와 다를 수밖에 없는 분단 체제의 특수성을 고려한 한국적 해법으로 볼 수 있다.

한편 박세일이 《21세기 한반도의 꿈: 선진 통일 전략》(2013)에서 제시하는 통일론은 선진화 통일론이다. 선진화 통일론은 선진자유 · 자주공영 · 민주평화를 대원칙으로 삼는다. 구체적으로, 그는 '1단계: 북한의 정상국가-남한의 통일국가 준비 단계, 2단계: 1국가 2체제의 남북통합-북한의 산업화, 3단계: 1국가 1체제의 남북통합-북한의 민주화, 4단계: 선진통일국가 단계-신동아시아 시대'의 전략을 제시했다. 선진화 통일론에서 특기할 만한 사항은 미국과 중국을 포함한 주변국을 상대로 한 적극적인 통일 외교를 강조했다는 점이다.

통일이 언제 이뤄질지 예단하기는 어렵다. 그러나 통일이 우리 사회와 민족에게 부여된 중대한 역사적 과제임은 분명하다.

(김호기)

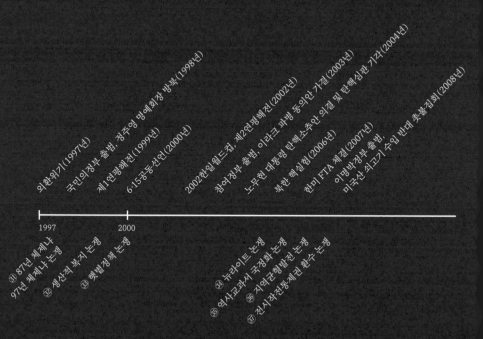

외환위기(1997년)

국민의정부 출범, 정주영 명예회장 방북(1998년)

제1연평해전(1999년)

6·15공동선언(2000년)

2002한일월드컵, 제2연평해전(2002년)

참여정부 출범, 이라크 파병 동의안 가결(2003년)

노무현 대통령 탄핵소추안 의결 및 탄핵심판 기각(2004년)

북한 핵실험(2006년)

한미 FTA 체결(2007년)

이명박정부 출범,
미국산 쇠고기 수입 반대 촛불집회(2008년)

1997   2000

㉛ 87년 체제나
97년 체제나 논쟁

㉜ 생산적 복지 논쟁

㉝ 햇볕정책 논쟁

㉞ 뉴라이트 논쟁

㉟ 역사교과서 국정화 논쟁

㊱ 지역균형발전 논쟁

㊲ 전시작전통제권 환수 논쟁

제4부

외환위기 이후의
한국사회
(1997~2018)

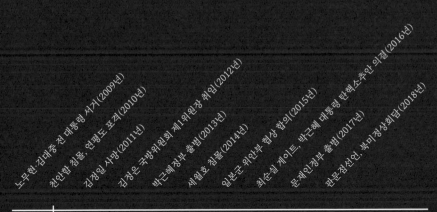

노무현·김대중 전 대통령 서거(2009년)

천안함 침몰, 연평도 포격(2010년)

김정일 사망(2011년)

김정은 국방위원회 제1위원장 취임(2012년)

박근혜정부 출범(2013년)

세월호 침몰(2014년)

일본군 위안부 협상 합의(2015년)

최순실 게이트, 박근혜 대통령 탄핵소추안 의결(2016년)

문재인정부 출범(2017년)

판문점선언, 북미정상회담(2018년)

2010

㊳ 무상급식 논쟁
㊴ 안철수 현상 논쟁
㊵ 수저계급론 논쟁

1997년 12월 미셸 캉드쉬 국제통화기금 총재(왼쪽)와 당시 임창열 재정경제원 장관(가운데)
이 구제금융 협정문에 서명하고 있다.

31.   87년 체제냐 97년 체제냐 논쟁

우리 사회의 '현재적 기원'은 어디서 시작하는 것일까? 시대정신에 따라 1960년대 이후 우리 현대사를 산업화시대와 민주화시대로 구분한다면, 그 현재적 기원은 1987년 6월항쟁으로 볼 수 있다. 한편 발전 전략에 따라 1960년대 이후 근대화를 발전국가 시대와 신자유주의 시대로 구분한다면, 그 현재적 기원은 1997년 외환위기로 볼 수 있을 것이다. 다시 말해 정치·사회적 측면에서 6월항쟁이 현재의 우리 사회에 결정적 영향을 줬다면, 경제적 측면에선 외환위기가 중대한 영향을 미쳤다.

이 문제를 중심으로 진행된 논쟁이 87년 체제와 97년 체제 논쟁이다. '87년 체제'란 말을 선구적으로 쓴 이는 사회학자 박형준이다. 박형준은 2003년 중앙일보에 기고한 〈1987년 체제를 넘어라〉라는 칼럼을 통해 87년 체제라는 개념을 선보였다. 특정한 역사적 시기를 체제(regime)로 파악한 대표 사례로는 보수 주도 정치 체제를 지칭한 일본의 '55년 체제'가 있다. 박형준은 55년 체제에서 착상을 빌려온 듯한 87년 체제의 특징을 '전태일·광주·박종철'을 딛고 자유와 참여, 시민사회를 연 민주화 체제에서 찾을 수 있다고 주장했다.

이후 87년 체제라는 개념이 학계 안에서 쓰이기 시작했고 '48년 체제', '61년 체제', '97년 체제'라는 개념 또한 제시됐다. 민주화시대와 87년 체제에 대한 학계의 연구들은 사회학자 김종엽에 의해《87년 체제론: 민주화 이후 한국사회의 인식과 새 전망》(2009)으로 편집돼 출간됐다. 이 책에는 87년 체제와 97년 체제에 대한 김종엽, 조희연, 김호기, 박상훈 등의 분석을 담은 논문들이 실려 있다.

87년 체제와 97년 체제란 무엇인가

87년 체제와 97년 체제 가운데 87년 체제를 주장한 대표적인 이는 김종엽과 조희연이다. 김종엽은 1987년이 우리 사회의 정치·경제·사회문화적 측면에서 일대 전환점을 이루고, 그 전환의 형태가 구조형성적인 측면을 갖고 있다는 점에서 6월항쟁 이후의 한국사회를 87년 체제로 파악할 것을 제안했다. 현재 우리 사회의 직접적 뿌리가 1987년에 닿아 있다는 게 그의 주장이다. 조희연은 87년 체제 개념의 유용성을 인정하면서 그 하위체제로 97년 체제를 제시했다. 그에 따르면 97년 체제는 1997년 외환위기와 수평적 정권교체라는 두 사건에 의해 형성된 새로운 단계라는 것이다.

87년 체제보다 97년 체제를 선호한 대표적인 이는 정일준, 김호기, 손호철이다. 정일준은 '87년 체제는 없다'고 주장했다. 우리 사회에서 체제는 발전국가 체제인 61년 체제와 신자유주의 체제인 97년 체제가 존재할 뿐, 87년 체제는 부재한다는 게 그의 주장이다. 김호기는 1987년에 열린 민주화시대에 대응하는 경제 체제가 모호하기 때문에 신자유주의가 도입되고 공고화되는 97년 체제가 87년 체제보다 개념적 적실성이 높다는 견해를 제시했다.

손호철은 87년 체제론은 정치체제를 특권화하는 정치주의의 위험을, 97년 체제론은 경제체제를 우위에 두는 경제주의의 위험을 안고 있다고 평가했다. 그에 따르면, 개발독재 체제인 61년 체제는 이 체제가 갖는 억압적 정치체제의 성격을 해체한 87년 체제를 거쳐 신자유주의 체제인 97년 체제로 변화됐다. 손호철은 87년 체제론이 반신자유주의 투쟁의 의미를 희석시키는 문제를 내포한다고 비판하고, 신자유주의의 등장을 주목하는 97년 체제론에 상대적 우위성을 부여했다.

이렇듯 학계에선 두 개념을 둘러싼 논쟁이 진행돼 왔다. 하지만 공론장을 포함한 시민사회에선 87년 체제라는 개념이 더 많이 사용되었다. 그 까닭은 시대정신의 관점에서 볼 때 민주화시대에 직접적으로 대응하는 게 87년 체제였기 때문이다. 박명림이 사용한 '87년 헌정 체제'나 노중기가 사용한 '87년 노동 체제', 박상훈이 사용한 '87년 정당 체제'에서 볼 수 있듯 정치사회에서 시민사회에 이르는 영역에서 87년 체제는 진행 중이다. 따라서 87년 체제론은 여전히 설득력이 높은 담론으로 볼 수 있다. 87년 체제의 한 특징을 이뤄온 지역주의 정당 체제는 현재 우리 사회가 극복해야 할 중대한 정치적 과제 가운데 하나이기도 하다.

민주화의 시간과 세계화의 시간

87년 체제와 97년 체제라는 두 개념이 모두 타당하다는 양시론의 입장에서 보면, 1997년 외환위기를 계기로 성립한 97년 체제가 지난 20년 가까이 우리 사회에 미쳐 온 영향은 심원하다. 구체적으로 그 영향은 다음과 같다.

첫째, 김영삼정부의 시장개방과 세계화 전략에서 어느 정도 가시화된 신자유주의 발전 전략은 외환위기 이후 김대중정부가 주도한 구조조정, 규제완화, 노동시장 유연화 등을 통해 빠르게 공고화돼왔다. 국제통화기금이 처방한 신자유주의 경제정책은 우리 사회를 외환위기로부터 비교적 단시간에 벗어나게 했지만, 다른 한편으론 국제 금융자본의 영향력 증대, 고용 없는 성장의 가시화, 비정규직의 확대, 사회양극화의 강화 등 새로운 문제들을 낳아왔다. 둘째, 정치사회의 경우 군부 권위주의가 1987년 민주화운동을 통해 권위주의와 자유주의가 공존하는 이른바 '3김 정치'를 경유해 노무현정부에 와서 탈권위주의적 자유주의로 변화됐다. 셋째, 시민사회의 경우 무정형의 시민사회에서 조직화된 시민사회로의 변화가 이뤄졌다. 넷째, 문화의 경우 공동체주의 문화에서 개인주의 문화로 변화돼 왔다. 요컨대 97년 체제는 우리 사회에서 세계화시대가 본격화됐음을 보여준다.

현재의 시점에서 돌아보면 지난 민주화시대에 우리 사회에선 1987년의 '민주화의 시간'과 1997년의 '세계화의 시간'이라는 두 개의 시간이 동시에 흘러왔다. 1987년 이후 우리 사회는 민주화라는 새로운 변화를 갈망해왔지만, 그 변화는 어느덧 우리 손아귀에서 벗어나 세계화라는 타율적 변화를 강제해왔다. 민주화의 시간을 특징 지어 온 사회개혁의 구심력이 세계화의 시간을 특징지어 온 구조적 강제라는 원심력에 의해 서서히 압도된 것이 1997년 이후 우리 사회 의 풍경이었다.

1997년 세계화의 시간을 특징짓는 사회현상은 불안과 분노다. 10대의 대학입시, 20대의 청년실업, 30대의 주거불안, 40대의 퇴출 공포, 50대 이후의 노후빈곤은 불안의 구체적인 실체를 이뤄왔다. 이 불안은 불만을 낳고 불만은 분노를 강화시킴으로써 우리 사회를 불안사회이자 분노사회로 만들어왔다. 이런 불안과 분노는 2008년 금융위기 이후 더욱 강화돼왔다. 이렇듯 1997년 외환위기와 그로부 터 비롯된 일련의 사회변동이 불안과 분노라는 한국사회의 현재적 기원을 이루고 있는 셈이다. 이런 불안과 분노를 어떻게 극복할 것 인가는 현재 우리 사회가 안고 있는 최대의 과제다.

■ 외환위기의 외인과 내인

1997년 외환위기를 낳은 원인에 대해 다양한 분석과 시각 이 제시되고 있다. 큰 틀에서 외인(外因)론과 내인(內因)론으 로 나눠 볼 수 있다.

외인론은 세계화의 진전이 가져온 금융자본의 세계화에 주목한다. 초국적 금융자본은 각종 규제 철폐에 따른 세계화 시대의 '국경 없는 경제'의 대표주자다. 국내에선 한스 피터 마르틴과 하랄트 슈만이 초국적 금융자본에 대해 쓴《세계화 의 덫》(강수돌 옮김, 2003)이 많이 읽혔다. 당시 세계 무역거래의 50배에 달하는 규모의 금융거래를 주도하고 있던 초국적 금융자본은 세계적 연결망과 전략적 제휴관계를 통해 국민경제에 절대적 영향력을 행사했다.

그렇다면 동북아 국가들 가운데 왜 한국만 외환위기를 크게 겪을 수밖에 없었을까? 이에 대해선 1990년대 한국 자본주의의 축적전략이라는 내인을 주목할 필요가 있다. 1990년대 초반에 불황을 넘긴 한국 대기업들은 1994~1995년의 호황 속에서 신규 투자를 위한 대규모 신용창출을 모색하고 있었다. 이에 김영삼정부는 1995년부터 종합금융사 설립을 허용했고 1996년 경제협력개발기구(OECD) 가입과 함께 국제적 자본이동을 신속하게 자유화시켰다. 재벌·은행·종금사가 외국 자본을 공격적으로 차입한 결과 1994년과 1997년 사이에 대외채무가 약 600억 달러에서 1,200억 달러로 증가했다. 1995년 이후 반도체로 대표되는 수출시장의 수요 감소, 경상수지 적자폭 증가, 재벌대기업의 잇단 부도, 동남아시아 외환위기가 가져온 유동성 위기가 중첩되고 결합돼 1997년 외환위기가 발생한 것으로 보인다.

요컨대 외환위기는 외인과 내인의 복합적인 상호작용의 결과로 볼 수 있다.

(김호기)

32. 생산적 복지 논쟁

산업화시대와 민주화시대에 우리 정치를 대표하는 정치가로서 박정희, 김영삼, 김대중, 노무현을 꼽을 수 있다. 박정희가 산업화시대를 주도해왔다면 김영삼·김대중·노무현은 민주화시대를 이끌어왔다. 이 가운데 김영삼과 김대중은 정치적 동지이자 라이벌이었다. 1980년대 전반기 군부독재에 맞서 함께 싸웠지만 1987년 민주화시대가 열린 후 정치적 경쟁을 벌였고, 1993년과 1998년에 각각 대통령에 취임했다.

1993년 집권한 김영삼정부는 빛과 그늘이 뚜렷했다. 금융실명제 실시, 군부의 정치개입 차단 등의 업적이 있었지만 무리한 개방과 세계화 정책은 1997년 외환위기를 낳게 했다. 김대중정부는 1960년대에 열린 산업화시대 이후 최대의 경제위기라 할 수 있는 외환위기 속에 1998년 출범했다. 이런 위기에 대응해 김대중정부가 제시한 국가 비전은 '시장경제와 민주주의의 병행발전'이었다. 경제적 차원의 생산적 복지는 김대중정부가 내건 사회적 차원의 국가 비전이었다. 생산적 복지의 핵심 아이디어는 국민 전체의 생산성과 복지를 동시에 향상시키도록 하는 데 있었다.

생산적 복지는 1990년대 후반 서유럽 '제3의 길' 노선을 수용한 정책이었다. 지식사회 안에선 생산적 복지를 둘러싸고 논쟁이 진행됐다. 생산적 복지 논쟁이 한국 복지국가 구축에 던져주는 함의는 무엇이었을까?

시장경제와 정치적 차원의 민주주의에 이어 1999년 김대중정부가 내건 사회적 차원의 국가 비전이 '생산적 복지'였다.

사회민주주의와 신자유주의의 절충

김대중정부가 제시한 생산적 복지의 핵심 아이디어는 극빈층에게 기초생활을 보장하고, 자립·자조·자활을 지원해 개인의 창의성을 발휘하게 하며, 결과적으로 국민 전체의 생산성과 복지를 동시에 향상시키도록 하는 데 있었다.

생산적 복지는 세 가지 주요 정책으로 구체화됐다. 첫째, 정부는 모든 국민이 빈곤선 이하에서 생활하지 않게 하기 위해 2000년 국민기초생활보장법을 제정했다. 둘째, 사회보험제도를 확충하고 내실화해 국민을 질병·노령·재해 등 사회적 위험으로부터 제도적으로 보호하고자 했다. 셋째, 저소득층을 포함한 사회 취약계층의 자활을 돕기 위해 다양한 취업 방안들을 마련했다.

이 생산적 복지는 1990년대 후반 당시 영국과 독일이 채택한 '제3의 길(The Third Way)' 노선을 발전적으로 수용한 정책이었다. 사회복지학자 이혜경이 지적했듯 제3의 길은 복지 확대를 주장하는 사회민주주의 노선과 복지 축소를 주장하는 신자유주의 노선을 절충적으로 통합하려는 전략이었다. 시장과 복지의 상호보완성에 대한 통합적 사고가 생산적 복지의 철학적 기반을 이뤘다.

생산적 복지로 대표되는 김대중정부의 복지정책을 어떻게 볼 것인지를 놓고 학계 안에서 진행된 논쟁을 담은 저작이 사회복지학자 김연명이 편집한 《한국 복지국가 성격 논쟁 1》(2002)이었다. 이 책

은 김대중정부 사회정책의 성격을 다각도로 조명한 선구적인 저작
이었다.

생산적 복지에 대한 비판을 제기한 이들은 정치학자 정무권과
사회복지학자 조영훈이었다. 두 사람은 김대중정부의 복지정책을
신자유주의적 개혁으로 봤다. 특히 조영훈은 근로연계 복지로서의
조건부수급제도, 민간부문의 역할 강화를 통한 복지 다원주의 등을
주목할 때 김대중정부 복지정책의 성격을 신자유주의적 복지국가
로 파악할 수 있다고 주장했다.

이에 대해 김연명과 사회복지학자 남찬섭은 이의를 제기했다.
김연명은 통합주의 의료보험, 전국민 연금제도 등 김대중정부 복지
정책의 특징이 사회 연대를 강화하고 지위 차별을 축소시키려는 데
있다고 봤다. 그는 이러한 노선이 국가책임주의를 강화하려는 혼합
모형의 성격을 보여준다고 주장했다. 한편 남찬섭은 김대중정부의
복지정책이 보수주의적 복지체제에서 나타나는 제도적 특징을 보
이고 있다는 견해를 내놓았다.

이렇게 서로 다른 주장을 놓고 토론 참여자들 사이에 다시 한번
논쟁이 점화됐다. 이 책 3부에서 이들은 상대방 주장에 대한 비판적
논점을 분명히 하고 앞서 제시한 자신의 견해를 옹호했다. 논쟁에
뒤늦게 참여한 사회학자 김영범은 여러 지표들을 지켜볼 때 한국은
복지국가로 보기에 아직 미성숙하다는 점을 강조했고, 논쟁을 전체
적으로 조망한 이혜경은 이 논쟁에 큰 영향을 미친 에스핑 안데르센
의 복지국가론 이외에 앤서니 기든스의 '제3의 길', 밥 제솝의 '슘페
터주의적 근로국가론', 닐 길버트의 '능력부여 국가론'에 주목할 것

을 제안했다.

제1권이 출간된 지 7년이 흐른 2009년에 정무권은 《한국 복지국가 성격 논쟁 2》를 편집해 출간했다. 제2권은 제1권에서 다뤄진 복지 레짐의 이론적 토론, 복지제도와 사회영역의 관계, 한국 복지국가의 특성에 대한 다양한 시각과 분석을 담았다. 의사 이상이, 사회복지학자 문진영, 행정학자 신동면, 사회복지학자 안상훈, 사회학자 김원섭, 행정학자 양재진 등 사회정책 분야의 신진 학자들이 주요 저자들로 대거 참여했다.

생산적 복지 논쟁의 의의와 과제

김대중정부가 생산적 복지를 내세운 이유는 두 가지였다. 첫째, 국제통화기금이 제시한 4대 부문 구조조정이 가져오는 사회양극화의 확대를 제어하기 위해선 복지정책의 강화가 필요했다. 둘째, 앞선 정부들과 달리 중도개혁 내지 중도진보 성향의 정부인만큼 자신의 이념에 걸맞은 복지국가의 한국적 기틀을 마련하고자 했다.

국가에 따라 차이가 존재하지만 산업화에서 민주화로, 그리고 다시 복지국가로 나아가는 것은 서구사회의 역사 발전에서 관찰할 수 있는 대체적인 경향이다. 선진국으로 나아가려는 한국사회도 예외는 아니다. 1997년 외환위기 이후 점증하는 사회양극화 속에 사회적 약자를 보호하기 위해 제대로 된 복지국가를 구축해야 하는 것은 시대사적 과제다.

무릇 새로운 시대는 과거의 시대 안에서 배태되는 법이다. 산업화시대가 절정에 달했던 1970년대에 유신 체제 반대 사회운동을 통해 민주화시대가 배태됐듯, 민주화시대가 절정을 이룬 2000년대에 들어와서 국민기초생활보장법 제정을 통해 복지국가 시대가 배태되고 있었다. 이제 민주화시대를 넘어서 복지국가 시대로 나아가야 하는 것은 더없이 중요한 시대사적 과제라 할 수 있다.

■ 생산적 복지와 앤서니 기든스의 '제3의 길'

김대중정부의 생산적 복지정책 기조에 큰 영향을 미친 외국 사회과학자로는 영국의 앤서니 기든스를 들 수 있다. 기든스는 프랑스의 미셸 푸코, 독일의 위르겐 하버마스, 미국의 이매뉴얼 월러스틴과 함께 20세기 후반을 대표해온 사회이론가다. 1990년대에 그는 전통적 사회민주주의와 새로운 신자유주의를 동시에 극복하려는 제3의 길을 내걸어 세계적으로 큰 주목을 받았다. 1998년 책으로 출간된《제3의 길》이 겨냥한 목표는 '사회민주주의의 갱신'이었다.

제3의 길 노선의 기본 아이디어는 '혼합 경제', '적극적 복지', '사회투자 국가' 등에 있었다. 특히 복지정책의 중심을 현금 급여와 서비스 제공을 중시하는 전통적 모델에서 교육개혁과 직업훈련을 중시하는 적극적 복지로 전환시켜야 한다는 그의 주장은 영국 블레어정부와 독일 슈뢰더정부의 사회정책에 큰 영향을 미쳤다. 시장경제와 민주주의의 병행발전, 그리고 생산적 복지를 내세운 김대중정부의 노선도 이런 기든스의 제3의 길로부터 아이디어들을 가져왔다.

기든스의 제3의 길에 대해선 옹호와 비판이 공존했다. 세계화의 충격과 정보사회의 진전으로 인해 변화가 불가피한 상황에서 제3의 길이 사회민주주의의 새로운 가능성을 열었다는 게 옹호의 근거였다. 하지만 제3의 길이 신자유주의 정책들을 적지 않게 수용하는 이른바 '신자유주의 좌파'에 불과하다는 비판 또한 만만치 않았다. 주목할 것은 1990년대 중반 이후 서구사회에서 중도진보 세력이 정권 교체를 이루는 데 제3의 길 전략이 중요한 이론적·정책적 기반을 제공했다는 점이다.

2000년대 들어 영국과 독일에서 진보 세력은 재집권에 실패했고, 제3의 길이 가졌던 영향력은 빛이 바랬다. 한국사회에서도 노무현정부 당시 집권당인 열린우리당 안에서 제3의 길에 대한 관심이 컸지만 2010년 이후 경제민주화와 복지국가 담론이 부상하면서 그 관심은 시들해졌다.

2008년 미국발 금융위기로 촉발된 포스트 신자유주의로의 체제 전환에서 정치적으로 우위를 점할 것으로 예상돼온 서구사회 진보 세력이 제3의 길에 필적할 담론을 제시하지 못한 채 선거에서 잇달아 패배한 것은 아이러니라면 아이러니다. 최근 들어 '포용적 번영' 등 새로운 경제·사회 패러다임을 제시하고 있지만, 유권자들은 과거 제3의 길에 대해 보였던 뜨거운 반응만큼 그렇게 호의적이지 않은 것으로 보인다.

(김호기)

정주영 현대그룹 명예회장이 1998년 7월 27일 임진각 근처에 마련된 환송회장에서 통일소의
고삐를 잡고 환송 나온 실향민과 현대 직원들에게 손을 흔들어 답례를 하고 있다. 정주영 회장
의 '소떼 방북'은 햇볕정책이 없었다면 불가능했다.

33. 햇볕정책 논쟁

　　한국전쟁 후 정부의 대북정책에서 가장 큰 논란을 이룬 것이 햇볕정책이다. 대북포용정책을 의미하는 햇볕정책은 김대중정부에서 본격화된 것으로 알려져 있지만, 그 출발은 1970년대 초로 거슬러 올라간다. 1960년대 말 한국군의 베트남 파병을 계기로 남북 간의 안보위기가 고양됐지만, 1971년부터 남북적십자회담이 시작됐다. 1972년과 1973년에는 7·4공동선언과 6·23선언이 발표됐다. 7·4공동선언은 남과 북이 자주적으로 남북 관계를 풀어나갈 것을 남북이 상호 합의한 것이었고, 곧 이은 6·23선언에서 한국 정부는 남북한이 각기 따로 국제기구에 가입할 것을 제안했다. 처음으로 북한을 대화의 상대로 인정한 것이다.

　　그러나 이후 남베트남의 패망, 김일성의 중국 방문, 판문점 도끼살인 사건, 팀스피리트 훈련, 아웅산 묘역 테러 사건, 대한항공 858편 폭파 사건이 이어지면서 1980년대 후반까지 남북 간 대화의 기조가 이어지지 못했다. 1980년대 전반기에 남북한이 각각 상대방의 자연재해에 대한 구호물자 전달이 있었고 1985년에는 적십자사 주도로 이산가족의 상호 방문이 있기도 했지만 더 이상 진전되지 못했다.

그러다가 1980년대 후반 한국 내부의 민주화와 세계적 차원에서의 탈냉전은 남북 관계의 기류를 바꾸는 데 결정적 배경이 됐다. 한국 정부의 대북포용정책은 탈냉전을 전후한 시기 노태우정부의 7·7선언과 남북기본합의서, 남북한 유엔 동시 가입으로 현실화됐고, 김영삼정부의 초대 부총리 겸 통일원 장관 한완상은 북한에 따뜻한 햇볕을 쬐어 스스로 옷을 벗게 한다는 방침을 밝히기도 했다.

그러나 비전향 장기수 이인모의 송환에 대한 보수 세력들의 반발이 심해지고 북핵문제가 발생하면서 김영삼정부 시기 남북 관계는 민간 차원의 교류 외에는 진전되지 않았다. 미국 클린턴정부가 제네바 합의 이후 북한에 대한 적극적 지원을 주장했지만, 김영삼정부는 햇볕을 비추려고 해도 구름이 있어 비추기 어렵다는 견해를 내놓으면서 핵문제 해결을 위한 북미 간의 대화에 반대하기도 했다.

김대중은 정권을 잡기 이전부터 햇볕정책의 중요성을 강조했다. 1992년 대통령선거에서 패배한 김대중 후보는 1993년 6월 6일 영국 런던대학 강연에서 "북한을 변화시키고 남북 관계를 발전시키려면 햇볕정책이 필요하다"고 주장했다. 1994년 9월에는 미국 정계 인사들과 만나 햇볕정책의 필요성을 강조하기도 했다.

햇볕정책의 빛과 그림자

김대중정부는 전후 처음으로 햇볕정책을 본격적으로 실시한 정권이었다. 북한과의 대화와 협력을 주장한 적은 있었지만 북한에 대한 지원을 통해 북한의 변화와 협력을 이끌어내겠다는 정책은 처음이었다. 1980년대 이후 남북한의 상황 변화가 이를 가능하게 했다. 한국의 민주화와 경제 성장이 급격하게 진행된 데 반해 북한은 세계적 차원에서 사회주의 정부의 몰락, 국내적으로 심각한 자연재해로 인해 사회·경제적으로 급격하게 몰락하기 시작했다. 서독의 동방정책이 가능했던 1970년대 이후 독일의 상황이 한반도에서도 나타났던 것이다.

1996년에 이어 1998년 6월에 발생한 북한 잠수함 침투 사건은 햇볕정책 추진에 걸림돌이 되기도 했지만, 정주영 현대건설 명예회장의 소떼 방북과 금강산 관광이 시작되면서 햇볕정책은 사회적으로 지지를 받았다. 남북 간의 긴장상태에 피로감을 느끼고 있었던 한국 사람들에게 당시 조성된 평화적 분위기는 미래에 대한 희망과 같았다. 북한에 대한 적극적 접근을 통해 북핵문제를 해결하겠다는 클린턴정부 역시 김대중정부의 햇볕정책을 지지했다. 여기에 더해 사실 여부에는 논란이 있지만 북한이 주한미군을 동북아 평화유지군으로 인정했다는 발언이 보도되면서 햇볕정책은 더욱 힘을 받게 됐다.

햇볕정책은 2000년 6월 남북정상회담과 6·15공동선언을 이끌어냈다. 한반도가 분단된 지 55년 만의 일이었다. 7·4공동성명이나 남북기본합의서에도 남북의 최고지도자가 관여했지만 직접적인 만남은 베를린 장벽이 무너졌던 순간만큼 역사적인 장면이었다. 게다가 두 지도자가 공동선언에 직접 서명을 했다는 것 역시 중요한 의미를 갖고 있었다. 6·15공동선언으로 김대중 대통령은 노벨평화상을 받았고, 남북 관계는 전향적으로 진전되기 시작했다.

햇볕정책은 노무현정부에서도 계속됐지만, 햇볕정책보다는 다소 완화된 대북포용정책이라는 용어를 사용했다. 노무현정부의 대북정책은 김대중정부만큼 전향적이지 않았던 것이다. 2000년대 들어 부시 행정부의 정책이 ABC(Anything But Clinton, 클린턴정부의 정책을 모두 바꾸겠다는 것)라고 불리면서 미국의 대북정책이 변화한 것이 중요한 요인의 하나가 됐다. 노무현정부 참여 인사들의 다소 부정적인 대북관 역시 대북정책이 다소 소극적으로 바뀌는 또 다른 요인이 됐다.

아울러 9·11테러 사건 이후 '테러와의 전쟁'을 선포한 미국은 테러 세력에게 도움을 줄 가능성이 있다고 판단되는 이른바 '불량 국가'들을 '악의 축(Axis of Evil)'으로 규정하고 강경한 정책을 실시했는데, 북한이 이란, 리비아와 함께 '불량 국가'에 포함됐다. 미국이 불량 국가로 규정한 북한과 이란, 리비아는 핵무기를 개발하고 있다는 의혹을 샀다. 이로 인해 미국과 북한 사이의 제네바합의가 무효화됐고, 한반도에는 먹구름이 짙게 드리웠다.

남남갈등의 주요 이슈

노무현정부는 이런 상황에서도 대북포용정책을 실시해 개성공단을 열고 남북의 철도를 잇는 성과를 냈다. 북한의 입장에서 개성공단은 외화벌이 수단이었지만 남한은 외환위기 이후 중소기업의 입지를 넓힐 기회였다. 북한이 아리랑 축제에 남한 관광객들의 방문을 허용했고 지자체와 기업인들의 방북이 잇따라 성사됐다. 2007년에는 10·4공동성명이 발표됐다. 북한의 개방이 이뤄지는 듯했다.

그러나 한국사회는 햇볕정책에 대한 피로감을 드러냈다. 먼저 남한의 대북지원이 계속되는 가운데 북한의 도발이 잇달아 발생했다. 1999년과 2002년 두 차례에 걸친 연평해전이 발생했고, 2003년에는 북한이 핵확산방지조약(NPT)에서 탈퇴했다. 2005년 북한의 핵무기 보유 선언에 이어 2006년 10월 9일 제1차 핵실험이 강행됐다. 햇볕정책은 북한을 변화시켜 도발을 방지해 한반도의 평화를 가져올 것이라는 국민의 기대에 부응하지 못했다. 특히 2002년 월드컵 기간 중에 발생한 연평해전에서는 한국 해군 6명이 전투 중 사망해 여론이 급속도로 악화됐다.

둘째로 햇볕정책의 투명성에 대한 의혹이 제기됐다. 2003년 노무현정부 초기 대북송금에 대한 특검이 대표적이다. 보수언론은 특검팀의 발표와는 달리 정상회담을 전후해 북한에 지급된 5억 달러가 정상회담의 대가인 양 보도했고, 이는 김대중정부의 햇볕정책에 대한 여론이 부정적으로 돌아서는 데 결정적 역할을 했다. 대북송금 문제는 2002년 3월 미 행정부에서 제기된 것으로 미국의 대북정책 전환 국면에서 불거진 사안이었다.

햇볕정책에 대한 부정적 여론은 1997년 외환위기 때부터 예견됐다. 외환위기로 한국사회는 북한에 대한 경제적 지원을 긍정적으로 평가할 여유가 없었다. 특히 독일 통일 과정에서 거듭 강조된 통일 비용은 햇볕정책뿐만 아니라 통일에 대한 부정적 여론이 대두되는 데 영향을 미쳤다. 이후 햇볕정책은 한국에서 진보와 보수 간의 남남갈등에 핵심적인 이슈가 됐다. 보수적 정치인과 언론은 햇볕정책을 북한의 핵 개발을 도와준 '종북적인 정책'으로 규정했다.

진보 세력들의 주장은 다르다. 6·23선언이나 남북기본합의서, 독일의 동방정책이 그랬듯이 햇볕정책은 북한을 변화시키기 위한 적극적인 정책이라는 주장이다. 아울러 한반도에서 평화 체제를 만들 수 있는 유일한 대안이라는 것이 햇볕정책 지지자들의 주장이다. 햇볕정책과 관계없이 북한 정부는 핵을 만들었을 것이라는 주장도 있다.

현재 상황에서 더 큰 문제는 대북정책이 정권에 따라 조령모개(朝令暮改)한다는 점이다. 심지어 한 정부의 임기 동안 정책이 이리저리 계속 바뀌기까지 한다. 대북정책은 국가의 미래를 좌우할 만큼 중대한 사안이기에 정권교체와 관계없이 지속성을 가져야 한다. 또한 정부는 대북정책에서 일정한 원칙과 기조를 갖고 있어야 한다. 대외정책을 총괄하는 건 외교부지만, 대북관계에 한해서는 통일부가 주도하는 이유는 대북정책의 중요성과 특수성을 고려해야 하기 때문이다. 또한 대북정책에는 충분한 사회적 공감대가 필요하다는 점 역시 햇볕정책이 주는 교훈이라고 할 수 있다.

▪ 북방한계선(NLL)을 둘러싼 남북한 간의 계속되는 논쟁

1953년 한국전쟁을 중단시킨 정전협정은 많은 문제를 안고 있다. 처음에 정전협정안을 만들 때 미국은 이 협정이 3개월 동안만 유효할 것으로 생각했다. 왜냐하면 정전협정 안에는 협정 조인 후 3개월 내에 한 단계 높은 급의 정치회담을 개최해 평화협정을 합의하고, 그 이후에는 정전협정이 더 이상 작동하지 않는 것으로 판단했기 때문이다. 따라서 협정의 일부 조항이 무효가 됐을 뿐만 아니라 정전체제를 관리하는 군사정전위원회와 중립국감독위원단의 활동이 중지됐다. 여기에 더해 북한은 1994년 이후 정전협정이 무효화됐다고 거듭 주장하고 있다.

정전협정은 북방한계선(NLL, Northern Limit Line)을 규정하지 않고 있다는 점에서 또 다른 문제를 갖고 있다. 정전협정을 빨리 마무리하는 과정에서 북한의 옹진반도에 인접해 있는 서해 5도와 북한 영토 사이의 해상 군사분계선을 유엔군과 공산군 측이 합의하지 못한 것이다. 한국 정부의 입장은 정전협정 조인 후 한 달이 지난 1953년 8월 30일 유엔군사령관이 NLL을 선포했고, 북한은 1973년까지 이의를 제기하지 않았기 때문에 NLL이 서해상의 유일한 군사분계선이라는 것이다.

그러나 북한은 NLL이 합의 없이 만들어졌기 때문에 국제법상으로 무효라고 주장하고 있다. 정전협정에 서명한 또 다른 주체인 유엔군사령부는 한국 정부와 동일한 입장이지만, 1974년의 CIA 보고서에는 1961년까지 서해상의 군사분계선은 없었다고 밝히기도 했다. 국제법에 따르면 국경은 양자 간의 동의가 있어야 확정이 가능하다. 이런 점에서 보면 북한의 동의 없이 그어진 NLL은 국제법적으로 작동하지 않을 가능성도 있다. 대한민국 헌법의 영토 조항은 한반도 전체와 그 부속 도서로 하고 있어 NLL 자체가 위헌일 가능성 또한 있다.

그러나 북한은 이미 1991년의 남북기본합의서 부속합의서 10조에서 "해상불가침 구역은 경계선이 확정될 때까지 쌍방이 지금까지 관할하여온 구역으로 한다"고 규정해 NLL의 실체를 인정한 적이 있으며, 2007년 10·4공동선언에서도 NLL을 중심으로 공동어로수역과 평화수역을 설정하는 데 동의했다. 이렇게 보면 NLL은 실질적인 군사분계선으로 작동하고 있다. 불행하게도 남북기본합의서는 국회에서 비준되지 못해 무효가 됐으며, 10·4공동선언은 이명박정부 때 무효화된 상황이다. NLL 지역에서 남북 간 분쟁이 계속되고 있는 점을 고려하면, 두 합의가 무효화된 것은 안타까운 일이다.

(박태균)

34. 뉴라이트 논쟁

한국 민주화시대를 특징짓는 경향 중의 하나는 '사회운동에 의한 민주화'이다. 사회운동에 의한 민주화란 자발적 결사체, 사회운동, 공론장으로 이뤄진 시민사회가 민주화를 이끌어온 주요 동력이었음을 뜻한다. 1987년 6월항쟁 이후 시민사회를 이끌어온 것은 진보적 시민단체와 시민운동이었다. 주목할 것은 2000년대에 들어와 이러한 진보적 시민사회에 맞서 보수적 시민사회가 능동화했다는 점이다. 보수적 시민사회를 주도한 것은 '새로운 우파'를 의미하는 '뉴라이트(New Right)'였다.

뉴라이트의 기원으로는 2004년 가을에 등장한 지식인운동인 '자유주의연대'를 들 수 있다. 자유주의연대의 창립을 주도한 이들은 1980년대 학생운동권 출신인 신지호, 홍진표, 최홍재 등이었다. 흥미로운 것은, 이들이 과거에 학생운동과 노동운동 등 진보적 사회운동에 주력하다가 뉴라이트로 이념적 방향을 선회했다는 점이다. 다

2000년대 초반 진보적 시민운동이 절정에 달했을 때 보수적 시민운동이 등장했다. 이들은 '뉴라이트'를 표방했다.

'새로운 우파'를 뜻하는 뉴라이트가 전하려는 메시지는 무엇이었을까? 이들은 어떻게 크게 성장할 수 있었을까?

뉴라이트는 왜 갑자기 힘을 잃게 되었을까? 뉴라이트는 정말 '새로운' 우파 운동으로 평가할 수 있을까?

른 나라의 경우를 보더라도 나이가 들어가면서 좌파에서 우파로 사상을 전향하는 게 아주 낯선 풍경은 아니다. 한국사회에선 이러한 흐름이 자유주의연대로 나타난 셈이었다.

'시장 보수'를 표방한 자유주의연대

2004년 당시의 시점에서 보수 세력은 중대한 위기를 겪고 있었다. 1997년과 2002년 대통령선거에서 연이어 패배한 보수 세력은 2004년 총선마저 여당이었던 열린우리당에 패배해 1987년 민주화 시대가 열린 이후 최대의 위기에 직면했다. 무릇 어떤 정치 세력이든 위기에 봉착하면 젊은 세력이 혁신을 내걸고 등장하기 마련이다. 한국사회 보수 세력에겐 자유주의연대를 위시한 뉴라이트 사회단체들이 그 역할을 떠맡았다.

자유주의연대가 출범하면서 내건 10개 개혁의제들은 뉴라이트가 겨냥한 보수 혁신의 주요 내용을 보여준다. 첫째, 과거 청산보다 미래 건설에 초점을 맞춘다. 둘째, 국가주도형 방식에서 시장주도형 방식으로 경제시스템을 전환한다. 셋째, 자유무역협정(FTA)을 통해 '열린 통상대국'을 건설한다. 넷째, 특권을 철폐하고 기회균등을 보장하되 결과에 승복하는 합리적 사회문화를 창출하며, 청부(淸富)를 권장하고 빈곤 해소를 추구한다. 다섯째, 법치주의, 다원주의, 사회적 공동선을 중시한다. 여섯째, 학생과 학교의 자율성을 중시하는 교육혁신을 추구한다.

이어지는 의제들은 자유주의연대가 지향한 대외정책의 이념적 경향을 보여준다. 일곱째, 대북정책의 최우선 과제로 북한 대량살상

무기 문제의 근원적 해결을 통해 전쟁 가능성을 제거하고 공고한 평화체제를 구축한다. 여덟째, 한반도 전역의 민주주의 실현을 위해 북한 인권 개선 및 민주화를 추구한다. 아홉째, 기존의 한미 동맹을 21세기 상황에 걸맞게 발전시키며, 주변국과의 우호관계를 강화한다. 열째, 문화·학술 등 연성권력(soft power)을 신장시키며, 세계 민주화에 기여한다.

자유주의연대가 제시한 개혁의제들을 다소 길게 인용한 까닭은 이러한 논리가 이후 뉴라이트를 내건 여러 사회단체들에 큰 영향을 미쳤기 때문이다. 자유주의연대는 무엇보다 시장주도형 경제시스템을 강조함으로써 신자유주의를 적극 지지했고, 북한의 인권과 민주화를 중시함으로써 김대중·노무현정부의 대북포용정책에 분명한 반대를 표명했다. 요컨대 자유주의연대의 출범은 우리 사회에서 '안보적 보수'에 맞서는 '시장적 보수'의 등장을 함축하는 것이었다.

뉴라이트를 어떻게 볼 것인가

뉴라이트의 등장에 대해 보수 세력은 적극 환영했다. 반공주의와 발전국가를 핵심 논리로 삼아온 한국사회의 보수 이념에 새로운 활력을 불어넣었다고 자평했다.

주목할 것은 이 시기를 즈음해 등장한 박세일의 선진화 담론이었다. 2006년 박세일은 《대한민국 선진화 전략》을 발표해 '공동체자유주의'와 이에 기반한 '선진화'를 제시했다. 공동체자유주의론과 선진화 전략은 뉴라이트의 사상적 기반과 정책 대안에 큰 영향을 미쳤다. 지식인운동으로 시작한 뉴라이트는 한편으론 선진화론과 결합하고 다른 한편으론 뉴라이트전국연합 등의 대중운동 조직과 결합하면서 점차 정치운동이자 사회운동으로 변모해갔다.

진보 세력은 뉴라이트의 논리가 기존의 '올드라이트'와 큰 차이를 보이지 않고, 미국의 '네오콘'이나 일본의 '극우세력'을 연상시킨다고 비판했다. 진보적 시각에서 뉴라이트를 평가한 대표적인 연구는 정치학자 정상호의 〈미국의 네오콘과 한국의 뉴라이트에 대한 비교 연구〉(2008)였다. 정상호에 따르면, 네오콘과 뉴라이트는 감세, 작은 정부, 규제 완화, 노동시장 유연화 등 신자유주의 정책을 내세운다는 점에서 공통점을 갖는다. 차이점은 네오콘이 68혁명이 가져온 위기의식에 대한 대응으로 등장했다면, 뉴라이트는 햇볕정책과 국가보안법 개정 등에 대해 보수 세력이 취한 반발의 연속선상에서 등장했다는 점에서 찾을 수 있다. 네오콘이 중심 이념으로 신보수주의를 제시한 반면, 뉴라이트는 핵심 가치로 자유주의를 내세웠다고 정상호는 지적했다.

흥미로운 것은 뉴라이트가 이렇게 등장하자 진보 세력 일각에서 '좋은정책포럼' 등을 창립하고 '뉴레프트'를 표방하고 나섰다는 점이다. 이러한 뉴레프트에 대한 진보 세력 내의 반응은 뉴라이트에 대한 보수 세력 내의 반응과 비교할 때 그리 호의적이지 않았다. 그까닭은 뉴레프트의 등장이 기존 진보 세력의 사회운동을 낡은 의미의 '올드레프트'로 자리매김하는 의도하지 않은 '정치적 효과'를 낳을 수 있기 때문이었다.

신지호 등 뉴라이트 운동을 주도하던 이들은 2008년 총선을 통해 정치사회에 진출하고 이명박정부 아래서 여러 공직을 맡았다. 이 시기가 뉴라이트의 절정기였다. '시장적 보수'에 가까웠던 이명박정부는 뉴라이트와 친화성이 매우 높았다. 하지만 박근혜정부로의 권력 교체가 진행되면서 '안보적 보수'가 다시 국가권력의 중심을 차지하게 됨에 따라 뉴라이트 세력은 과거와 같은 위력을 갖지는 못했다.

현재의 시점에서 돌아보면, 뉴라이트는 반공주의를 신자유주의로 바꾼 것을 제외하곤 자신의 이름에 담긴 '새로운(new)' 모습을 제시하는 데에 대체적으로 실패한 것으로 보인다. 보수주의의 가장 중요한 가치는 개인주의에 맞서는 공동체주의와 사회 해체에 맞서는 사회 통합에 있다. 시장에서의 경쟁을 특권화하려는 신자유주의가 공동체를 해체시키고, 사회 통합을 약화시켜 왔다는 점에서 뉴라이트의 핵심 논리는 아이러니컬하게도 보수주의의 기본 가치와 충돌해온 셈이다.

■ 박세일의 선진화론

뉴라이트 사상과 운동에 큰 영향을 미친 이는 박세일이다. 그는 지식인이라기보다 '경세가', 다시 말해 뜻을 이룰 상황이면 세상에 나아가 경륜을 펼치지만 그렇지 않으면 물러나 학문에 전력을 기울이는 이의 전형이다.

서울대 법대 교수로 학생들을 가르쳐온 박세일은 김영삼정부에서 정책기획수석비서관 등을 맡았고, 2004년 총선에서 한나라당 비례대표 의원으로 국회에 진출했다. 2006년에는 보수적 싱크탱크인 한반도선진화재단을 창립해 왕성한 활동을 벌여 왔다.

경세가로서의 박세일을 널리 알린 저작은《대한민국 선진화 전략》(2006)이다. 이 책의 핵심 주장은 '산업화'와 '민주화'에 이어 '선진화'가 새로운 국가 목표가 돼야 한다는 데 있다. 선진화론은 두 가지 아이디어, 즉 철학으로서의 공동체자유주의와 국가 비전으로서의 선진화로 이뤄져 있다. 공동체자유주의는 공동체의 가치를 소중히 하는 자유주의를 뜻한다. 공동체에 대한 개인의 성찰적 배려와 자율적 책임을 중시하는 공동체자유주의는 당시 한나라당 강령에도 실릴 만큼 보수의 새로운 철학으로 주목받았다. 또 박세일은 제도와 정책의 선진화를 위한 5대 핵심 전략을 제시했는데, 교육·문화의 선진화, 시장 능력의 선진화, 국가 능력의 선진화, 시민사회의 선진화, 국제관계의 선진화가 그것이다.

선진화론에는 성취와 한계가 공존했다. 선진화론은 민주화를 넘어서는 보수의 새로운 시대정신, 즉 이념적·정책적 좌표를 제시하는 데 나름대로 성공한 것으로 보인다. 박세일이 제시한 '부민덕국(富民德國)'은 산업화시대 부국강병의 21세기형 버전으로 볼 수 있다. 하지만 선진화론은 성장과 개방에 무게 중심을 둠으로써 분배와 복지를 상대적으로 소홀히 하는 한계를 갖는다. 2007년 대선 당시 한나라당 이명박 후보의 슬로건인 '선진 일류국가'의 토대를 제공했던 선진화론은 현실 속에서 제대로 구현되지 못한 채 정치적으로 소비된 것으로 보인다.

(김호기)

《해방전후사의 재인식》은《해방전후사의 인식》을 비판하기 위해 교과서포럼이 기획한 책이지만 정작 1권 저자들은 교과서포럼의 역사관을 정면으로 비판하는 이들이었다.

단순한 해프닝으로 끝났을지도 모를 교과서포럼과 뉴라이트의 시도는 이명박정부의 등장으로 새로운 동력을 얻었다.

그리고 2011년 '통합 한국사 교과서'가 세상에 나왔다. 이후로 보수 진영과 진보 진영은 역사교과서를 사이에 두고 다시금 치열한 대립 양상을 보이기 시작했다. 그리고 국정교과서의 부활을 둘러싼 논쟁이 진행되었다.

35. 역사교과서 국정화 논쟁

검인정 역사교과서는 2003년부터 교육현장에서 사용되기 시작했다. 제7차 교육과정에서 고등학교 2·3학년들이 배우는 '지리'는 필수 과목으로, '역사'는 선택 과목으로 결정됐다. '한국 근현대사' 과목을 위해 정부는 2003년에 4종, 2004년에 2종 등 총 6종의 검인정 교과서를 채택했다.

2004년 한나라당과 조선일보는 갑자기 검인정 '근현대사' 교과서에 대해 비판하기 시작했다. 한국 정부에는 비판적이면서 북한에 대해서는 긍정적으로 표현했다는 것이다. 특히 독재 정부에 대한 비판은 '자학사관'으로 규정하기도 했다. '자학사관'이라는 용어는 일본의 극우파들이 기존 역사교과서를 비판할 때 사용하는 용어였다.

검인정 역사교과서 집필에 적극 참여했던 역사학계는 '근현대사' 교과서에 대한 비판은 아무런 근거가 없고, 정치적·사상적인 공세에 불과하다고 반박했다. 하지만 보수 언론은 6종의 교과서 중 특히 금성출판사의 교과서를 타깃으로 비판을 이어갔다. 이런 비판을 주도했던 학자들은 2005년 교과서포럼을 조직했다.

교과서포럼과 '대안교과서'

교과서포럼은 "역사를 바로 씀으로써 미래세대를 올바르게 인도하고, 각종 근현대사 교과서를 분석·비판하면서 대안을 제시하겠다"는 목표 아래 조직됐다. 그러나 교과서포럼에는 한국사를 전공하는 역사학자들이 거의 참여하지 않아 교과서를 비판하는 데 많은 한계가 있었다. 교과서포럼은 이런 문제를 해결하기 위해 2006년 2월《해방전후사의 재인식》을 출간했다. 이 책 1권은 기존 한국 역사학계의 민족주의·국가주의적 경향을 비판하는 학자들에 의한 일제강점기 관련 분석이 주된 내용이었고, 2권은 교과서포럼 관련자들의 현대사 인식을 뒷받침하는 글들로 구성됐다. 제목을《해방전후사의 재인식》이라고 한 것은 1979년 10월에 첫 출간된《해방전후사의 인식》을 비판하기 위해서였다.

그러나《해방전후사의 재인식》에 참여한 저자들의 성향에는 큰 편차가 있었다. 1권에 참여한 저자들은 교과서포럼의 학자들과는 다른 인식을 갖는 학자들이었고, 오히려 포럼의 한국현대사 인식에 대해 적극적으로 반대하는 연구자들이었다. 이들의 공통점은 민족주의 사관에 근거해서 식민지 시기를 해석하는 것에 반대한다는 점이었고, 이러한 관점에서《해방전후사의 재인식》에 참여했지만, 이들은 곧 서로 갈라서게 됐다. 1권에 참여한 학자들은《근대를 다시 읽는다》(2006)를 통해, 2권을 주도한 교과서포럼은 이영훈의《대한민국 이야기》(2007)를 통해 자신들의 서로 다른 견해를 분명히 했다.《해방전후사의 재인식》을 통해 서로 다른 성향의 학자들이 결합했던 것은 하나의 해프닝이었다.

이후 교과서포럼은 '대안교과서'를 출간하겠다고 선언했다. 이를 위한 준비단계로서 2006년 11월 29일 교과서 포럼은 대안교과서의 내용에 대한 심포지엄을 열었다. 그런데 이 심포지엄에서 4·19혁명동지회와 4·19유족회 등 5개 단체 회원들이 포럼 참석자들과 몸싸움을 벌이는 사태가 발생했다. 교과서포럼의 대안교과서 시안에 4·19혁명을 4·19학생운동으로, 5·16쿠데타를 5·16혁명으로 기술했기 때문이었다.

교과서포럼을 지지하고 있었던 뉴라이트 계열의 자유주의연대 등 5개 단체는 대안교과서에 대해 "일부 소수자의 사견이 조직 방침인 양 유포된 교과서포럼의 시안은 산업화에 대한 지나친 미화와 민주화에 대한 평가절하라는 오류와 편향을 보이고 있다"며 "잘못된 시안 발표로 마음의 상처를 입었을 4·19 등의 관계자들에게 심심한 위로의 뜻을 전한다"는 성명을 내놓기도 했다.

2008년 뉴라이트 세력의 지지를 받은 이명박정부의 출범은 교과서를 둘러싼 논쟁의 진행 방향을 바꿔놓았다. 우선 교과서포럼은 많은 논란에도 불구하고 2008년《대안교과서 한국근현대사》를 출간했다. 이 책은 교과서는 아니었지만, 기존의 교과서를 대체하는 역할을 하겠다는 의미에서 '대안교과서'라는 이름이 붙었다.

대안교과서는 일제강점기의 역사를 '근대 문명을 학습하고 실천함으로써 근대 국민국가를 세울 수 있는 사회적 능력이 두텁게 축적되는 시기'라고 규정하는 한편, 현대사를 해방과 국민국가의 건설, 근대화 혁명과 권위주의 정치, 선진화의 모색이라는 3부로 구성했다. 같은 해 5월 세종문화회관에서 열린 대안교과서 출판기념회에서 당시 박근혜 한나라당 대표는 "뜻있는 이들이 현행 교과서의 문제점을 지적했다. 청소년들이 잘못된 역사관을 키우는 것을 크게 걱정했는데 이제 걱정을 덜게 됐다"고 축사를 했다. 역사교과서 국정화 논쟁의 출발점이었다. 일본 요미우리신문은 '한국의 대학교수들이 포함된 뉴라이트가 만든' 이 교과서가 일제강점기를 찬미한다고 하면서 조선일보의 보도를 인용해 "균형 잡힌 역사 교육의 첫걸음"이란 논평을 내놓기도 했다.

대안교과서의 문제점

역사학계에서는 그해 6월 열린 학술토론회에서 "교과서포럼의 대안교과서가 편향돼 있다"는 비판을 제기했다. 역사학자들이 거의 참여하지 않은 가운데 역사적 사실의 오류가 적지 않으며, '식민지 근대화론'을 강조하면서 항일운동을 이승만을 중심으로 축소했고 친일 문제에 대해서는 친일이 불가피했다는 점과 전 국민이 친일을 했다는 논리를 내세우고, 기독교와 재벌 중심의 서술 역시 문제라는 비판을 제기했다. 김구가 일본 상인을 군인으로 오인해 살해했다고 서술한 점 역시 비판의 대상이 됐다.

대안교과서가 힘을 발휘하지 못하자 교과서포럼은 검인정 교과서 참여로 국면을 전환했다. 교과서포럼은 '한국현대사학회'로 이름을 바꾸고, 교학사에서 역사교과서를 발간해 2013년 검인정을 통과

했다. 학계와 시민사회의 많은 비판 속에서도 교학사 교과서가 검인정에 통과한 것이다. 하지만 교학사 교과서를 채택한 곳은 부산 부성고등학교뿐이었다. 이는 일본에서 일본 극우 세력이 편찬한 교과서 채택률보다 낮은 것이었다.

교학사 교과서에 대한 논쟁이 진행되는 동안 이명박정부는 기존의 '근현대사' 검인정 교과서에 대한 수정을 요구했다. 2009년부터 시작된 수정 요구는 6종의 검인정 교과서에 모두 해당되는 것이었지만, 보수 언론이 비판의 타깃으로 삼았던 금성 교과서에 대한 수정 요구가 논쟁의 초점이 됐다. 교과서 집필진이 수정을 거부하면서 정부의 교과서 수정 요구는 법원으로 넘어갔고, 법원은 정부의 손을 들어줬다.

이 과정에서 정부는 2009년 제7차 교육과정을 수정해 '근현대사' 교과목을 없애고 '한국사'로 통폐합했다. 통합 '한국사' 교과서는 2011년부터 사용하도록 해 2년도 안 되는 짧은 기간에 졸속으로 교과서를 펴내야 했고, 정부는 새 교과서에 대한 철저한 집필 지침을 내리고 검인정 과정을 강화했다.

기존 교과서 내용은 수정됐고, 2011년부터 사용된 한국사 교과서는 정부의 검인정을 거쳤는데도 이들 교과서에 대한 비판이 다시 제기됐다. 한국사 교과서의 내용은 청와대에서도 이미 검토한 것이라는 전 국사편찬위원장의 주장에도 불구하고, 정부는 그 내용이 대한민국에는 비판적이고, 북한에 대해서는 비판 없이 사실 서술만 하고 있다면서 전격적으로 역사교과서 국정화를 강행했다. 소위 '올바른 역사교육'을 이유로 1973년 유신 체제의 국정 교과서로 다시 돌아간 것이다.

국정 교과서 체제로의 회귀는 2005년 시작된 교과서 논쟁의 연장선상에 있으며, 교과서포럼과 보수 정치인들이 선택할 수밖에 없었던 종착점이기도 하다. 이러한 강행에는 교학사의 검정교과서가 거의 채택되지 않았던 점이 중요한 요인이 됐던 것으로 보인다. 그러나 역사인식을 정부가 독점하는 경우는 독재국가밖에 없다는 점에서 사회적으로 논란이 계속돼왔다. 남남갈등이 계속되는 한 교과서와 역사인식을 둘러싼 논쟁은 끝나지 않을 것이다.

■ 역사교과서 논쟁의 기원

1993년 11월 《월간조선》에는 조갑제의 〈박정희와 김영삼의 화해〉라는 글이 실렸다. "모택동(毛澤東)을 보호한 등소평(鄧小平)의 역사관이 중국 개방의 성공을 보장했다. 한국 현대사와 역대 대통령에 대한 김영삼 대통령의 부정적인 역사관은 그의 국정운영에도 반영돼 국기(國基)의 수호와 대통령의 역할과 관련된 심각한 문제점을 노출시키고 있다. 건국-반공-경제발전-민주화로 이어진 국가건설의 흐름이 아니라 투쟁과 반대의 노선에 정부 정통성의 입각점을 두고 있는 김 대통령은 특히 박정희 지지 세력의 반발을 사고 있고 자신의 권력기반을 약화시킬 가능성이 있다. 과거와 화해한 바탕에서만 미래로, 세계로 나갈 수 있다."

이 글은 보수 진영 역사관의 바이블 같은 역할을 했다. 한국현대사를 건국, 산업화, 민주화, 선진화의 네 단계로 나눠 각각의 시기마다 지도자들이 적절한 역할을 한 점에 대해 높이 평가해야 한다는 주장이었다. 과오가 없었던 것은 아니지만, 공헌을 감안해 과오를 덮어야 한다는 것이다. 이러한 주장은 1995년을 전후해 보수 신문에 의한 '이승만과 나라 세우기'라는 캠페인으로 연결됐고, 2000년대 교과서포럼과 보수 정치인들이 내놓은 주장의 중요한 근거가 되고 있다.

어느 나라든 건국과 산업화, 민주화는 각각의 단계가 있는 것이 아니라 항상 동시에 진행되는 것이며, 국가가 존재하는 한 중단 없이 계속 진행된다. 건국은 국가를 수립하는 시점에서 끝나는 것이 아니라 국민들이 정체성을 갖는 과정 전체를 의미한다. 국민들이 그 국가의 정통성을 인정하도록 하는 노력이 모두 건국의 과정을 의미하며, 그러한 노력은 국가가 시작하는 시점부터 끝나는 시점까지 계속된다. 대한민국이 북한에 비해 정통성을 갖는 것은 지난 70여 년 동안 경제 성장과 민주화를 통해 성공적인 건국 과정을 진행해오고 있기 때문이지 1948년 정부 수립이라는 사실 하나 때문은 아니라는 것이다. 그럼에도 왜 각각의 단계를 구분하려는 것일까? 혹 과거의 잘못을 덮고자 하는 것은 아닐까? 과거를 성찰하지 않으면 미래가 없다. 역사는 홍보가 아니다.

(박태균)

우리 사회에서 고수익 사업 기회와 좋은 일자리는 대부분 수도권에 집중돼 있다. 반면 비수도권 주민들은 인간다운 삶을 누릴 수 있는 가능성이 한층 적다.

균형발전 정책이 놓인 배경은 이러했다. 그런데 노무현정부가 추진한 균형발전 정책은 정치적 논쟁은 물론 법적 논란을 불러일으켰다.

경제학자 김형기는 대한민국이 '서울공화국과 그 식민지'라고 주장한다. 균형발전은 정권적 과제를 넘어선 국가적 과제로서의 의미를 가진다.

36. 지역균형발전 논쟁

　　민주화시대가 열린 이후 민주화 세력 출신의 정치가가 권력을 장악한 것은 네 번이었다. 김영삼·김대중·노무현, 문재인 대통령이 그들이다. 김영삼·김대중·노무현정부는 각각 자신의 이름을 가졌는데, '문민정부', '국민의정부', '참여정부'가 그것이다. 군부의 정치개입 금지를 이룬 김영삼정부는 문민정부라는 이름과 어울리며, 외환위기를 극복한 김대중정부는 국민의정부라는 이름에 걸맞다. 노무현정부가 내건 참여정부의 '참여'라는 이름에 값하는 대표적인 정책은 지역균형발전이었다.

　　노무현정부가 끝난 지 3년이 지난 2011년 5월 서울대 사회과학원이 주최한 학술대회 〈노무현정부의 실험: 미완의 개혁〉에서 행정학자 강현수(충남연구원 원장)는 노무현정부 지역균형발전 정책의 특징을 지방 주도의 상향적 지역발전 체제를 주창했다는 데서 찾았다. 앞선 정부들의 균형발전 정책은 중앙정부 주도의 하향식 방식이었던 반면에 노무현정부는 지방이 스스로 주체가 되어 발전 전략을 기획·추진하는 새로운 지역 주도의 발전 패러다임을 모색했다는 게 강현수의 분석이었다. 이런 노무현정부의 지역균형발전 정책은 임기 내내 치열한 논쟁을 불러일으켰다.

행정수도 이전을 둘러싼 논쟁

노무현정부가 내건 3대 국정 지표는 '국민과 함께하는 민주주의, 더불어 사는 균형발전사회, 평화와 번영의 동북아 시대'였다. 균형발전사회라는 국정 목표를 가장 잘 보여준 것이 지역균형발전 정책이었다. 강현수가 지적했듯 지역균형발전을 위해 노무현정부는 대통령 직속의 '국가균형발전위원회'를 출범시키고, '국가균형발전특별법'을 제정했다. 행정중심복합도시 건설, 공공기관 이전, 혁신도시 건설과 같은 수도권 분산 정책을 모색한 동시에 지역혁신체계 구축과 같은 새로운 지역산업 정책을 추진했다.

가장 큰 관심을 모은 것은 행정수도 이전이었다. 행정수도 이전은 2002년 대선 당시 노무현 후보가 제시한 공약이었고 이 연장선에서 노무현정부가 추진한 '신행정수도의 건설을 위한 특별조치법'이 2003년 12월 국회를 통과했다. 서울이 아닌 다른 곳으로 행정수도를 이전한다는 이 법에 대한 국민적 관심은 서울이 갖는 역사·사회적 의미를 생각할 때 지대할 수밖에 없었다.

여러 논란 끝에 헌법재판소가 2004년 10월 이 법에 대해 위헌 결정을 내림으로써 논쟁은 더욱 격렬해졌다. 위헌의 까닭은 수도가 서울이라는 게 불문헌법이며, 수도 이전은 헌법 개정 사안인데 국회가 이를 지키지 않았다는 데 있었다. 이른바 '관습헌법'의 논리였다. 헌법재판소가 위헌 결정을 내렸다고 해서 행정수도 이전을 되돌릴 수는 없었다. 관습헌법이라는 논리도 문제였지만, 행정수도 이전에는 국토발전의 이상과 현실, 정치적 이해관계의 손익 계산 등 복잡한 문제들이 얽혀 있었기 때문이다. 결국 2005년 3월 '신행정수도 후속대책을 위한 연기·공주지역 행정중심복합도시 건설을 위한 특별법'이 국회에서 통과되면서 행정수도 이전을 둘러싼 논쟁은 일단락됐다.

지역균형발전 정책의 명암

지역균형발전을 어떻게 볼 것인지에 대한 대표적인 공개 토론으로는 2010년 사회통합위원회 등이 주최한 '균형발전 정책과 지방분권'에 관한 논쟁을 꼽을 수 있다. 사회학자 김영정은 균형발전 정책을 산업화 과정에서 소외된 지방을 살리려는 운동으로 이해했다. 그는 지방을 살기 좋은 곳으로 만드는 일이 국가와 중앙정부의 의무임을 주장하고, 시장과 성장 중심의 논리로만 지방 문제를 바라볼 경우 해답이 없음을 강조했다. 지방분권의 최종 목표가 지방자치의 공고화와 실질 민주주의의 달성에 있다는 게 그의 핵심 논리였다.

반면 경제학자 신도철은 노무현정부의 균형발전 정책이 광복 이후 최대의 포퓰리즘 정책이라고 비판했다. 그는 충청권의 표를 의식한 수도 이전과 그로 인한 다른 지역의 불만을 무마하기 위한 공공기관 지방 이전이 재정 낭비, 지역 간 갈등 조장, 국민의 불평등 증대를 가져올 것이라고 주장했다. 나아가 그는 지구지역화(glocalization) 시대를 맞아 광역자치단체의 통폐합을 우선적으로 논의할 필요가 있다는 견해를 제시했다.

한 걸음 물러서서 볼 때 노무현정부의 지역균형발전 정책에는 빛과 그늘이 공존했다. 행정수도 이전과 공공기관 이전에서 볼 수 있듯 균형발전 정책은 기존의 국토발전 노선을 일대 수정하려는 획기적인 전략이었다. 이 균형발전 정책은 무엇보다 지역주의를 극복하려고 했던 노무현 대통령 자신의 생각이 반영된 것이었고, 국정과제였던 만큼 정치적 탄력을 받았다. 산업화 과정에서 진행돼온 중앙 대 지방, 지방 대 지방의 불균형 발전을 돌아볼 때 균형발전과 지방분권은 규범적 측면에서 타당한 정책적 방향이었다.

하지만 균형발전 정책이 추진된 일련의 과정이 순탄치는 않았다. 균형발전이 수도권의 퇴행적 발전을 낳고 결국 국가경쟁력을 약화시킨다는 반대 논리가 제시됐고, 정치적 논쟁은 물론 법적 논란을 야기했다. 국토균형발전이 정권적 과제를 넘어선 국가적 과제라는 점에서 행정수도 이전 논란 등의 이슈들이 과잉 정치화되고 제동이 걸린 것은 결코 바람직한 일이 아니었다. 2000년대 초반 우리 사회에 이념 구도는 물론 각종 이해관계들이 이미 견고하게 뿌리내려 있던 셈이다.

균형발전과 지방분권을 연구해온 경제학자 김형기는 대한민국이 '서울공화국과 그 식민지'란 말이 과장이 아니라고 주장한 바 있다. 고수익 사업 기회와 좋은 일자리는 대부분 수도권에 집중돼 있는 반면 비수도권 주민은 인간다운 삶을 누릴 수 있는 가능성이 한층 적다고 그는 지적했다. 산업화 40년과 민주화 30년을 돌아볼 때 김형기의 주장은 공감할 수 있는 견해다. 김형기는 '정치·경제·사회문화의 모든 영역에 있어서 각인의 기회를 균등하게' 할 것을 규정한 헌법 전문과 '국가는 균형 있는 국민경제의 성장을 유지해야' 할 것을 규정한 헌법 제119조 2항을 주목하고, 균형발전을 위한 지방분권형 개헌 운동을 벌여 왔다.

지방분권을 위한 개헌이 이뤄지기는 쉽지 않다. 그러나 헌법에 명기된 균형발전의 정신이 구현돼야 할 이유는 충분하다. 생태학자들이 즐겨 쓰는 말 가운데 '지구적으로 생각하고 지역적으로 실천하라'는 언명이 있다. 그 어디에서 살아가든 삶이 의미를 가질 수 있는 지역적 실천을 위해서라도 균형발전이 여전한 시대적 과제라는 사실은 부정할 수 없을 것이다.

■ '세종시 수정안'을 둘러싼 논쟁

정치가로서의 노무현·이명박·박근혜 대통령의 생각을 비교할 수 있는 대표적인 정책 사안은 세종시 문제였다. 2010년 1월 이명박정부는 행정부처 이전 계획을 전면 백지화하고 세종시를 행정중심 복합도시에서 교육중심 경제도시로 전환하려는 '세종시 수정안'을 발표했다. 정운찬 국무총리가 주도한 이 수정안은 당시 여당인 한나라당 내 박근혜 계열과 야당인 민주당으로부터 격렬한 반대에 부딪혔다.

세종시 이전을 둘러싼 논란에는 세 가지 시각이 공존했다. 첫 번째 시각은 국토균형발전을 중시한 노무현 대통령의 관점이다. 균형발전을 위해 수도권 집중은 완화돼야 하고, 이를 위해 행정부처 이전이 필수적일 수밖에 없다는 논리였다. 두 번째 시각은 국정의 효율성을 중시하는 이명박 대통령의 관점이다. 9부2처2청을 옮길 경우 정부 행정의 효율성이 감소될 수밖에 없다는 논리였다. 세 번째 시각은 원칙과 신뢰를 중시하는 당시 박근혜 한나라당 전 대표의 관점이다. 2005년 국회에서 숱한 논란 끝에 여야가 함께 결정한 만큼 국민과의 신뢰가 우선시돼야 한다는 논리였다.

2010년 당시 세종시 이전 논란이 정치적으로 주목을 받았던 까닭은 '과거 권력', '현재 권력', '미래 권력' 간의 갈등이 담겨 있었기 때문이다. 지역 발전에 큰 관심을 가졌던 충청권 민심도 이 논란에 매우 예민하게 대응했다. 세종시 이전 문제는 그해 6월에 치러질 지방선거는 물론 2012년 총선과 대선에 결코 작지 않은 영향을 미칠 사안이었다. 선거를 고려하지 않을 수 없는 당시 박근혜 전 대표와 민주당으로서는 현실적으로 수용하기 어려운 정책이었다.

세종시 수정안은 결국 국회를 통과하지 못하고 폐기됐다. 현재 권력에 맞서 과거 권력과 미래 권력이 연대한 우리 정치사에서 매우 드문 사례였다. 세종시 수정안 문제는 정치권에 진출하려 했던 정운찬 총리에게는 중대한 정치적 시험대이기도 했다. 수정안이 폐기되면서 정운찬 총리는 힘을 잃었다.

(김호기)

37. 전시작전통제권 환수 논쟁

한국군의 전시작전통제권을 둘러싼 논란은 2005년 2월 25일 노무현 대통령의 취임 2주년 국정연설과 함께 시작됐다. 2008년까지 주한미군 1만2,500명의 단계적 철수에 대비해 2010년쯤 전시작전통제권을 주한미군으로부터 환수한다는 계획을 천명한 것이다. 노무현 대통령은 '자주군대'의 면모를 갖추고 동북아 안정의 균형추로서 역할을 하기 위해 1994년 평시작전통제권을 돌려받은 데 이어 전시작전권도 환수하겠다고 발표했다.

노무현 대통령의 이런 발언에는 세 가지 중요한 배경이 있었다. 첫째로, 주한미군의 지속적인 감축이었다. 당시 미국의 부시 행정부는 군사력을 이라크와 아프가니스탄에 집중하면서 주한미군 감축을 추진하고 있었다. 한반도 외에도 다른 중요한 지역이 많았고, 이제 한국은 국방을 스스로 책임질 수 있을 정도로 충분히 성장했다는 것도 중요한 이유였다.

노무현정부가 전시작전통제권을 환수하겠다고 하자 보수 야당과 전직 국방부장관들이 강하게 비판을 가하기 시작했다.

한국 정부와 미국 정부는 환수 시점과 명칭에서 엇박자를 내어 논란을 가중케 했다.

노무현정부는 끝내 전작권 환수에 대한 사회적 합의를 이루지 못했고, 현재까지 한국은 미국과 동아시아 정세 변화에 능동적으로 대응하지 못하는 상태에 처하게 되었다.

둘째로 주한미군의 전략적 유연성을 요구한 것이다. 한반도 이외의 지역에서 분쟁이 발생할 경우 주한미군을 이용할 수 있도록 신속기동군으로 전환한다는 전략이었다. 한국군의 작전통제권을 갖고 있는 상황에서 신속기동군으로 전환하는 것은 쉽지 않은 문제였다.

셋째로 노무현 대통령 자신의 국정 철학이었다. 즉, 미국과의 동맹관계를 평등한 관계로 재편하겠다는 것이었다. 전시작전통제권 환수 발표 직후 논란이 됐던 것은 '균형자'로서의 역할에 대한 노무현 대통령의 구상이었다. '균형자' 구상은 중국과 미일 동맹 사이의 갈등에 개입하지 않겠다는 정책이면서, 주한미군이 동북아시아 지역의 분쟁에 휘말릴 경우 한국군이 자동적으로 개입하는 사태를 방지하고 강대국 간의 갈등을 중재하겠다는 것이었다.

환수와 이양 사이에서

'균형자론'은 보수 야당뿐만 아니라 시민사회로부터도 비판을 받았다. 미일 동맹과 미국의 동북아 전략이 변화하지 않는 한 제3의 입지를 형성하는 것은 불가능하며, 이미 이라크에 한국군을 파병한 만큼 한미 동맹으로부터 자유로울 수 없는 입장을 고려해야 한다는 것이었다. 이라크전쟁 파병에 반대했던 시민사회의 입장에서 노무현정부의 주장은 스스로 균형을 잃은 것으로 보이기도 했다.

노무현정부가 2005년 9월 부시 행정부에 전시작전통제권 환수를 위한 공식 협상을 제안하면서 작전통제권 환수를 둘러싼 사회적 논란은 두 번째 단계로 접어들었다. 미군의 철수를 전제로 하는 것이 아닌 '우리 군은 우리가 지휘하고, 미군은 미국이 지휘하는, 일방적 명령체계가 아닌 상호협조 체제'를 추구하겠다는 계획이었다.

미국 정부가 이런 요청을 받아들여 같은 해 10월 한미연례안보협의회(SCM)에서 처음으로 전시작전통제권 환수를 위한 협의가 시작됐다. 한미 국방장관은 협의회를 통해 전시작전통제권 환수와 관련된 협의를 '적절히 가속'시키기로 합의했다. 여기에 더해 부시 행정부에서 가급적 이른 시기에 전시작전통제권을 한국군에게 넘겨주겠다는 입장을 표명했다. 한국 정부는 2010년에서 2012년 무렵 환수를 추진했던 데 비해 미국 정부는 그 이전에도 이양할 수 있음을 밝힌 것이다. 2011년이 돼서야 작전통제권 환수를 위한 여건이 마련될 것으로 전망했던 한국 정부는 미국의 역제안에 오히려 당황하는 모습을 보였다.

이러한 로드맵에 가장 먼저 반대 입장을 표명한 것은 역대 국방장관들이었다. 이들은 단독으로 전시작전통제권을 행사하려면 한국군의 전력이 갖춰져야 하는데 그러한 능력이 갖춰지지 않은 상황에서 환수가 이뤄지면 한국군의 작전 능력에 문제가 생길 수 있고, 한미연합사의 해체로 주한미군이 철수할 수도 있다고 반발했다.

한국 정부는 곧바로 2012년을 환수 시기로 한다고 발표했지만 부시 행정부가 그보다 3년이나 빠른 2009년에 작전통제권을 이양하겠다고 하면서 논란은 가속화됐다. 한국의 단독 방위능력 여부도 문제가 됐지만 더 중요한 점은 한미 간에 이견이 발생했다는 사실이었다. 게다가 양국 정부 사이에서 용어의 사용을 둘러싼 대립이 나타나기도 했다. 즉, '환수'로 쓰느냐, 아니면 '이양' 또는 '독자 행사'로 쓰느냐가 문제가 된 것이다.

재향군인회 등 보수단체들은 거리로 나섰고, 보수 야당은 노무현정부가 한미 동맹을 훼손하고 있다고 비판하면서 '국가안보 비상상황'으로 규정했다. 진보 세력은 미국이 신속기동군으로의 재편을 위해 작전통제권의 반환이 필요함에도 불구하고, 한국 정부의 정책이 너무 앞서 나가고 있다는 점을 경고하는 의미에서 반환 시기를 앞당기려 한다고 진단하기도 했다. 부시 행정부의 국방부 장관은 '한국에서 반미운동을 하면 주한미군을 철수하겠다'고 협박하기도 했다.

전직 군 원로들은 '노 대통령의 안보의식에 경악을 금치 못한다'는 성명을 발표하면서 군 통수권자인 노무현 대통령을 비판했다. 정부는 작전통제권 환수가 미국의 세계전략에 따른 것이지 한국 정부의 독단적 주장이 아니라고 해명했다. 그러나 북한의 갑작스러운 붕괴에 대비하기 위해 작전통제권 환수가 필요하다는 여당 소속 국회 국방위원장의 발언은 또 다른 논란을 일으키기도 했다.

9·11 테러 이후 변화된 미국의 대외 군사전략

2007년 2월 25일 한미연례안보협의회에서는 2008년 이후 주한미군을 추가 감축하지 않기로 결정했다. 그해 6월 말 이행계획에 대해 한국군과 미군 사이에 합의가 이뤄지면서 사회적 논란은 수그러들었다. 그러나 한국군의 전시작전통제권이 한국 정부로 환수 또는 이양이 추진되는 실질적 이유에 대해서는 사회적 합의가 이뤄지지 못함으로써 정권이 바뀌면 이 문제를 다시 검토해야 할 여지를 남겨 놓았다.

미국은 1960년대부터 한국군의 작전통제권을 이양하는 문제를 고려해왔다. 주한미군이 일정 수준 이하로 감축될 경우 한국군에 대한 작전통제권을 행사하기 어려워지기 때문이었다. 닉슨 독트린 직후인 1971년 주한미군 1개 사단이 감축되면서 작전통제권의 이양뿐만 아니라 판문점 군사정전위원회의 수석대표를 한국군 장성에게 맡기는 방안이 논의되기도 했다.

1990년을 전후해 탈냉전과 한국사회의 민주화가 이뤄지면서 해외주둔 미군 재배치계획(GPR)이 시작됐다. 탈냉전 시기의 세계 체제는 냉전 시기와는 다른 세계 체제를 만들었기 때문이다. 이로 인해 1992년 한국군의 평시작전통제권 이양이 합의됐고 1994년 평시작전통제권이 한국 정부로 이양됐다. 또한 군사정전위원회 수석대표가 미군 장성에서 한국군 장성으로 교체됐다.

이러한 정책은 북한 핵위기로 인해 클린턴정부에서 잠시 연기됐지만 2001년 9·11테러 이후 미국 정부는 다시 한번 해외주둔 미군 재배치계획을 통해 주한미군의 감축 및 신속기동군으로의 전환을 추진했다. 미국은 이제 공산주의와의 전쟁이 아니라 테러와의 전쟁을 진행해야 했다. 주한미군의 규모와 역할이 변화돼야 했다. 그리고 이는 2000년대 중반 한국군에 전시작전통제권 이양을 추진할 수밖에 없는 상황을 만들었다. 미국 정부가 한국 정부의 요구보다 빠른 2009년 전시작전통제권을 이양하겠다고 한 것도 이 때문이었을 가능성이 크다.

전시작전통제권 환수는 정치적으로 판단해야 할 문제가 아니라 안보적 관점에서 미국의 대외 군사전략 변화에 따라 국가적 차원에서 고민하고 다뤄야 할 문제였다. 그러나 이 문제가 제기된 근본적 이유에 대한 사회적 합의를 이루지 못한 상황에서 노무현정부의 임기가 끝나면서 이후 모든 계획은 백지화됐다. 이로 인해 한국은 미국뿐만 아니라 일본의 대외 군사전략 변화에 능동적으로 대처하지 못하는 상황에 처하고 말았다. 그리고 2017년 이후 트럼프 행정부의 주한미군 주둔비 문제로 한국과 미국은 다시 조정과 갈등을 계속하고 있다.

■ 유엔군사령부의 어제와 오늘

전시작전통제권 이양에 대한 논의가 시작되면서 미국 정부는 유엔군사령부의 역할을 변화시켜, 유사시 주한미군이 유엔군사령부의 지휘 아래에서 작전을 수행하는 방안을 제시했다. 아울러 작전통제권이 이양되더라도 유엔군사령부를 통해 작전통제권의 일부를 행사하는 방안까지도 고려해야 한다는 주장도 제기됐다. 이럴 경우 환수가 이뤄지더라도 실질적인 환수가 아니라는 견해가 나오기도 했다.

유엔군사령부는 1978년 한국군의 작전통제권이 새로 조직된 한미연합사령부로 이양되면서 그 역할과 규모가 대폭 축소됐다. 유엔군사령부의 해체는 1972년 미국과 중국이 관계 개선을 하면서 중국이 요청했던 사항 중 하나였다. 그러나 미국 정부는 유엔통일부흥위원단을 해체하는 대신 유엔군사령부를 축소 운영하기로 했다.

유엔군사령부 해체는 두 가지 점에서 중요한 이슈가 될 수 있었다. 첫째로, 미국뿐만 아니라 다자기구로서의 유엔이 주도하는 대북 억지력이 감소할 수 있다는 점이었다. 미군이 실질적으로 유엔군의 주축을 이룬다는 점을 감안하면 이는 상징적일 수도 있지만, 국제적 명분이라는 측면에서는 중요한 의미를 갖는다.

둘째로, 유엔군사령부 해체는 곧 정전협정의 수정 또는 대체를 필요로 한다는 점이었다. 1953년에 조인된 정전협정에서 남한 측은 유엔군사령관이 대표로 사인을 했기 때문에 유엔군사령부가 해체되면 정전협정이 다시 조인돼야 한다. 이는 유엔군사령부가 지금도 존재하는 중요한 이유 중 하나라고 할 수 있으며, 만약 정전협정이 영구적인 평화협정으로 대체된다면 유엔군사령부의 역할 및 존치 여부도 재고돼야 한다.

물론 유엔군사령부가 존재함으로 인해 유엔이 한반도의 안보 문제에 제3자로서 개입하지 못하는 역설적인 사실 역시 고려돼야 한다. 유엔이 국가 간 갈등에 개입해 중재할 수 있는 것은 갈등의 당사자가 아니라 제3자이기 때문에 가능한 것이다. 그러나 유엔군사령관이 정전협정에 서명한 당사자이기 때문에 유엔은 제3자로서 한반도의 갈등에 개입하는 것이 불가능하다. 미래를 위해 유엔군사령부가 어떻게 돼야 하는가에 대해서 진지한 논의가 시작돼야 할 시점이다.

(박태균)

38.   무상급식 논쟁

2007년 대통령선거에서 이명박 후보가 당선된 동력 중의 하나는 '경제 살리기'라는 슬로건이었다. 보수 세력의 경제 살리기는 대중의 관심을 모으는 데 성공했다. 2007년 대선과 2008년 총선에서 연이어 패배한 진보 세력에게 새로운 시대정신을 제공한 것은 2010년 무상급식 논쟁과 이와 연관된 복지국가 담론이었다.

우리 사회에서 복지국가론이 본격적으로 논의된 것은 일자리 창출을 중시한 김대중정부의 생산적 복지정책을 통해서였다. 생산적 복지 담론은 인적 자원에 대한 적극적 투자를 강조한 노무현정부의 사회투자 국가론으로 이어졌다. 생산적 복지론과 사회투자 국가론이 영국 블레어정부와 독일 슈뢰더정부의 '제3의 길' 노선에서 기본 아이디어를 가져왔다면, 전통적 복지국가 강화와 새로운 복지국가 구축을 동시에 강조한 이들은 진보적 싱크탱크인 '복지국가소사이어티'였다. 변호사 이성재, 의사 이상이, 경제학자 이태수 등이 주도한 복지국

2010년 3월 16일 서울시 세종문화회관 앞에서 각계 시민단체가 참여한 '친환경 무상급식 풀뿌리 국민연대'가 출범식을 갖고 친환경 무상급식 선언을 하고 있다.

가소사이어티는 보편 복지를 주창하고 시대정신으로서의 복지국가를 제시함으로써 지식사회는 물론 정치사회에서 큰 관심을 모았다.

선진국의 경험을 돌아보면, 경제적 산업화와 정치적 민주화에 이은 사회적 복지국가의 등장은 일련의 역사적 진행 과정이었다. 우리 사회에서도 1997년 외환위기 이후 점증해온 사회양극화는 그 해소를 위한 복지국가 구축을 새로운 국가적 과제로 부상시켰고, 복지국가소사이어티의 '역동적 복지국가론'은 이러한 흐름에 능동적으로 대응한 담론이었다. 2010년 무상급식 논쟁을 통해 촉발된 복지국가 논쟁은 2012년 대선에서 보수적 복지국가론과 진보적 복지국가론 간의 치열한 경쟁으로 나타났다.

보편복지 대 선별복지 논쟁

복지국가론이 사회적인 영향력을 획득한 데에는 무상급식 논쟁이 결정적인 역할을 했다. 2009년 당선된 김상곤 경기도 교육감이 무상급식 확대 정책을 추진하자 경기도 도의회는 교육청이 편성한 무상급식 예산을 삭감했는데, 이로부터 무상급식 문제가 새로운 논쟁의 이슈로 떠올랐다. 이 연장선에서 무상급식은 2010년 지방선거의 핵심 쟁점이 됐고, 이른바 '식판 전쟁', '밥의 정치'가 우리 사회와 정치를 뒤흔들었다.

무상급식 논쟁에는 '보편복지 대 선별복지'라는 대립이 담겨 있었다. 보수 세력이 저소득층에게만 지급하는 선별복지로서의 급식안을 제시했다면, 진보 세력은 모든 학생에게 지급하는 보편복지로서의 급식안을 제안했다. 보수 세력은 보편복지로서의 무상급식에 대해 '부자 급식', '좌파 포퓰리즘'이라고 비판한 반면, 진보 세력은 저소득층 무료급식이 학생들에게 눈칫밥이라는 '낙인효과'를 가져와 인권 및 교육권의 침해가 심각하다는 점을 부각시켰다.

열띤 논쟁 끝에 민주당이 지방선거에서 상대적으로 선전해 무상급식 정책은 탄력을 받았다. 당시 여론이 무상급식에 우호적이었던 까닭은 2040세대가 5060세대와는 달리 정부 복지정책의 필요성에 공감했기 때문이다. 2040세대 다수는 국민이 정부에 봉사하는 만큼 정부 역시 국민의 사회·경제적 삶의 향상에 기여해야 한다고 봤다. 이들은 헌법 제31조 '의무교육은 무상으로 한다'는 조항을 주목하고, 학생이 아침에 교문을 들어서서 오후에 학교를 떠날 때까지의 그 모든 게 교육과정에 포함돼 있다고 생각했다.

당시 대외적 환경도 무상급식 정책에 우호적이었다. 2008년 미국 대선에서 승리한 오바마정부는 의료개혁을 추진했고, 2009년 일본 총선에서 승리한 민주당정부는 아동수당을 실시했다. 2008년 미국발 금융위기 이후 신자유주의 발전모델에 대한 회의가 지구적으로 확산하는 과정에서 우리 사회에서도 이명박정부의 4대강 사업과 같은 토건국가 정책에 실망했던 국민들이 무상급식과 같은 복지정책에 대한 관심을 자연스럽게 갖게 됐다.

무상급식 논쟁의 의의

무상급식이 다시 관심을 모은 것은 2011년 서울시 주민투표를 통해서였다. 지방선거 이후 무상급식 문제를 놓고 대립해온 오세훈 서울시장과 서울시 시의회 간의 갈등은 결국 무상급식에 대한 주민투표 실시로 이어졌고, 그 결과 오세훈 시장이 사퇴했다. 이어진 보궐선거에서 민주당 박원순 시장이 당선됐다. 박 시장이 발의한 무상급식 조례안은 시의회의 동의를 거쳐 전면적으로 실시됐다. 이후 무상급식은 전국적으로 빠르게 자리 잡았다.

무상급식이 다시 한번 정치적 의제로 부상한 것은 2014년 홍준표 경상남도 지사가 무상급식 중단을 선언하면서부터였다. 경상남도 도의회가 무상급식 예산 지원의 중단을 결정함으로써 세 번째 무상급식 논쟁이 점화됐다. 그동안 여당과 야당의 입장은 변하지 않았는데, 여당인 새누리당은 무상급식을 선별 복지로 전환시키려고 한 반면 야당인 새정치민주연합은 보편복지로서의 무상급식을 주장했다.

급식이 교육의 한 과정이라고 한다면 무상급식은 보편복지에 속한다고 보는 게 타당하다. 하지만 동시에 무상급식·무상보육 등에서 어떤 복지를 우선시할 것인지는 해당 복지의 중요성과 정부의 재정 부담을 고려해 신중하게 결정해야 한다. 더불어 주목해야 할 것은 보편복지와 선별복지가 대립하는 게 아니라 복지의 내용에 따라 달리 적용된다는 점이다. 교육·의료처럼 국민의 기본 욕구에 따른 것은 보편복지로, 그 외의 것들은 선별복지로 가는 게 올바른 복지국가의 방향이라 할 수 있다.

무상급식 논쟁에 담긴 중요한 정책적 함의는 사회적 약자를 보호하고 사회양극화를 해소할 복지국가 구축을 어떻게 현실화할 수 있는지에 있었다. 어떤 복지정책이라 하더라도 그것을 제대로 추진하기 위해선 국가 발전전략에 영향을 미치는 구조적 강제와 경로의 존성을 고려한 상태에서 정부의 전략적 선택을 극대화해야 한다. 이러한 전략적 선택에서 재정정책과 복지정책 간의 균형을 어떻게 이룰 것인지를 신중하게 판단해야 한다. 복지정책에서 정치적 리더십이 중요한 이유가 바로 여기에 있다.

최근 우리 사회에서는 더 많은 복지를 요구하는 복지의식의 변화를 관찰할 수 있다. 2008년 미국발 금융위기 이후 발전국가에서 복지국가로의 전환은 시대사적 과제다. 세계화 진전과 양극화 심화라는 안팎의 조건을 고려할 때 우리 사회는 이중 과제를 안고 있다. 복지국가의 기틀을 세우는 전통적 복지의 구축과 비정규직·청년실업 등을 해결하는 적극적 복지의 강화가 그것이다. 이 점에서 어떤 복지국가를 이룰 것인지를 둘러싼 논쟁은 앞으로 더욱 활성화될 필요가 있다.

■ 복지국가소사이어티의 '역동적 복지국가론'

역동적 복지국가론은 진보적 싱크탱크인 복지국가소사이어티가 제시한 복지국가 담론이다. 2007년 《복지국가 혁명》을 출간해 자신의 존재를 알린 복지국가소사이어티는 역동적 복지국가론을 통해 복지국가의 시대사적 필요성에 대한 사회적 계몽을 주도했다.

역동적 복지국가론의 기본적인 문제의식은 국가적 수준에서 총체적 복지시스템을 구축하는 데 있다. 총체적 복지시스템이란 저소득 계층 중심의 혜택과 지원을 제공하는 잔여적·선별적 복지가 아니라 중산층을 포함한 전체 국민이 복지의 주체, 즉 수혜자이자 부담자가 되는 보편적 국가복지

체계를 뜻한다.

역동적 복지국가론은 김대중·노무현정부가 사회복지 확대를 추구했지만 복지국가 전략을 모색한 것은 아니었다고 평가하고, 우리 사회가 복지국가로 전환할 수 있는 구조개혁을 적극 단행해야 한다고 주장했다. 이런 역동적 복지국가론은 서유럽의 전통적인 사회민주주의에 잇닿아 있다.

역동적 복지국가론은 2008년 미국발 금융위기 이후 큰 주목을 받았다. 미국발 금융위기는 당시까지 우리 사회에 유포돼 있던 "신자유주의에 대한 대안이 없다"는 생각에 근본적인 회의를 안겨줬고, 이러한 회의는 국가복지의 확대를 주장한 역동적 복지국가론에 대한 사회적 관심을 높였다. 특히 역동적 복지국가론이 제시한 보편적 복지 담론은 무상급식 논쟁에서 볼 수 있듯 이명박정부의 선진화론에 맞설 수 있는 새로운 대항 담론의 구심을 이뤘다.

우리 사회에서 보수적 싱크탱크들은 활발한 활동을 벌여온 반면 진보적 싱크탱크들은 취약한 물적 토대로 인해 활동이 상대적으로 소극적이었다. 복지국가소사이어티는 진보적 싱크탱크의 활동에 새로운 활기를 불어넣었고, 무엇보다 시대정신으로서의 복지국가를 부상시키는 데 큰 역할을 했다. 당시 보수 세력에게 한반도선진화재단이 있었다면 진보 세력에겐 이에 맞설 수 있는 복지국가소사이어티가 있던 셈이었다.

(김호기)

2011~2012년까지 우리 사회는 '안철수 현상'과 마주했다. 안철수 현상에 담긴 정치적·사회적 코드는 어떻게 이해할 수 있을까?

안철수 현상은 국가와 시장에 대한 '시민사회의 반격'이자 정치사회 개혁을 요구하는 '새정치'에 대한 열망을 함의했다.

안철수 현상은 쇠퇴했다. 그러나 제2의, 제3의 인물이 등장해 '바람의 정치'가 다시 일어날 가능성을 배제하기 어려운 것은 아닐까?

39.   안철수 현상 논쟁

'안철수 현상'은 2011년에서 2012년까지 진행된 독특한 정치적·사회적 현상이었다. 안철수 현상이라는 말에는 두 개의 의미, 즉 의사이자 벤처사업가인 '개인 안철수'와 시민사회의 정치적 열망의 분출이라는 '사회현상'이 결합돼 있다. 안철수 현상이 우리 사회를 뒤흔든 것은 2011년 9월이었다.

2011년 이전에 안철수는 컴퓨터 백신 개발자로 시민사회에 알려져 있었다. 시민들로부터 상당한 호감을 얻고 있던 안철수는 2011년 9월 서울시장 후보를 박원순 변호사에게 양보함으로써 정치사회의 전면에 부상했다. 안철수 현상은 이 시기에 만들어진 개념이다.

안철수 현상이 절정에 달한 것은 2012년 9월 그가 18대 대통령 출마를 선언했을 때였다. 1년 동안 밖에서 관망하던 그는 정치사회에 진입하자마자 새누리당 박근혜 후보 그리고 민주통합당 문재인 후보와 치열하게 경쟁했지만, 그해 11월 문재인 후보에게 양보하기 위해 대선 후보를 사퇴했다.

안철수 현상의 성격

안철수 현상 이전에 우리 사회에서 현상이란 이름이 붙여진 사례는 노무현 대통령과 대중가수 서태지였다. 새로운 정치에 대한 열망이 '노무현 현상'을 낳았고, 대중음악의 새로운 실험이 '서태지 현상'을 불러일으켰다. 한 인물에게 현상이라는 말을 쓰는 것은 그 인물의 등장이 새로운 시대에 대한 열망과 맞물려 있을 경우다. 안철수라는 인물의 등장은 그만큼 신선하고 강렬했다.

안철수가 정치사회로부터 호명된 배경은 2012년 대통령선거였다. 2012년 대선은 87년 체제와 97년 체제를 동시에 극복해야 하는 과제를 안고 있었다. 87년 체제는 민주주의로의 이행과 공고화를 가져다줬지만 이념갈등을 포함한 과도한 사회갈등을 낳았다. 97년 체제는 외환위기를 단기간에 극복하게 했지만 분배구조 악화를 포함한 사회양극화를 증대시켰다. 87년 체제에 내재된 지나친 사회갈등과 정치적 대립의 구조화는 소통의 부재를 가져왔고, 97년 체제의 점증하는 양극화는 '만인 대 만인의 투쟁'으로서의 사회를 강화시켰다. 이러한 흐름에 맞서 2011년 당시 많은 시민들은 '소통과 공공성'의 가치를 열망하고 있었다.

안철수라는 이름이 시민사회에서 정치적 공명을 일으킨 이유도 여기에 있었다. 안철수라는 개인의 삶, 벤처기업 운영, 청춘콘서트 등 사회활동은 소통과 공공성이라는 가치에 부합했다. 앞선 산업화와 민주화의 시대정신에 대응해 한국사회가 2011~2012년 대선 국면에서 새롭게 주목한 시대정신은 복지국가였다. 시대정신을 단수가 아닌 복수로 본다면, 소통과 공공성 또한 이명박정부를 경유하면서 새로운 시대정신의 하나로 주목받았다. 소통의 자유주의에 반대되는 것은 불통의 권위주의였고, 공공성의 민주주의에 반대되는 것은 사익성의 시장주의였다. 불통과 사익성의 정치 및 리더십을 거부하려는 게 안철수 현상의 본질을 이뤘다.

안철수 현상은 2008년 촛불집회, 2010년 무상급식 논쟁, 2011년 희망버스의 연장선상에 놓여 있는 국가와 시장에 대한 '시민사회의 반격'과 새로운 대안으로서의 '새정치'에 대한 열망을 함의했다. 여기서 반격이란 기존 정치사회와 경제사회의 질서를 거부하는 것을 말한다. 공존을 거부한 채 경쟁만을 강제하는 신자유주의 시장과 주권의 대리인임에도 마치 주인인 것처럼 권력을 행사하는 권위주의 국가에 대한 시민사회의 적극적인 부정이 안철수 현상에 담겨 있었다. 요컨대 안철수 현상은 기성 정당정치에 대한 실망, 정치와 공론장에서의 과도한 이념논쟁의 피로감, 그리고 새로운 리더의 등장에 대한 기대가 결합돼 나타난 것으로 볼 수 있었다.

안철수 현상에 대한 평가

2011~2012년 안철수 현상이 한국사회를 뒤흔들었지만 시민 다수가 안철수를 지지하는 것은 아니었다. 안철수의 주요 지지 그룹은 젊은 세대인 20대들과 30~40대 화이트칼라 그리고 여성층이었다. 이 집단의 특징은 이명박정부 출범 이후 자신의 목소리를 대변할 리더를 갈망해왔다는 데 있었다. 2008년 촛불집회에서 볼 수 있듯 '거

리의 정치'를 통해 자신의 정치적 열망을 표출했던 이 집단은 운동 정치의 한계를 자각하면서 '선거의 정치'에서 자신의 대변자를 찾았다. 이 점에서 안철수는 스스로 '등장'했다기보다 시민들에 의해 '발견'된 셈이었다.

문제는 리더를 발견했다고 해서 정치적 세력화가 곧바로 '실현'되는 것이 아니라는 데 있었다. 정치적 세력화 과정에서 새로운 인물의 등장은 정당 조직과 결합할 때 현실정치에서 힘을 가질 수 있기 때문이었다. 바로 이 점에서 안철수 현상에 대한 평가가 엇갈렸다.

긍정적 시각은 안철수 현상에 정치사회의 '정상화'와 '우선성'에 대한 시민사회의 열망이 담겨 있다는 점을 주목했다. 1997년 외환위기 이후 신자유주의가 가져온 사회양극화를 해소하기 위해선 분배와 재분배의 개혁, 즉 노동시장 개혁과 사회복지 개혁이 동시에 추진돼야 하고, 이를 위해선 시장의 공공성을 제고하는 재벌개혁 역시 의제화돼야 했다. '안랩'이라는 벤처 사업의 신화를 갖고 있던 안철수는 비록 정치 경험은 없었지만 이런 개혁들에 가장 적합한 인물로 평가됐다.

부정적 시각은 안철수 현상과 같은 열망의 분출이 '반(反)정치의 정치'에 머무르게 된다는 점을 주목했다. 반정치의 정치는 정당정치와 맞서는 '정치적 포퓰리즘'의 위험을 갖는다. 어느 사회건 이른바 '바람의 정치'는 정치사회 내에 제도화될 때 지속가능성과 실현가능성을 획득할 수 있다. 이러한 제도화를 성취하지 못할 때 정치사회 개혁에 대한 시민사회의 열망은 이내 환멸로 바뀌게 되고 새로운 정치 질서에 대한 에너지는 그 과정에서 고갈될 가능성이 높았다.

대선 이후 안철수는 2013년 4월 보궐선거를 통해 국회에 진출했다. 2014년 3월에는 민주당과 결합해 새정치민주연합을 출범시켰지만 12월 새정치민주연합을 탈당했다. 현재 시점에서 돌아볼 때 2011~2012년 안철수 현상은 쇠퇴한 것으로 보인다. 그 원인은 안철수 개인의 취약했던 정치적 역량과 기성 정치사회가 갖는 구심력이 안철수 현상의 정치적 세력화를 허용하지 않았다는 데 있었다. 주목할 것은 안철수 현상이 쇠퇴했다고 해서 국가와 시장을 개혁하려는 시민사회의 열망이 사라진 것은 아니라는 점이다. 안철수 현상에서 안철수라는 이름을 대신하여 새로운 인물이 호명될지는 좀 더 지켜봐야 할 것이다.

■ 2012년 대선의 시대정신

역사를 해석하는 데 가장 어려운 일 중 하나는 시대 구분이다. 1945년 광복 이후 우리 사회의 시대 구분은 정부 수립, 산업화시대, 민주화시대로 나눠볼 수 있다. 민주화시대가 절정에 이른 것은 1998년에서 2008년까지 김대중정부와 노무현정부 시기였다. 2007년 대선이 '경제 살리기'를 앞세워 진보 세력에 맞선 보수 세력의 반격이 이뤄진 선거였다면, 2012년 대선은 민주화를 잇는 새로운 시대를 예감하게 하는 선거였다. 담론적 측면에서 경제민주화와 복지국가가 그 구체적인 증거였다.

세력의 측면에서도 2012년 대선은 세대가 팽팽히 맞선 선거였다. 산업화세대가 박근혜 후보를 주로 지지했다면 민주화세대는 문재인 후보를 주로 선택했다. 안철수의 핵심 지지 그룹은 1990년대 이후 등장한 신세대인 20대와 30대였다. 이들의 개인주의적 성향을 가장 잘 대변하는 이는 안철수였다. 이 점에서 그해 11월 안철수 후보의 사퇴는 신세대 정치 세력화의 좌절을 함의하는 상징적 의미를 갖기도 했다.

문제는 경제민주화와 복지국가를 내건 박근혜 후보가 대통령에 당선된 이후 추진한 정책이었다. 박근혜정부는 경제민주화 대신 규제개혁을 내세우고 대선 당시 제시한 '생애주기 맞춤형 복지'를 사실상 포기함으로써 이명박정부와의 연속성을 보여줬다. 이명박정부와 차별화된 것은 대외정책이었다. 이명박정부가 한미 동맹을 우선시한 반면, 박근혜정부는 대미정책과 대중정책 간의 균형을 유지하고자 했다.

(김호기)

40.   수저계급론 논쟁

역사는 하나의 층위로만 이뤄져 있지 않다. 이 점에 착목해 프랑스 역사학자 페르낭 브로델은 역사를 '사건의 역사', '국면의 역사', '구조의 역사'로 구분했다. 국면사의 시각에서 1997년 외환위기 이후 한국사회를 이끌어온 핵심 동력은 97년 체제다. 97년 체제에 내재된 세 가지 주요 경향은 세계화, 신자유주의, 사회양극화다. 외환위기가 일어난 지 20년이 지난 2010년대 후반 현재, 이 세 가지 경향의 현주소를 파악하는 것은 사회과학의 중요한 과제다.

세계화가 구조적 상수로서 한국사회의 경제와 문화의 틀을 바꾸어왔다면, 신자유주의는 2008년 미국발 금융위기 이후 구조변동의 한가운데 놓여 있다. 사회양극화는 불평등을 강화시킴으로써 사회통합을 작지 않게 훼손시켜 왔다. 주목할 것은 이러한 경향들이 의사결정의 최종 영역인 정치사회에 반영돼왔다는 점이다. 세계화의 불가피성이 2007년 대선에서 선진화 담론에 큰 영향을 미쳤다면, 신

외환위기 이후 우리 사회가 직면한 최대의 문제는 양극화와 불평등의 구조화다.

젊은 세대는 신계급사회로 가는 현실을 '헬조선'이라고 자조하고, 사회적 신분과 불평등을 금수저와 흙수저 등 '수저계급론'으로 풍자했다.

점증하는 불평등을 해소하지 않고선 우리 사회의 미래는 암울하다. 더 많은 기회, 더 많은 평등, 더 많은 정의를 일궈나가야 하는 것은 시대사적 과제다.

자유주의에 대한 대안 모델의 모색은 2012년 대선에서 경제민주화와 복지국가 담론을 부상시켰다.

사회양극화가 대중적 담론으로 구체화된 것이 2015년 '수저계급론'이다. 수저계급론이 크게 주목받은 이유는 두 가지다. 첫째, 외환위기 이후 20년에 가까운 시간 속에 양극화가 일시적 흐름을 넘어선 구조화된 추세로 자리 잡았다. 둘째, 박근혜정부에서 특히 가시화된 '갑을 논란'은 계급 격차에 따른 모멸감과 이에 맞서는 인정 욕구에 대한 사회적 관심을 증대시켰다. 2010년대 한국사회에서는 불평등 해소가 가장 중요한 화두가 됐다.

헬조선과 수저계급론

수저계급론은 사회적 신분과 불평등에 대한 담론이다. 이 담론은 학계가 아닌 인터넷을 중심으로 한 젊은 세대의 현실 풍자에서 비롯됐다. 수저계급론에 따르면 최근 한국사회에는 네 계급이 존재한다. 금수저·은수저·동수저·흙수저가 그것이다. 금수저가 최상류층이라면 흙수저는 하류층이다. 두 계급은 출발 지점부터 다르다. 영어유치원, 어학연수, 낙하산 취직이 최상류층의 성장 과정이라면, 서민 어린이집, 알바 생활, 자발적 백수가 하류층의 성장 과정이다. 금수저에게 은퇴 이후 해외여행을 포함한 행복한 노후가 보장돼 있다면, 흙수저에겐 쪽방촌에서의 안타까운 고독사가 기다리고 있다.

수저계급론의 등장과 연관해 주목할 것은 프랑스 경제학자 토마 피케티와 경제학자 김낙년의 불평등 연구다. 피케티가 《21세기 자본》에서 노동소득보다 자산으로부터 얻게 되는 수익이 갈수록 중요해진다고 주장했다면, 김낙년은 우리 사회에서 전체 자산 형성에 기여하는 비중에서 상속·증여가 점점 더 커지고 있다고 분석했다. 이들의 견해가 맞다면 개천에서 더 이상 용이 나지 않는, 불평등이 갈수록 공고화되고 구조화되는 사회가 바로 한국사회다.

미국의 사회학자 리처드 세넷은 《뉴캐피털리즘》에서 신자유주의가 갖는 그늘의 하나로 능력주의(meritocracy)의 폐해를 지적한 바 있다. 10대의 입시 경쟁, 20~30대의 취업 경쟁, 40대 이후의 '퇴출 공포'로 나타나는 생존 경쟁은 신자유주의가 강제한 능력주의의 살벌한 전쟁터를 이룬다. 능력주의와 비교할 때 수저론은 일종의 귀족주의(aristocracy)다. 재능보다는 태생이 중요하다는 게 귀족주의의 핵심이다. 이렇듯 금수저의 강고한 귀족주의와 나머지 수저들의 과도한 능력주의가 기이하게 공존하고 결합돼 있는 게 현재 한국사회의 민낯이라 할 만하다.

수저계급론에 큰 공감을 표한 이들은 특히 젊은 세대다. 이들은 신계급사회로 가는 현실을 '헬조선'이라고 풍자했다. 헬조선이란 '지옥(hell) 같은 한국(조선)'을 뜻한다. 1945년 광복 이후 지난 70여 년 동안 한국은 전쟁의 폐허를 딛고 모범적인 산업화와 민주화를 이룬 사례로 꼽혀왔지만, 정작 현재의 사회 현실에 불만·불신·불안을 느끼는 국민들은 결코 적지 않다. 헬조선과 수저계급론은 영광의 과거와 고뇌의 현재가 충돌하는 아이러니를 생생히 보여준다.

불평등을 넘어서

신계급사회론인 수저계급론에 대해 보수 세력 일각에서 비판이 제기됐다. 그 핵심은 개인적 책임을 모두 사회적 책임으로 돌린다는 논리였다. 자기 능력을 계발하는 노력은 기울이지 않고, 사회와 기성세대에 대한 불만을 일방적으로 토로한다는 주장이었다. 이들은 부자에 대한 시기심과 상대적 박탈감이 수저계급론에 깔려 있다고 비판했다. 여기에 더해 능력주의와 귀족주의의 동시 강화가 비단 우리나라만의 현상이 아니라는 논리가 동원됐다.

한걸음 물러서서 볼 때 세계화 시대에 불평등이 강화돼온 게 한국사회만의 문제라고 보기는 어렵다. 지구적 차원에서 서구사회와 비서구사회 간의, 선진국과 개발도상국 간의, 개별 나라에서 상층과 하층 간의 불평등은 세계화의 진전과 함께 점점 더 커져 왔다. 하지만 다른 나라의 불평등이 강화돼 왔다고 해서 우리 사회의 불평등 증대가 정당화될 수 있는 것은 아니다.

더불어 젊은 세대의 경우 노력을 기울이지 않는 게 문제의 핵심은 아니다. 각종 스펙 쌓기에서 볼 수 있듯 부단한 노력에도 불구하고 일자리를 구하기 어려운 청년실업의 현실이 헬조선 담론과 수저계급론을 탄생시켰다는 점을 주목해야 한다. 아무리 '노오력'을 기울여도 제대로 취업하기 어려운 게 흙수저의 삶이라는 젊은 세대의 주장이 한국사회 현실에 더 가깝다고 볼 수 있다. 세대사회학의 관점에서 기성세대의 '노력'과 청년세대의 '노오력' 간 인식의 거리는 한국사회의 세대 단절을 단적으로 보여주는 것이기도 하다.

계급이동의 사다리가 갈수록 사라져가고 있다는 사실이 우리 사회의 자화상이다. 점증하는 불평등을 해소하지 않고서 우리 사회는 더 이상 앞으로 나갈 수 없고 선진국에 도달하기 어렵다. 불평등을 해소할 수 있는 방안들은 이미 제시돼 왔다. 하층 계급에게 더 많은 교육 기회를 부여하고, 일자리를 제공하는 노동시장을 개혁하며, 소득과 자산, 상속에 대한 전향적인 조세정책을 모색하고, 사회적 패배자들을 위한 패자부활 제도를 마련하는 게 그 대안들이다. 요컨대 불평등을 완화하며 해소하기 위해선 무엇보다 경제민주화를 추진하고 복지정책을 강화해야 한다. 사라져가는 계급 사다리를 다시 건실하게 만들고, 더 많은 기회, 더 많은 평등, 그리고 이를 통해 더 많은 정의를 성취해가는 것은 한국사회가 더 이상 미룰 수 없는 시대사적 과제라 할 수 있다.

■ 청년실업의 현실과 과제

청년세대를 지칭하는 말로는 'N포 세대'가 있다. '삼포(연애·결혼·출산 포기) 세대'라는 말이 쓰이기 시작한 이후 '사포(삼포+취업 준비로 인한 인간관계 포기) 세대', '오포(사포+내 집 마련 포기) 세대'라는 말이 유행했고, 요즘에는 모든 것을 포기한다는 'N포 세대'라는 말까지 나왔다.

청년문제에서 가장 중요한 것은 청년실업이다. 통계청에 따르면 청년실업률은 전체 실업률의 2배가 넘는 10%에 육박한다. 청년실업의 원인은 세계화의 충격과 정보사회의 진전에 따른 '고용 없는 성장' 같은 세계사의 보편적 조건에서부터 과잉 고학력화, 구인·구직자 간의 상이한 눈높이로 인한 '잡 미스매치(job mismatch)' 같은 우리 사회의 특수한 조건에 이르기까지 안팎의 요인들이 복합적으로 결합돼 있다.

청년세대가 갖는 고통에는 기성세대의 책임이 작지 않다. 세계화 시대에 좋은 일자리를 만들기는 쉽지 않더라도 다른 나라 사례들에서 볼 수 있듯 대응하기 나름이기 때문이다. 일각에선 청년세대가 중소기업에도 눈을 돌려야 한다고 충고한다. 하지만 상당수 중소기업은 미래 전망이 불확실하고 일부 중소기업은 갑을 관계의 횡포가 두드러지는데, 자기 아이들에게 선뜻 권할 부모가 결코 많지는 않을 것이다.

청년실업의 대안으로는 전공을 포함한 대학의 구조조정, 체계적인 직업훈련의 도입과 청년고용 의무할당을 포함한 법·제도의 정비 등을 고려할 수 있다. 또 정부와 대기업은 물론 노동조합 등이 더 많은 양질의 일자리를 만들 사회적 대타협을 맺을 수 있는 길이 열려 있다.

인간은 자기 삶을 스스로 창조해가는 존재다. 이런 자기 창조 활동의 근본이 생산활동으로서의 노동에 있다고 주장한 이는 사회학자 리처드 세넷이다. 새로운 인생의 문턱에 있는 청년세대에게 더 많은 일자리를 제공해야 하는 것은 기성세대의 책무이자 우리 사회의 미래가 걸린 과제이다.

(김호기)

2016년 11월 12일 서울시 광화문광장에서 시민들이 박근혜 대통령의 사임을 요구하며 촛불집회를 열고 있다.

에필로그: 촛불시민혁명과 한국 민주주의

촛불시민혁명이 일어난 지 2년이 지났다. 현재 시점에서 이 혁명을 어떻게 볼 수 있을까? 한국 촛불시민혁명에 대한 가장 온당한 평가로는 2017년 독일 에베르트재단이 촛불시민혁명에 참여한 한국 국민을 2017년 인권상 수상자로 선정한 것을 들 수 있다. 에베르트재단은 "민주적 참여권의 평화적 행사와 평화적 집회의 자유는 생동하는 민주주의의 필수적인 구성요소다. 대한민국 국민의 촛불집회가 이 중요한 사실을 전 세계 시민들에게 각인시켜줬다"는 견해를 표명했다.

에베르트재단이 적절히 지적했듯, 한국 촛불시민혁명을 관통하는 정신은 민주적 참여권과 집회의 자유에 기반한 생동하는 민주주의다. 2016~2017년 수많은 국민들이 촛불을 들고 광장에 모인 것은 '모든 권력은 국민으로부터 나온다'는 헌법 정신을 파괴한 국정농단

세력에 대한 심판이었으며 동시에 정당한 저항의 권리 표출이었다. 이 당연한 권리의 행사는 '인민(demos)의 지배(kratia)'라는 민주주의(democracy) 본래의 이상에 새로운 생명력을 불어넣으려는 시도였다.

촛불시민혁명의 원인은 무엇이고 그 특징을 어떻게 볼 수 있는가? 그리고 촛불시민혁명이 한국 민주주의에 던지는 함의는 무엇인가? 이 문제들을 여기서 살펴보려고 한다.

촛불시민혁명의 원인

2016년 10월 하순부터 서울, 부산, 광주 등에서 박근혜 대통령의 즉각 퇴진을 요구하는 대규모 촛불집회가 매주 토요일마다 열렸다. 시간이 흐를수록 촛불집회의 참여자들은 크게 증가했다. 11월 29일 박근혜 대통령의 제3차 담화가 발표된 직후 열린 12월 3일 촛불집회에는 전국에서 232만 명의 시민들이 참여함으로써 한국 현대사에서 최대 규모의 집회를 기록했다. 2017년 3월 10일 박근혜 대통령 파면이 헌법재판소에서 결정될 때까지 누적 인원 총 1,600만 명이 촛불집회에 참여했다. 2016년 촛불시민혁명은 이렇게 진행됐다.

촛불시민혁명의 직접적 원인을 제공한 것은 '최순실 게이트'였다. 2016년 10월 24일부터 JTBC는 최순실이 박근혜 대통령의 연설문을 수정했다는 의혹을 제기했고, 국무회의 자료, 인사 관련 문건, 극비 외교 및 안보 서류 등도 유출된 것으로 보도했다. 이후, '미르재단' 및 'K-Sports재단' 관련 의혹이 더해지면서 최순실이 광범위하게 국정에 개입하고 농단했다는 여러 언론 보도들이 이어졌다. 이 사건은 이내 최순실 게이트로 명명됐다.

그렇다면 최순실 게이트가 왜 촛불시민혁명이란 거대한 사회운동으로 나타나게 된 것일까? 이 게이트는 여러 사회문제들이 복합적으로 결합된 사건이었고, 국민들의 커다란 분노를 유발시켰다는 데서 그 답변을 구할 수 있다. 최순실 게이트는 다음과 같은 세 가지 특징을 갖고 있었다.

첫째, 정치적 측면에서 '최순실 게이트'는 정당성을 갖지 않은 개인들이 대통령과 공모해 공적 정부기구를 사유화한 사건이었다. 한국에서 대통령은 대통령선거라는 투표를 통해 국민으로부터 권력을 위임 받은 헌법 기관이다. 이러한 정당성에 기초한 대통령의 권력은 대통령과 정부 관료들에 의해 행사된다. 최순실 게이트의 본질은 대통령이 공적으로 임명하지 않은 사람들이 정부 권력을 직접적으로 행사했다는 데 있으며, 민주주의의 원칙을 근본적으로 훼손한 이러한 권력의 사유화는 국민으로부터 즉각적인 분노를 불러일으켰다.

둘째, 사회적 측면에서 이 게이트는 '발전국가(developmental state)'를 '약탈국가(predatory state)'로 후퇴시킨 사건이었다. 박근혜 대통령의 아버지인 박정희 대통령이 이끈 박정희정부가 국가가 경제 성장을 주도한 '발전국가'를 일구었다면, 박근혜 정권은 사회학자 피터 에반스가 말한, 국가가 사회로부터 공물을 멋대로 거둬들인 '약탈국가'로 한국사회를 퇴행시켰다. 이러한 국가의 약탈적 행위에 대해 국민들은 촛불을 들어 거부했다.

셋째, 문화적 측면에서 이 게이트는 공공성의 가장 중요한 상징인 대학입시 제도를 훼손시킨 사건이었다. 최순실의 딸 정유라가 부정한 방법으로 이화여자대학교에 입학한 것은 국민적 공분을 불러일으켰다. 정유라 사건은 특히 젊은 세대와 학부모 세대에게 큰 상대적 박탈감을 갖게 했다. 한국사회에서 공공성의 최후의 보루로 여겨온 대학입시 부정 사건은 이 게이트가 세대·계층·이념을 초월한 '국가적 스캔들'로 커지는 결정적인 원인을 제공했다.

이렇게 다양한 특징을 가진 '최순실 게이트'에 대해 국민들은 처음에는 경악했다. 지난 20세기 후반에 모범적인 산업화와 모범적인 민주화를 이루었다고 자부해온 한국사회에서 일어날 수도 없고, 일어나서도 안 되는 사건이었기 때문이다. 이러한 경악은 이내 박근혜 대통령과 최순실 가족 및 측근들에 대한 분노로 바뀌었다. 그리고 그 분노는 박근혜 대통령의 즉각 퇴진을 요구하는 촛불시민혁명으로 나타났다.

촛불시민혁명의 구조적 원인과 배경으로 '박정희 체제'의 그늘과 '87년 체제'의 그늘 또한 주목할 필요가 있다. '박정희 체제'의 그늘은 '10월 유신'에서 볼 수 있듯, 억압적 국가기구에 기반한 권위주의 통치에 있었다. 박근혜 대통령의 통치 방식은 박정희 대통령이 권력을 남용했던 1970년대 '유신 체제' 시대에 머물러 있었다. 여기에 더해, 대통령에게 모든 권력이 집중되는 '제왕적 대통령제'로 특징지어지는 '87년 체제'의 그늘 또한 촛불시민혁명의 또 하나의 구조적 배경으로 주목할 만하다. 권력이 대통령에게 초집중돼 있는 만큼 대통령의 권력을 어떻게 분산시킬 것인지는 한국 민주주의의 주요 과제를 이뤄왔다.

주목할 것은 이러한 구조적 원인이 박근혜 대통령의 책임을 경감시키는 것은 아니라는 점이다. '박정희 체제'의 그늘과 '87년 체제'의 그늘은 1987년 이후 열린 민주화시대에 늘 존재했다. 이 두 그늘이 가시화되느냐 아니냐는 결국 대통령의 역량과 의지에 달려 있었다. 이러한 그늘을 제어하는 데 박근혜 대통령은 의지가 없었거나 아니면 그 능력을 갖고 있지 못했던 것으로 보인다.

촛불시민혁명의 특징

한국에서 촛불집회는 2002년 두 명의 여중생이 주한미군 장갑차에 의해 희생된 것에 대한 항의에 그 기원을 갖는다. 2008년 이명박 정권의 미국산 쇠고기 수입 결정에 반대해 대규모 촛불집회가 다시 한번 크게 일어난 이후 촛불집회는 우리나라 사회운동의 대표적인 방법으로 자리 잡았다. 촛불이 상징하는 것은 어둠에 맞서 빛을 밝히는 데 있다.

그렇다면 2016년 촛불시민혁명의 특징은 어떻게 볼 수 있을까? 사회운동으로서의 촛불시민혁명은 다음과 같은 다섯 가지 특징을 갖는다.

첫째, 주체의 측면에서 촛불시민혁명은 '보통 시민들'이 주도한 사회운동이었다. 노동조합과 NGO는 이차적인 주체였고, 세대·지역·이념을 넘어선 평범한 시민들이 촛불시민혁명의 주역이었다. 광화문 촛불집회의 진행을 이끈 것은 시민사회단체들의 연합조직인 '박근혜 정권 퇴진 비상 국민행동'이었다. 하지만 이들의 역할은 제한적이었다. 보통 사람들이 자발적으로 집회에 참여했고, 느슨한 네

트워크를 만들어 집합적으로 운동을 이끌어갔다.

둘째, 방식의 측면에서 촛불시민혁명은 사회적 저항이라기보다 문화적 축제에 가까웠다. 광장에서 이루어진 공연, 퍼포먼스, 이벤트 등에서 볼 수 있듯 촛불집회는 대규모 축제를 방불케 했고, 거리 행진에서 볼 수 있듯 촛불집회는 평화적 시위로 특징지어졌다. 이러한 촛불시민혁명의 방식은 앞서 말한 2008년 이명박 정권의 미국산 쇠고기 수입 정책에 저항한 촛불집회에서 시작한 것이었다. 과거 사회운동의 전투적 방식과 다른 촛불시민혁명의 평화적 방식은 국민 다수를 집회에 참여시키는 데 크게 기여했다.

셋째, 수단의 측면에서 촛불시민혁명은 페이스북, 트위터, 인스타그램 등 SNS가 주요 소통 수단으로 활용된 사회운동이었다. 시민들은 SNS를 통해 토론을 나누면서 비판 의식을 키웠고 광장으로 집결했다. 사회운동의 성공 여부를 결정하는 것은 동원의 규모다. 단시간에 100만 명이 넘는 시민들이 광장에 집결할 수 있었던 것에는 SNS와 같은 정보사회의 수단이 결정적 영향을 미쳤다.

넷째, 목표의 측면에서 촛불시민혁명은 박근혜 대통령의 퇴진과 낡은 체제, 즉 '앙시앵 레짐(ancien régime)'의 청산을 요구한 사회운동이었다. 촛불시민혁명에서 나타난 정경유착 의혹에 대한 비판은 '박정희 체제'가 남긴 부정적 유산과 결별하려는 시민들의 요구를 담고 있었다. 한국에서 앙시앵 레짐의 다른 이름은 '적폐'였다. 박근혜 대통령의 퇴진 이후 열린 대통령선거에서 '적폐 청산'은 가장 중요한 정치적 언술이 됐다.

다섯째, 성격의 측면에서 촛불시민혁명은 1960년 4월혁명과

1987년 6월항쟁을 역사적으로 계승한 정치적 사회운동이었다. 정당성을 상실한 대통령을 퇴진시킬 뿐만 아니라 새로운 정치질서를 구축하려는 시민들의 열망이 촛불시민혁명을 통해 표출됐다. 박근혜 정권의 퇴진 직후 치러진 대통령선거에서 당선된 문재인 대통령은 이러한 열망을 계승해 '촛불시민혁명 정부'임을 표방했다.

돌아보면, 2016년 촛불시민혁명은 4월혁명 및 6월항쟁과 여러 측면에서 닮았다. 주체의 측면에서 촛불시민혁명은 4월혁명 및 6월항쟁처럼 학생과 시민이 운동의 중심 세력을 이뤘다. 촛불시민혁명의 경우 학생보다 시민들의 역할이 더욱 중요하긴 했지만, 이는 민주주의의 저변이 그만큼 넓어진 것으로 볼 수 있다. 한편, 목표의 측면에서 세 사회운동들은 모두 권위주의 정권을 거부하고 민주주의 국가를 요구했다. 국가의 권력은 국민으로부터 나오며 국가의 주인은 바로 국민이라는 국민주권의 원리는 이 세 사회운동을 이끈 원동력이었다.

촛불시민혁명이 일어난 지 2년이 지난 현재 시점에서 이 거대한 사회운동을 어떻게 명명하는 게 타당할까? 여기서는 '촛불시민혁명'이라는 말을 쓰고 있지만, '촛불집회' 또는 '촛불시위'라는 표현을 쓰는 이들도 적지 않다. 혁명이라는 이름이 사회운동이 가져온 결과를 주목해서 판단하는 것이라면, 2016년에 일어난 이 사회운동을 '촛불시민혁명'으로 규정지을 수 있을지는 좀 더 지켜볼 필요가 있다. 하지만 혁명이 국가 기초, 경제제도, 문화생활을 근본적으로 바꾸는 것이라면, 촛불시민혁명에 참여한 다수의 국민들은 한국사회의 구조적 개혁이라는 혁명적 변화를 요구했다고 볼 수 있다.

촛불시민혁명과 민주주의의 미래

이제 촛불시민혁명을 다룬 한 저작을 주목하면서 나의 논의를 마무리하려고 한다. 그 저작은 정치학자 야스차 뭉크(Yascha Mounk)가 2018년 출간한《위험한 민주주의》다. 이 저작은 최근 서구 정치에서 가장 뜨거운 쟁점인 포퓰리즘을 다뤄 작지 않은 화제를 모았다.

뭉크는 1990년대 이후 지배적 정치 패러다임으로 군림해온 자유민주주의가 일대 위기에 직면했다고 진단한다. 위기는 두 가지 형태를 띤다. 포퓰리즘을 등에 업고 '권위주의적 스트롱맨'이 독재로 나아가는 '권리 보장 없는 민주주의'가 하나라면, 테크노크라트의 과두제가 민주주의를 압도하는 '민주주의 없는 권리 보장'이 다른 하나다.

나의 시선을 잡아끈 것은 민주주의 붕괴 경향에 대한 뭉크의 관찰이다. 구체적으로 기성 정치권에 대한 대중의 불만을 넘어선 혐오, 소셜미디어에서 강화되는 극단적 진영 논리, 갈수록 기승을 부리는 가짜뉴스에 대한 뭉크의 분석이다. 이는 오늘날 민주주의가 처한 상황을 적절히 설명한다.

흥미로운 것은 뭉크가 한국 사례를 다뤘다는 점이다. 뭉크는 한국이 촛불집회를 통해 권위주의로의 후퇴를 막고 자유민주주의를 지켰다고 평가한다. 국민 위에 군림하려는 지도자를 거부하고 국민주권의 민주주의를 사수하려는 게 촛불집회의 원동력이었다. 1987년 6월 항쟁을 통해 아시아의 민주화를 선도했던 우리 사회는 위기에 처한 민주주의에 촛불시민혁명을 통해 새로운 생명을 불어넣었다.

바로 이 지점에서 나는 앞서 언급한 에베르트재단의 견해인 '생동하는 민주주의'를 환기하고 싶다. '생동하는 민주주의'는 참여의 권리와 집회의 자유를 통해 성취된다. 다시 말해, 대의민주주의와 참여민주주의가 생산적으로 결합할 때 민주주의는 활력을 얻게 되며 더욱 성숙할 수 있다. 촛불시민혁명이 지키려고 한 국민주권의 민주주의는 결코 양도할 수 없는 우리 사회의 제1 정치적·사회적 가치일 것이다.* (김호기)

---

* **이 글은 일본 월간지 〈世界〉(2019년 2월호)에 발표한 글("韓国のキャンドル革命とその後")을 다소 수정·보완한 것이다.**

주요 참고문헌

* 아래 문헌은 이 책을 집필하는 데 도움을 받은 주요 저작들과 그 시대를 이해하는 데 도움을 줄 수 있는 참고 저작들임.

제1부

1. 강만길,《20세기 우리 역사》, 창비, 2009.

2. 서중석,《한국 현대사 60년》, 역사비평사, 2007.

3. 브루스 커밍스,《한국전쟁의 기원》, 김자동 옮김, 일월서각, 1986.

4. 박명림,《한국 전쟁의 발발과 기원 1·2》, 나남, 1996.

5. 박태균,《한국전쟁》, 책과함께, 2005.

6. 김일영,《건국과 부국》, 생각의나무, 2004.

7. 송건호 외,《해방전후사의 인식 1~6》, 한길사, 1979-89.

8. 박지향 외 편,《해방전후사의 재인식 1·2》, 책세상, 2006.

9. 정병준 외,《한국 현대사 1: 해방과 분단, 그리고 전쟁》, 푸른역사, 2018.

10. 김영민,《한국 현대 문학 비평사》, 소명출판, 2000.

제2부

1. 박정희, 《국가와 혁명과 나》, 향문사, 1963.

2. 김대중, 《대중경제론》, 청사, 2006.

3. 김만제 외, 《한국 경제 사회의 근대화》, 한국개발연구원, 1981.

4. 리영희, 《전환 시대의 논리》, 창작과비평사, 1973.

5. 박현채, 《민족경제론》, 한길사, 1978.

6. 한완상, 《민중과 지식인》, 정우사, 1978.

7. 이원덕, 《한일 과거사 처리의 원점》, 서울대출판부, 1996.

8. 박태균, 《베트남전쟁》, 한겨레출판, 2015.

9. 한홍구, 《유신: 오직 한 사람을 위한 시대》, 한겨레출판, 2014.

10. 홍석률 외, 《한국 현대사 2: 경제성장과 민주주의, 그리고 통일의 과제》, 푸른역사, 2018.

제3부

1. 황석영 외, 《죽음을 넘어 시대의 어둠을 넘어》, 창비, 2017.

2. 정해구, 《전두환과 80년대 민주화운동》, 역사비평사, 2011.

3. 박노해, 《노동의 새벽》, 풀빛, 1984.

3. 이진경, 《사회구성체론과 사회과학방법론》, 아침, 1986.

5. 조혜정, 《한국의 여성과 남성》, 문학과지성사, 1988.

6. 박현채·조희연 편, 《사회구성체 논쟁 1~4》, 죽산, 1989-92.

7. 최장집·임현진 편, 《시민사회의 도전》, 나남, 1993.

8. 유팔무·김호기 편, 《시민사회와 시민운동》, 한울, 1995.

9. 송재희 외, 《신세대 네 멋대로 해라》, 현실문화연구, 1993.

10. 김정한 외, 《한국 현대 생활문화사: 1980년대》, 창비, 2016.

제4부

1. 백낙청, 《한반도식 통일, 현재진행형》, 창비, 2006.

2. 최장집, 《민주화 이후의 민주주의》, 후마니타스, 2002.

3. 장하준,《국가의 역할》, 부키, 2006.

4. 박세일,《대한민국 선진화 전략》, 21세기북스, 2006.

5. 신기욱,《한국 민족주의의 계보와 정치》, 창비, 2009.

6. 손호철,《현대 한국정치》, 이매진, 2011.

7. 임혁백,《비동시성의 동시성》, 고려대출판부, 2014.

8. 조희연,《투 트랙 민주주의 1·2》, 서강대출판부, 2016.

9. 김연명 편,《한국 복지국가 성격 논쟁 1》, 인간과복지, 2002.

10. 강원택 외 편,《탈냉전사의 인식》, 한길사, 2012.

■ 사진 저작권

2장, 4장 ,17장 두 번째 사진, 22장, 24장, 32장, 38장 등 7개 사진의 저작권은 경향신문사에 있습니다. 무단전재 및 복제를 금합니다.

이외의 사진은 저작권자를 찾지 못했습니다. 저작권자께서 ㈜메디치미디어로 연락을 주시면 저작권 이용료를 지불하겠습니다.

논쟁으로 읽는 한국 현대사

초판 1쇄 2019년 4월 30일 발행
초판 6쇄 2024년 5월 10일 발행

지은이 김호기 박태균
펴낸이 김현종
출판본부장 배소라 **책임편집** 한진우
마케팅 최재희 안형태 신재철 김예리 **경영지원** 박정아

펴낸곳 (주)메디치미디어
출판등록 2008년 8월 20일 제300-2008-76호
주소 서울특별시 중구 중림로7길 4, 3층
전화 02-735-3308 **팩스** 02-735-3309
이메일 medici@medicimedia.co.kr **홈페이지** medicimedia.co.kr
페이스북 medicimedia **인스타그램** medicimedia

© 김호기 박태균, 2019

ISBN 979-11-5706-158-7 03300

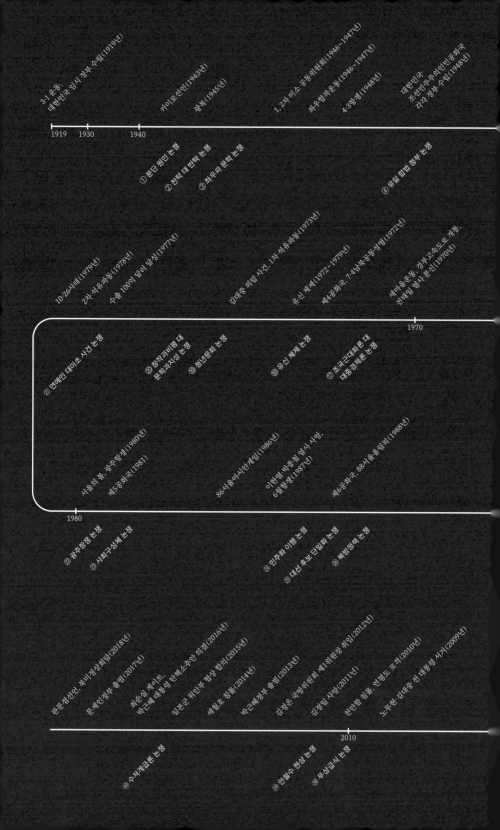

3·1 운동, 대한민국 임시 정부 수립(1919년)
카이로선언(1943년)
광복(1945년)
1, 2차 미소 공동위원회(1946~1947년)
좌우 합작운동(1946~1947년)
4·3항쟁(1948년)
대한민국, 조선민주주의인민공화국 각각 정부 수립(1948년)

1919 1930 1940

① 분단 원인 논쟁
② 신탁 대 반탁 논쟁
③ 좌우파 문학 논쟁
⑦ 유일 합법 정부 논쟁

10·26사태(1979년)
2차 석유파동(1978년)
수출 100억 달러 달성(1977년)
김대중 피랍 사건, 1차 석유파동(1973년)
유신 체제(1972~1979년)
제3공화국, 7·4남북공동성명(1972년)
새마을운동, 경부고속도로 개통; 전태일 열사 분신(1970년)

1970

㉑ 연예인 대마초 사건 논쟁
㉒ 긴급조치령 대 문학과지성 논쟁
㉓ 청년문화 논쟁
유신 체제 논쟁
㉔ 조국근대화론 대 대중경제론 논쟁

서울의 봄, 광주항쟁(1980년)
제5공화국(1981)
86서울아시안게임(1986년)
이한열·박종철 열사 사망, 6월항쟁(1987년)
제6공화국, 88서울올림픽(1988년)

1980

㉒ 광주항쟁 논쟁
㉔ 사회구성체 논쟁
㉕ 민주화 이행 논쟁
대선 후보 단일화 논쟁
북방정책 논쟁

판문점선언, 북미정상회담(2018년)
문재인정부 출범(2017년)
최순실 게이트, 박근혜 대통령 탄핵소추안 의결(2016년)
일본군 위안부 협상 합의(2015년)
세월호 침몰(2014년)
박근혜정부 출범(2013년)
김정은 국방위원회 제1위원장 취임(2012년)
김정일 사망(2011년)
천안함 참몰, 연평도 포격(2010년)
노무현 전 대통령 서거; 김대중 전 대통령 서거(2009년)

2010

㉖ 수지계급론 논쟁
㉙ 안철수 현상 논쟁
㉘ 무상급식 논쟁

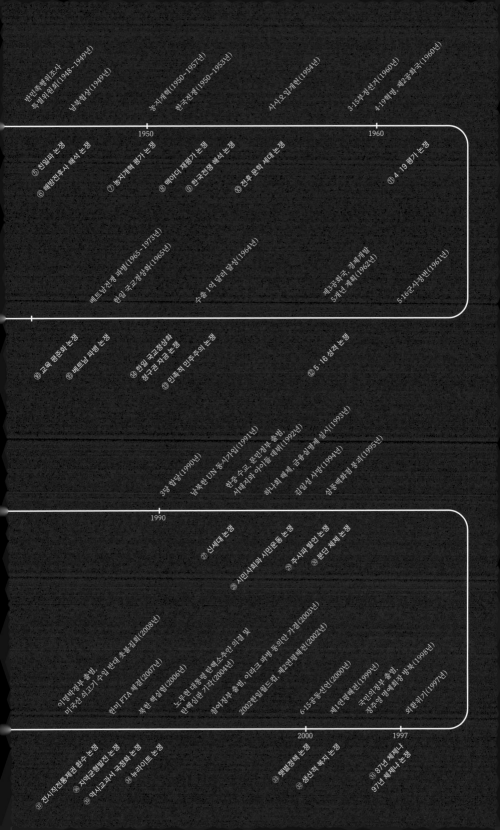

반민족행위조사 특별위원회(1948~1949년)
남북협상(1949년)
농지개혁(1950~1957년)
한국전쟁(1950~1953년)
사사오입개헌(1954년)
3·15부정선거(1960년)
4·19혁명, 제2공화국(1960년)

1950　　　　　　　　**1960**

⑤ 친일파 논쟁
⑥ 해방전후사 해석 논쟁
⑦ 농지개혁 평가 논쟁
⑧ 맥아더 재평가 논쟁
⑨ 한국전쟁 해석 논쟁
⑩ 전후 문학 세대 논쟁
⑪ 4·19 평가 논쟁

베트남전쟁 파병(1965~1973년)
한일 국교정상화(1965년)
수출 1억 달러 달성(1964년)
제3공화국, 경제개발 5개년 계획(1962년)
5·16군사정변(1961년)

⑯ 교육 평준화 논쟁
⑰ 베트남 파병 논쟁
⑭ 한일 국교정상화 청구권 자금 논쟁
⑮ 민족적 민주주의 논쟁
⑫ 5·16 성격 논쟁

3당 합당(1990년)
남북한 UN 동시가입(1991년)
한중 수교, 문민정부 출범, 서태지와 아이들 데뷔(1992년)
하나회 해체, 금융실명제 실시(1993년)
김일성 사망(1994년)
삼풍백화점 붕괴(1995년)

1990

⑱ 신세대 논쟁
㉑ 시민사회와 시민운동 논쟁
㉒ 주사파 발언 논쟁
㉓ 판단 체제 논쟁

이명박정부 출범, 미국산 쇠고기 수입 반대 촛불집회(2008년)
한미 FTA 체결(2007년)
북한 핵실험(2006년)
노무현 대통령 탄핵소추안 의결 및 탄핵심판 기각(2004년)
참여정부 출범, 이라크 파병 동의안 가결(2003년)
2002년 월드컵, 제2연평해전(2002년)
6·15공동선언(2000년)
제1연평해전(1999년), 국민의정부 출범, 정주영 명예회장 방북(1998년)
외환위기(1997년)

2000　　　　　　　　**1997**

㉜ 전시작전통제권 환수 논쟁
㉝ 지역균형발전 논쟁
역사교과서 국정화 논쟁
누리이트 논쟁
햇볕정책 논쟁
생산적 복지 논쟁
87년 체제냐 97년 체제냐 논쟁